"十三五"国家重点图书出版规划项目
新型智慧城市研究与实践——BIM/CIM系列丛书

U0365652

新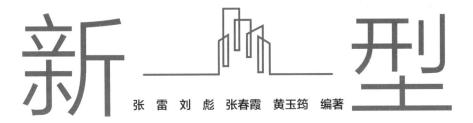型

张 雷 刘 彪 张春霞 黄玉筠 编著

智慧城市

运 营 与 治 理

中国城市出版社

图书在版编目（CIP）数据

新型智慧城市运营与治理 / 张雷等编著. —北京：
中国城市出版社，2020.12
（新型智慧城市研究与实践：BIM/CIM系列丛书）
ISBN 978-7-5074-3332-6

Ⅰ.①新… Ⅱ.①张… Ⅲ.①现代化城市－城市管理
－研究 Ⅳ.①F293

中国版本图书馆CIP数据核字（2020）第250816号

本书是"新型智慧城市研究与实践——BIM/CIM系列丛书"中的一本。新型智慧城市在大数据、人工智能等技术赋能下，聚合城市资源，面向公众、企业和政府，逐步实现综合化、集约化和智能化。本书在综合性分析、评估国内外智慧城市运营与治理方面的学术成果和发展成就的基础上，梳理与引导我国新型智慧城市建立运营生态体系和持续治理体系，完善生产生活、共享共治、维护正常的功能和秩序的过程，实现新型智慧城市对公共利益的保护。本书共分为三篇，每篇分若干章节深入浅出地围绕提升新型智慧城市运营和治理能力的模式，大数据等作为先进技术范式来推动城市运营和治理能力的优化。本书内容全面，指导性强，可供地方城市领导、智慧城市管理者，智慧城市相关专家学者阅读，亦可作为我国自然资源部发布《智慧城市时空大数据平台建设技术大纲（2019版）》的拓展性读物，供有关工程技术人员参考。

责任编辑：王砾瑶　范业庶
版式设计：锋尚设计
责任校对：李美娜

新型智慧城市研究与实践——BIM/CIM系列丛书
新型智慧城市运营与治理
张　雷　刘　彪　张春霞　黄玉筠　编著
*
中国城市出版社出版、发行（北京海淀三里河路9号）
各地新华书店、建筑书店经销
北京锋尚制版有限公司制版
北京雅昌艺术印刷有限公司印刷
*
开本：787毫米×960毫米　1/16　印张：19¼　字数：339千字
2020年12月第一版　2020年12月第一次印刷
定价：142.00元
ISBN 978-7-5074-3332-6
（904295）

丛书编审委员会

顾　问：褚君浩　郭仁忠　周成虎　孟建民　沈振江

主　任：尚春明　彭　明　沈元勤

副主任：郑明媚　聂聪迪　万碧玉　姜　栋　刘伊生

　　　　张　雷　刘　彪　张立杰　蒋瑾瑜　朱俊乐

　　　　张观宏　樊红缨

委　员（以姓氏笔画为序）：

　　　　马　蓉　朱　庆　吴晓敏　吴淑萍　张劲文　陈　炼

　　　　陈慧文　周　泓　郑从卓　赵蕃蕃　梁化康

组织编写单位：

中国城市出版社

深圳市斯维尔城市信息研究院

编写单位（以单位名义参编并提供相应支持）：

中国城市和小城镇改革发展中心

宁波市智慧城市规划标准发展研究院

德国弗莱堡市经济与公共事务国际管理咨询公司

中城智慧（北京）城市规划设计研究院

北京交通大学

同济大学

深圳市斯维尔科技股份有限公司

深圳清华大学研究院斯维尔城市信息研究中心

广东省BIM+CIM工程管理工程技术研究中心

出版说明

　　自2012年国家多部委开始开展智慧城市试点以来，历经数年发展，各地逐渐摸索出符合我国国情的智慧城市建设方案。随着智慧城市建设工作的不断推进，对协调融合、信息共享的需求为智慧城市的建设提出了更高要求，新型智慧城市这一概念逐渐出现在公众视野中。2015年，新型智慧城市被首次写入政府工作报告；2016年，国家"十三五"规划纲要明确提出"建设一批新型示范性智慧城市"；同年10月，中共中央总书记习近平在主持中央政治局集体学习时强调，"以推行电子政务、建设新型智慧城市等为抓手，以数据集中和共享为途径，建设全国一体化的国家大数据中心，推进技术融合、业务融合、数据融合，实现跨层级、跨地域、跨系统、跨部门、跨业务的协同管理和服务。"党的十九大报告也指出，要把我国建设成一个网络强国，推动数字中国进程，构建智慧社会。近年来，依托大数据和现代信息技术的发展，打造智慧城市，正成为各地政府的一致选择。

　　由于新型智慧城市对信息协同共享的高要求，亟须建立相应的信息化平台作为实现这一要求的技术基础。近年建筑信息模型（BIM）和城市信息模型（CIM）开始在学界和产业界发酵，被认为是解决多源数据融合问题的有力支撑。2018年11月住房城乡建设部《"多规合一"业务协同平台技术标准（征求意见稿）》中鼓励有条件的城市在BIM应用的基础上建立城市信息模型（CIM）；目前，已有北京城市副中心、广州、厦门、雄安新区以及南京被住房城乡建设部列入"运用建筑信息模型（BIM）进行工程项目审查审批和城市信息模型（CIM）平台建设"试点城市。

　　目前市场上关于智慧城市的书籍，多为顶层设计或智慧城市中某一具体领域的应用，尚未形成体系。基于此背景，中国城市出版社、深圳市斯维尔城市信息研究院合作组织了包括中国城市和小城镇改革发展中心、中城智慧（北京）城市规划设计研究院、同济大学、武汉大学、北京交通大学、西南交通大学等多家单位的专家和学者组成的编写团队，结合国内外智慧城市优秀案例，全面探讨和总结了新型智慧城市的提出和发展模式、资源与规划、设计与建造、运营与治理，并提出了对未来城市发展的展望。

本丛书于2019年增补为"十三五"国家重点图书出版规划项目，丛书共分为四个分册，包括：《新型智慧城市概论》《新型智慧城市资源与规划》《新型智慧城市设计与建造》《新型智慧城市运营与治理》。在丛书的编写过程中，正值新型冠状病毒肺炎疫情。疫情防控的经验告诉我们，"新型智慧城市"不只局限于城市建设，除了智能交通、智能生活、智能公共服务外，还包括城市管理、智慧社区、绿色低碳建筑、再生能源等各个方面。本丛书及时总结了突发公共卫生事件和新基建下新型智慧城市的发展方向和路径。相信本丛书的出版将对我国新型智慧城市的建设起到一定的引领和指导作用，同时为新型智慧城市研究人员与高校师生了解新型智慧城市建设内容及实际案例应用提供重要参考。

中国城市出版社

2020年12月

丛书序言

建设新型智慧城市，是新时代为了满足人民日益增长的美好生活的需要，是解决城市发展不平衡的矛盾的需要，是解决"城市病"的需要，是实现中华民族伟大复兴的中国梦的需要。

当前中国正处于城镇化的重要阶段，根据2017年有关统计数据，目前中国有30个城市的全域人口超过了800万，有13个城市的全域人口超过了1000万。各个城市经济发展不均衡，各个城市的自然条件、产业发展、工业化和城镇化水平、商业环境、人口结构等情况各不相同，各大城市面临的问题也各不一样。

城镇化不仅是中国也是当今世界上最重要的社会、经济现象之一。21世纪初，全球人口的半数以上生活在城市地区，并且这种趋势仍在加剧，每年有超过6000万人涌入城市。现在，城镇化的步伐还在加快，随之而来的是大都市和城市群，这在人口密集的亚洲表现得尤为明显。根据联合国的预测，全世界358个百万人口城市中的153个出现在亚洲；27个人口超过千万的"超级城市"中有15个在亚洲。作为全球人口最多的国家，中国在城镇化过程中衍生出人口超千万的超大城市是必然的，很多问题也随之而来。

城镇化进程中涌现出了各种"城市病"，例如异常脆弱的基础设施、日益加剧的交通拥堵、不断恶化的生态环境、进城务工人员的蜗居生活……这些都是在城镇人口快速增长过程中出现的问题。

那些人口超千万的超大城市面临的问题尤为严峻，这些问题主要集中在以下几个方面：第一，当前超大城市地面沉降问题日益凸显。中国现在有超过50个城市发生地面沉降，地面沉降是一种严重的自然灾害，会危及城市基础设施的安全。第二，极端条件环境下城市灾害频发。超大城市的发展改变了土地利用性质，当城市不透水面占75%以上后，55%的降水需要靠地表径流来排，不透水层变化从根本上改变了降水再分配。由此带来的影响涉及城市建筑安全、城市生活，也影响城市的正常功能。近年来特大暴雨频发，如2016年汛期的武汉，24小时降雨达到550毫米。灾害频发给老百姓的生活带来很多不便，甚至会危及生命，对城市的经济也造成了巨大的损失。第三，交通拥堵问题突出。目前，国内外城市（特别是超大城市）普遍存在高峰期交通拥堵、停车难、公共交通出行难、交通管理难等问题，城市交通发展面临着交通安全和通行效率的双重挑战。第四，城市能源问题。大城市现有能源系统也面临着挑战，绿色能源生产不可持续，能源使用效率低。

上述这些"城市病"需要通过智慧城市来解决。智慧城市在实现经济转型发展、城市智慧管理和对广大工作和生活在城市的居民的智能服务方面具有广阔的前景，从而使得人与自然更加协调发展。

智慧城市要掌握三大技术，有这三大技术才能构成智慧城市。

第一个技术是"数字城市"空间信息技术，就是把物理空间城市所有相关的空间数据和非空间数据等全部数字化，将它们呈现在网络空间。中国的数字城市要从二维到三维、从室外到室内、从地上到地下，即三维GIS+BIM。

第二个技术是物联网（IoT）技术，通过无所不在的传感器网实现人与人、人与机器、机器与机器的互联互通，让在城市内外流动的人、车、物上网。物联网技术可以实现数字城市与现实城市的动态信息交换。BIM+3D GIS+IoT构成城市信息模型。

第三个技术是云计算。无处不在的、分布在城市中的大量各种类型的传感器不停地产生大量数据，通过物联网传输数据，但它们不能存储、处理和分析数据，所以需要无处不在的、社会化、集约化、专业化的动态可伸缩虚拟化的云计算和边缘计算来实现信息处理和智能服务。

简言之，城市具有生存繁衍、经济发展、社会交往、文化享受四大职能。智慧城市是城市职能的智能化延伸和发展，如实现智慧安防、智慧制造、智慧交通、智慧教育等，就是在上述四个方面保障城市"善政、促产、利民"。

习近平总书记在十九大报告中指出："以信息化推进国家治理体系和治理能力现代化，统筹发展电子政务，构建一体化在线服务平台，分级分类推进新型智慧城市建设，打通信息壁垒，构建全国信息资源共享体系，更好地用信息化手段感知社会态势、畅通沟通渠道、辅助科学决策。"2020年4月4日习近平总书记在杭州城市大脑运营指挥中心进一步指出："让城市更聪明一些、更智慧一些，是推动城市治理体系和治理能力现代化的必由之路，前景广阔。"习总书记的指示为我国新型智慧城市的建设指明了方向。

非常高兴看到"新型智慧城市研究与实践——BIM/CIM系列丛书"的策划与出版，本丛书由四册组成，第一分册《新型智慧城市概论》，在整体上介绍了新型智慧城市的发展历史，新型智慧城市的一些主要概念，以及国内外智慧城市的建设情况。第二分册《新型智慧城市资源与规划》，结合目前国内外智慧城市建设规划发展经验，对大数据时代下的新型智慧城市规划建设及相关的标准技术进行了梳理和总结。第三分册《新型智慧城市设计与建造》，聚焦新型智慧城市的设计与建设环节，通过吸收大量有关新型智慧城市的最新理论、政策与实践，力求建立相对完善的新型智慧城市设计、建造理论和应用框架体系。第四分册《新型智慧城市运营与治理》，在综合性分析与评估国内外智慧城市运营和治理方面的学术成果和发展成就的基础上，梳理与引导我国新型智慧城市建立运营生态体系和持续治理体系，完善生产生活、共享共治、维护正常的功能和秩序的过程，实现新型智慧城市对公共利益的保护，围绕提升新型智慧城市运营和治理能力的模式，利用大数据等作为先进技术范式来推动城市运营和治理能力的优化。

本丛书每分册均以BIM、GIS、CIM、物联网、大数据、5G等现代信息化技术应用为主线，对智慧城市不同阶段的建设内容、实施路径以及国内外实际应用案例进行了系统总结和分析。本丛书理论与实践相结合，覆盖面广，结构完整，内容翔实。对于国内外学者、研究及教学人员系统了解新型智慧城市建设内容及实际案例应用具有重要参考价值。

本丛书的出版，将填补新型智慧城市在规划、设计、建设、运营等方面体系化研究的空白，对总结新型智慧城市的实践经验，丰富新型智慧城市的内涵，发展具有中国特色新型智慧城市的理念，具有重要的学术价值，在我国建设国际一流的新型智慧城市方面具有引领与指导作用。

中国科学院院士、中国工程院院士

武汉大学教授、博士生导师

2020年7月8日于武汉

前言

几年前，在中国科学院褚君浩院士的领衔下，开展了中国科学院信息学部咨询评议项目"关于智慧城市建设中若干问题的思考"的研究，我们意识到，智慧城市这一命题始终是开放的。智慧城市的建设始终在进行中，每个城市居民都有对于智慧城市的想法和期望，所有的问题都有待实践去检验。

作为丛书中的一本，本分册重点关注新型智慧城市的运营与治理。在文献调研与学习中，发现2019年下半年浪潮牵头拟发布《智慧城市运营框架》国际标准，内涵丰富，旨在全面助力智慧城市建设，加快推动全国多城市的智慧城市建设与运营，让市民生活更智慧，让城市更美好。同时，《人民日报》2020年6月16日的文章《以人民为中心推进城市建设（深入学习贯彻习近平新时代中国特色社会主义思想）》提出"深化社会治理创新，积极打造一流治理。城市治理现代化是推进国家治理体系和治理能力现代化的重要内容，一流城市要有一流治理。既要善于运用现代科技手段实现智能化，又要通过绣花般的细心、耐心、巧心提高精细化水平，绣出城市的品质品牌。"

新型智慧城市的建设已呈百花齐放之态，呈现出来的运营与治理需要科学、合理、长效的发展机制。我们跟踪到以物联网、大数据和人工智能等技术驱动的物理城市与信息城市已呈融合之势，两大体系的相互作用必须服从"促进与高效"准则，即信息城市促进物理城市而存在，物理城市凭借信息城市而高效。这就需要新型智慧城市在"数据驱动"的信息世界里，为新型智慧城市探寻一条新型技术发展路径，形成运营与治理智能化和持续化的范式，实现全民参与、共建共享与全局优化的新型智慧城市创新赋能中国特色。

本书的撰写围绕着学术研究、技术方案和应用案例三个方面，将综合研判、态势分析、数据可视一体化呈现，赋予启发性。自2019年12月至2020年9月，期间笔者调研学习、分析整理、精挑细选了很多文献，也收录了诸多学术成果。尤其得到了马艳华（中国科学院上海技术物理研究所）、张春霞（叁晟科华（上海）信息技术有限公司）、黄玉筠（广州中海达卫星导航技术股份有限公司）、管蓓（浙江宇视科技有限公司）、欧冬秀（同济大学）、田波（华东师范大学）、王德峰（孚地（上海）智能科技有限公司）、张观宏（深圳市斯维尔科技股份有限公司）、张帅飞（上海立达学院）及其研究团队的大力支持，一并予以感谢。

本书起草与第一轮修改工作正值新型冠状病毒肺炎疫情防控期间，大家克服了重重困难，将本书的成稿工作稳步有序推进。由于笔者水平有限，书中不足之处恳请广大读者批评指正，期待后续修订。

本书愿为新型智慧城市运营和治理的管理主体、建设者与参与者及其他社会人员提供深入思考与技术实施的参考途径。

本书的出版得到深圳市斯维尔科技股份有限公司的大力支持。

本书也是张雷教授牵头的国家重点研发计划项目（编号：2018YFE0101000）的研究成果。

张雷　教授

于同济大学樱花大道

2020年9月10日

目录

第一篇　新型智慧城市运营

第二篇　时空数据新型智慧城市技术体系

第一篇
新型智慧城市运营

- 新型智慧城市运营的综合研判
- 新型智慧城市运营的创新模式
- 新型智慧城市运营平台设计
- 新型智慧城市运营评估

第1章 新型智慧城市运营的综合研判

　　信息技术的高速发展促进了全球启动新型智慧城市建设的浪潮，面对经济发展以及城市发展的各项压力，各地政府不断提出适应自身需求的新型智慧城市建设计划。由于各地经济发展情况的不同以及自身基础设施状况各异，全球各大城市根据自身情况提出了不同的建设运营模式，为其他地方建设新型智慧城市提供了宝贵的经验。

1.1 国外运营模式研判

1.1.1 政府独自投资建网并运营

　　政府独立投资建设运营模式，是一种靠政府资金和公共资源，由政府独立投资、建设、运营的模式，目的是为公众和市政提供免费服务。这种模式需要政府具备强有力的技术能力、资金能力，政府需要完全为项目买单，并独立负责建设过程，并在后期进行有效的网络维护、业务推广及长期运营。当然，根据实际情况，政府也可将前期设计、中期实施、后期运营等工作外包给当地运营商或其他企业，但实施的主体仍然是当地政府。政府独立投资建设运营模式基本属于公益性质，目的是将网络资源和业务功能免费或者以尽可能低的费用提供给公众。

　　"大苹果城"纽约市是美国第一大城市，也是全球的经济中心、金融中心。雄厚的财力基础和完善的基础设施配套使得纽约市的新型智慧城市建设得心应手。根据美国最新人口普查，纽约城人口达920万，大纽约都会区人口更高达2000多万。纽约控制着全球超过40%的财富，2013年纽约城GDP2.7万亿美元，人均GDP高达13.88万美元，在全球城市中居于第一位。

21世纪初期，纽约市即提出了新型智慧城市计划，目的在于提高城市基础设施运营信息化水平以及城市服务智慧化。随着近十几年的建设，纽约市已成为全球城市信息化创新发展的中心。

首先，在社会公共服务方面，纽约市在医疗卫生系统、社会图书馆系统等方面，利用先进的信息技术实现了数字化互联。例如智能医疗系统，由美国政府与纽约市健康和心理卫生局共同推进了该系统的智能化升级，通过将病人在各大医院、医疗保健机构的诊断信息互联，并开发移动应用程序，进行智能分析并向居民推送个人健康信息，提醒居民实施身体保健。

其次，在城市基础设施服务方面，纽约从智能交通、智能呼叫、三维市政、市民行为指南等方面入手，建立了多方面的智能服务。例如市民行为指南系统，该系统将市民生活涉及的各种要素整合，对水、空气、交通、能源等方面实时监控，制定相应的实施计划，引导市民一起参与治理城市温室气体排放、资源消耗异常等问题，使城市发展更加均衡、可持续。

最后，在立法方面，纽约市颁布了《开放数据法案》，将政府各部门数据统一对社会开放，通过数据公开，使各个社会主体关注城市动态，进一步提高城市的运转效率和服务水平。

纽约市新型智慧城市的成功是政府强大财力推动新型智慧城市成功建设运营的典范。作为全球关注的焦点，纽约吸引了全世界的目光，因此也吸引了最先进的技术与人才，纽约的新型智慧城市建设自然水到渠成。

1.1.2　政府投资并委托专业公司建网运营

该模式指的是由政府投资并作为主体来主导整个网络建设运营，同时由政府委托运营商配合提供技术及人员支持，运用运营商自身的网络建设经验和技术优势，为政府在新型智慧城市建设过程中提供支持和帮助；另外，政府也可委托运营商配合提供支持，在后期的网络维护和业务运营中提供支持和帮助。对于公众来说这种模式是比较受欢迎的，一方面网络由政府投资和免费提供，市民可以随时随地享受免费网络和政府提供的服务；另一方面，有了运营商参与建设、维护和运营，网络的合理性、可靠性及易用性也会更好。

"狮城"新加坡位于马来半岛的最南端，独特的海峡地理位置使新加坡成为航运重地，发展成为新兴经济体，国土面积仅为710平方公里，却一跃成为经济大国。新加坡由于面积狭小，自然资源极度贫乏，经济以电子技术、石油化工、航运以及金融为主，是一个典型的外贸驱动型国家。随着经济总量的发展，作为一个城市小国，其长期经济发展显现出来的劳动力匮乏与环境压力越发明显，因此新加坡政府很早就意识到，必须引入新兴技术发展城市运营，信息技术开始进入新加坡政府的视野，因此"智慧国2015"计划开始启动实施。

新加坡政府希望利用信息技术武装了的新城，可以创造更高的经济价值和社会价值，通过利用无处不在的信息技术将新加坡打造成为一个"智慧之都，智慧之国"。通过多年的努力，现在的"狮城"已经在新型智慧城市运营方面走在了全球前列，其取得的成绩更是引人注目。

新加坡智慧国建设取得的成效很大程度上得益于其良好的信息化基础设施，截至2013年年底新加坡最新的高速宽带覆盖率已达95%，通过"三网合一"和无线覆盖，使新加坡居民都可以通过网络互联互通。通过强大的网络系统，新加坡将各种社会公共服务整合到网络系统，如综合医疗信息系统、未来学校系统等，都将颠覆居民传统的生活、学习方式。

除了生活信息化之外，新加坡政府还将交通系统、公共安全系统、城市清洁系统等纳入智慧化升级范围。例如，其通过互联网系统将公交车系统、城市轨道交通系统、道路监控系统、信号灯系统等连接起来，通过统一的信息处理平台，实现交通的智能化管理，为出行者提供便捷指导，为行车选择最优行驶路线，在繁忙时间实施道路控制，并动态调整公共交通配合，实现了高峰行车时最优的行车解决方案。

新加坡"智慧国"的成功是该国在经济强大国土较小的背景下顺利实现智慧化的直接体现，强大的财力支持来实现较小区域的建设，"大马拉小车"自然轻松快捷，但一个新型智慧城市的成功依然离不开一个成熟的模式。新加坡的建设主要是通过"政府、企业、市民"三方合作的建设模式,政府是整个智慧国建设的主导者和总设计师,企业和市民是参与者。政府通过招标确定一个运营方全权负责智慧城市的建设及运营,该企业接受政府委托后,按照政府制定的计划实施新型智慧城市建设及运营,并从政府获得资金支持。该模式实现了建设与运营的连续性,也可大大促进新型智慧城市构想的实现。

该运营模式的优点,一方面主要和政府独立建设运营模式一样,因为由政府独立投资,可以保障建设和运营的主动权,政府可以遵循为公众提供更好的市政服务的宗旨来进行建设和运营,致力于更全面的免费网络覆盖,同时能够将应用的重点方向放在基础公共服务上,而不是更注重盈利的网络购物方面;另一方面,由于引入了运营商进行建设、维护和运营,利用运营商成熟的技术能力、人员队伍、运营经验,政府能够获得极大的帮助,同时运营商的参与能够扩大智慧城市的影响力,本身就相当于免费的广告,利用运营商已经积累的大量用户群,能够吸引更多的用户融入智慧城市。

政府投资委托运营商建设运营模式的缺点也非常明显:①费用问题,与政府独立投资模式一样,这种模式同样需要政府独自承担巨大的建设、维护及运营成本,同时由于此种模式是以提供免费服务为目标的,所以基本没有收入,只能靠财政收入来支撑,并非长久之策;②运营商主动性问题,因为这种模式下运营商只能从政府获得基本的委托费用,而无法通过运营获得更大的利润空间,整个项目仍然由政府完全控制,所以运营商主动性有限,与政府处于一种浅层次的合作关系,无法保证其在整个智慧城市项目中发挥全部的优势;③重复建设问题,与政府独立投资模式一样,这种模式下建成的网络也会和运营商网络形成冲突,带来资源的浪费。

1.1.3 政府牵头、运营商投资建网的BOT模式

作为一种合作运营模式,政府、运营商在这种模式下合作分工,发挥各自的优势。与前面两种模式有所区别的是,在政府运营商合作模式下,智慧城市的建设有两个主体,一个政策主体和一个投资主体。政府从投资的主体转而变为政策主体,运营商从辅助者或者承包者转而变为投资的主体。政府可在建设的初期制定支持智慧城市发展的相关政策,在建设过程中帮助运营商协调各政府部门、公共事业、企事业单位的配合,在业务拓展的过程中协调媒体关系扩大智慧城市在公众中的影响力,也就是为无线宽带城

域网及智慧城市业务创造一个良好的环境。而网络的规划建设、运行维护、业务拓展以及营销活动则由运营商全面接手，运用自身的技术优势和运营经验，通过政府创建的良好环境，为公众提供更好的体验和服务。

虽然运营商对提供的相应的服务是需要收费的，但是在这种模式下，也可以为广大消费者提供免付费的服务，应对公众服务所需求的网络则由政府统一支付相应的费用。后期运营商建网，网络容量就可以由运营商控制并获取相对收益，比如在网络建成之后，植入相应广告或提供其他形式的服务，这样可以让运营商进一步打开市场并获取收益，达到营利的目的。

该运营模式有下列优点。①政府资金问题得以解决。政府不再作为投资的主体，或者不再是主要的投资方，在某些地区的建设过程中，政府只需要承担政府部门或者公共事业单位一侧信息化建设的费用，以及为向智慧城市开放接口而进行的系统改造升级费用，而无需为整个智慧城市包括城域网及平台业务建设投入大量的资金。②技术问题及运维问题得以解决。在这种模式中，从网络规划到建设维护由运营商全权负责，运营商丰富的技术和管理经验可以得到淋漓的运用，政府不用在该方面花费过多的精力。③政府和运营商在建设运营过程中既能够充分发挥各自的优势，又能够避免各自的劣势。一方面运营商能够发挥自身技术和管理优势，为智慧城市带来更好的网络质量和使用体验，获得比前面两种模式更为可观的收益。另一方面政府能够通过政策支持运营商的工作开展，同时也能够进行有效的监管，引导智慧城市向有利于城市管理、有利于广大人民群众的方向发展。④在这种模式下，持续运营的问题能得到比较好的解决，毕竟智慧城市是一个需要持续大量资金和人力投入的项目，如果没有持续的盈利能力，无论是政府还是运营商都无法长期支撑。这种模式能够激发运营商的建设积极性，在政府的支持下，通过提升网络质量、发展用户、挖掘热点应用、提供增值服务来获得长期的收益。

当然，政府与运营商合作建设的模式在有优势的同时也有一定的缺陷。①既然是合作，那么双方都有权利和义务，在政府和运营商的分工界面上容易发生争议。比如，智慧城市平台需要向市民展现实时路况信息，那么数据采集和分析工作是放在交警大队一边来完成，还是放在智慧城市平台一边来完成。如果放在智慧城市平台一边完成，那么将增加平台的复杂程度和系统负担，从业务发展的角度是不建议采用这种紧耦合模式的。如果放在交警大队一边来完成，那么数据采集和分析系统是由政府还是运营商来负责建设，数据的实时性和准确性由谁来保证。这些问题都有可能出现，因此必须在合作协议签署之前就将分工界面理清。②运营商的投入回收会是一个长期的过程，因为从移动互联网的盈利模式来看，投资到回收都存在3—5年的周期，而智慧城市也无法避免这样的规律，前期需要投入大量的设备费用、开发费用和运营成本，逐步提升用户数、访问量，通过热点应用培养用户忠诚度和活跃度，后期才能够逐步获得盈利，这个过程相对是漫长的。

1.1.4　运营商独立投资建网运营

运营商独立运营模式中，运营商是投资的主体，从前期的网络规划到建设实施，从设备维护到业务运营，从发展用户到营销推广，其中所需的资金、人力、设备、技术全部由运营商自己提供。政府不作任何的参与，最后的建设成果也和政府没有直接关系，政府可能会从中获利，但是无法主动控制其发展。这种模式除了运营商掌握网络的使用权和经营权以外，其前期设计、建设过程和后期的运营管理都与BOT模式相似。但是对于大众消费者来说，在这种模式下，能够获得的无偿网络服务很少。

东京是充满现代气息的国际化大都市，是日本的政治、经济、文化中心，也是世界金融中心之一。进入21世纪后，日本开始加速国家ICT（Information Communication Technology，简称ICT）战略，从早期的"E-Japan"到后来的"U-Japan"，再到如今的"I-Japan战略2015"，日本在2015年就实现了以人为本、安心且充满活力的数字化社会，让信息化覆盖社会生活的方方面面。东京作为日本的政治、经济、文化中心，自然在新型智慧城市建设中走在了全国的前列，在智慧交通、绿色城市等方面成绩显著。东京市政府为了实现各个社会要素的物联网连接，推出了"东京无所不在"计划，该计划将东京市内所有场所的所有物品都赋予了唯一的识别码，后台系统将该物品对应的唯一码录入后台云端。当用户通过移动终端读取该物体时，后台将该物体的相关资讯实时推送至用户，从而向用户提供便捷、个性化的服务。

美国费城也是运营商独立运营模式，从资金投入到建设运营，完全由运营商扮演主要角色。无线网络技术采用的是Wi-Fi+Mesh，面向公众提供收费的上网服务，无其他方面的业务应用。采用向用户直接收费及向赞助商收取广告费的收费模式由于缺乏有吸引力的应用，业务发展效果并不理想，截至2007年注册用户只有6000人，不得不于当年放弃建设。

在城市管理及建设方面，东京通过更加智慧的方式解决了公共交通、高速公路、突发事件应急处理等方面的具体问题，使城市管理水平更上新的台阶。通过新型信息技术的使用，东京市推广"绿色东京"计划，通过智能优化降低建筑的能源消耗，减少碳排放，改善城市环境。例如，可通过将各用电设施如空调、照明与电源系统通过互联网连接，形成兼容性系统后对各数据进行智能分析，实现电能利用的智能化配置和管理，从而降低能耗，提高使用效率。

东京新型智慧城市完全由运营商独立投资建设并运营，政府在市场行为下干预极少，仅提供政策引导及基本条件的支持。在完全市场化的条件下，运营商的积极性得到极大的提升，政府鼓励各大企业参与新型智慧城市项目的竞争，从而积极地改善了东京的信息化环境，新型智慧城市建设得以快速地展开。该模式使政府规避了投资压力及面对的市场风险，参与企业可以根据自身能力与政府的政策导向密切结合，利用自身客户资源、运营经验、人才及资金优势实现智慧城市的建设，推动东京新型智慧城市信息化服务惠及市民。

1.2　国内运营模式研判

2010年，随着我国经济的高速发展，全国各大中城市掀起一阵建设新型智慧城市的热潮，各地大干快上、盲目建设。2014年，为规范新型智慧城市建设，《国家新型城镇化规划（2014—2020年）》中第十八章专门对我国推进新型智慧城市建设方向做出了详细的规划，同年8月份国家八部委联合印发了《关于促进智慧城市健康发展的指导意见》，从上层制度层面对全国新型智慧城市建设乱象提出了具体要求，确保新型智慧城市建设健康有序推进。虽然我国新型智慧城市建设项目繁多，但真正取得巨大成功的并不太多，一般建设运营模式相对简单，资金的市场化、运营的持续化都有待加强。

1.2.1　运营商投资运营

实力强大的专业运营公司通过自身投资建设新型智慧城市某一项专业任务，建成后自行运营。如目前建设成功的上海市智慧虹桥商务区，通过政府政策引导，吸引社会强大资金实力和运营能力的专业公司参与新型智慧城市的子任务，实现了智慧城市的成功建设运营。

上海虹桥商务区总占地面积86.6平方公里，涉及闵行、长宁、青浦、嘉定四个区，其中，主功能区面积27平方公里。为配合"活力上海"的实施，将智慧虹桥分解成了28个专项任务，包括智慧交通、智慧健康、智慧教育、智慧养老、智慧文化、智慧旅游等，再根据每个专项任务分解完成，由政府吸引专业运营公司投资实施并运营，为新型智慧城市建设添砖加瓦，共同构建智慧虹桥。如在智慧文化项目的建设过程中，政府以市民的需求导向为目标，针对市民对公共文化服务要求，吸引文化运营专场的公司介入，由专业公司建设互联网络连接图书馆、博物馆、科技馆等居民经常使用的场所，整合全区的文化活动、文化展览、文化演出、文化培训、场馆展览、图书阅读、文化遗产保护等资源，利用文化大数据主动为市民提供不受时间、地域等限制的一站式服务，并鼓励企业创新经营各种数字内容服务的种类和形式，增强自身盈利能力的同时，给市民提供更多、更好的服务。

该模式的实施极大地促进了虹桥商务区智慧化的建设进程，同时该模式也使各智慧分项目产权清晰，后期运营更加高效，同时也为政府前期投资节省了大量资金，大大降低了政府投资压力，积极调动了市场资源，实现了新型智慧城市建设的成功开展。

1.2.2　联合建设运营

在市场发展不够成熟，或者某专业公司不具备独自开发能力的时候，往往由相关产业链上的两到三家公司联合成立开发运营公司，分别入股并在各自擅长的领域实施操作。

2013年，宜昌市入选住房城乡建设部公布的国家智慧城市试点名单。作为长江中上游的一座地级城市，宜昌市的新型智慧城市市场并不像东部沿海一线城市那样具有很高的成熟度和丰富的建设经验，因此在市政府的政策促进下，由中国铁路通信信号股份有限公司和香港KAYA国际投资集团共同构成的专业运营公司应运而生。中国铁路通信信号股份有限公司具有成熟的互联网基础和建设能力，而香港KAYA国际投资集团具有强大的资金实力和国际招商能力，因此两家公司的合作为宜昌打造智慧之都奠定了坚实的基础。

作为试点区域，宜昌市启动了生态智慧产业新城项目，规划12.65平方公里土地开展新型智慧城市试点建设。城市将建设如信息资源库、综合服务平台、云计算中心、电子政务云、智慧交通、智慧旅游等项目，坚持"政府主导、市场主体、创新驱动、开放合作、整合共享"的总体原则，充分利用运营公司的技术实力和资金实力，大力开展各项目的建设。

智慧宜昌建设主要包括四个方面，即智能网络、云服务、大数据及智慧安全体系。通过四个方面的建设，实现惠民服务提升、政府效能提高、城市运营高效、社会治安稳定，真正实现信息技术促进城市快速发展。建设新型智慧城市的过程中，智慧宜昌还注重挖掘建设附加值，通过提升制造业智慧水平、发展智慧物流、智慧旅游、智慧农业及相关信息产业，真正在新型智慧城市建设过程中发展了经济，带动了GDP增加，一举多得。

该模式积极调动了市场的力量参与新型智慧城市建设，使产业链上的运营商、开发商共同联合运作，从而实现建设过程良性运转，但由于政府参与度较低，后期协调难度较大。

1.2.3 联合公司化运营

杭州市是国内"新型智慧城市"建设的先行者，2011年浙江省已将杭州市列为智慧城市建设试点。现在的杭州市民只要动一动鼠标，即可了解城市的各种信息；只要带上一张卡，就可以走遍城市各个地点消费。市民真正享受到了新型智慧城市的便捷。杭州市在建设新型智慧城市上有先天优势，因为其基础设施完善，政策环境、人文环境、经济环境均支持新型智慧城市建设，因此新型智慧城市得以快速发展，同时为加快各项目实施进展，杭州市引导相关公司共同合作，优势互补，大大加快了建设进度。

随着杭州市信息技术推广应用以及杭州市经济快速发展，越来越多的信息技术企业落户杭州，投身信息技术与智慧应用领域的发展，杭州一卡通项目便通过多家公司联合开发实现了智慧化。在杭州市民卡项目中，市控规公司、阳光资产管理公司、万森交通卡公司、公交公司等几家公司联合成立了杭州城市通卡公司，作为城市卡项目运作的平台。该平台经过各领域相互协作，建设了服务热线、服务网站、短信平台、自动服务终端、手机App等系统，以实现市民社保服务、城市交通服务、公共服务、支付应用等功能，实现了一卡在手、随心出行。城市一卡通系统解决方案是新型智慧城市为市民提供更便捷公共服务和生活服务的最佳选择，是政府民生工程的直接体现。它协同城市的"城市信息资源共享交换平台""便民服务热线""公共自行车亭""三网融合数字电视""电信运营服务商""便利超市"等应用，形成了新型智慧城市的协同服务体系和便民终端系统。杭州城市卡项目通过采取政府主导、市场运作、服务外包的模式，推广市民一卡通应用，真正实现了新型智慧城市合作共赢、持续发展的局面。

1.2.4　建设运营移交

中国台湾地区在20世纪后50年经历了经济飞速发展。随着台湾地区城市规模的不断扩大，城市通病也在台湾地区显现，交通拥堵、环境污染、人口密度骤增、能源危机等不断出现，台北市为了解决这些问题积极发展"新型智慧城市"。2012年，世界电子化政府组织（WeGO）因台北市实施的"1999市民热线服务"将其评为"电子化政府"。台北市建设新型智慧城市积累了一系列先进经验，其中吸引通信厂商合作并投入是其成功的关键因素。长期以来，台北市政府对企业参与新型智慧城市建设运营提供了开放包容的市场平台，在符合相关法律的前提下，政府欢迎各大通信厂商与政府合作，共同将台北市建设成为信息化、智能化的新兴城市。

1999年，台北市政府即启动了"网络新都计划"，目标在八年时间内将市政府建设成为7×24小时全年无休市政服务，并建设遍布全市的无线局域网，加强电子化政府服务，并以此提高市民生活信息化水平。

2006年，台北市启动了"无线台北"建设计划，旨在进一步实现政府电子化、小区网络化、生活数字化等目标，借此提高城市设施服务水平，并以市民需求为导向提供主动性服务。该计划通过BOT（"建设—经营—移交"）模式实施，即先期通过市场化模式引入企业参与投资建设，并由政府授予该企业在一定的时间内的独立经营权，到期后再由政府收回经营权及设施所有权。通过公开竞标，某公司拿下了"无线台北"九年的特区经营期限，前后投入约30亿新台币用于新网络建设，同时运营后每年向台北市支付1%—3%的管理费，总计约6.2亿元新台币。整个项目台北市政府投入的仅仅是前期规划设计咨询费用，而整个项目台北市节省了近40亿元新台币。

后续台北市依托"无线台北"积累的BOT经验，对各项新型智慧城市建设计划依照相关法律选定中标厂商。在打造智慧台北的美好愿景下，政府与中标厂商通力合作，利用信息技术的力量为市民提供了多元化的服务，让民众体验到了新型智慧城市的各种便捷服务。

1.3 运营模式的特征分析

新型智慧城市的建设涉及产业链的方方面面，需综合考量新型智慧城市建设的需求和基本条件，确定合适的运营模式，选择最优的投资方、建设方、运营方，建立一套持续可行的商业模式，从而实现新型智慧城市的真正可持续发展，真正服务于城市居民。

新型智慧城市能够成功运营，其根本途径还是要充分发挥市场机制，合理利用基础资源、优化整合现有服务、统筹应用新兴技术，从而实现新型智慧城市的持续经营。无论何种模式运营城市，其根本目的还是服务城市居民，促进城市发展，智慧城市是城市发展的高级阶段，能够更好地服务居民，更好地促进城市发展。

每一个新型智慧城市的运营模式都必须与城市自身特性相适应，与其投资方的构想相一致，与建设方的方案相匹配。纽约新型智慧城市的运营模式建立在强大的政府财力基础之上，每年政府强大的财政支持可以使各项智慧化社会服务发挥到淋漓尽致，使市民充分享受到新型智慧城市的便捷与舒适；新加坡"智慧国"计划除了有自身强大的财力支持以外，政府还引入专业的企业参与全权运营，发挥专业公司的专业能力，更能实现各种智能规划，使新加坡人民成为全球最早实现"智慧国家"的国民；"无线台北"计划因政府压力问题，政府通过公开招标，吸引社会资本投资建设运营，以BOT形式实现了台北市新型智慧城市项目；东京市政府因为其充分市场化的经济环境，政府仅仅在上层政策方面给予引导，具体智慧项目完全由企业参与投资实施，并由企业自身运营或转交其他公司运营，从而实现东京智慧化；还有部分新型智慧城市建设时，市场规模不够大，公司实力较弱或者公司业务相对单一，因此，两家或多家公司组成联合体共同参与新型智慧城市建设运营，也取得了很好的成果。因此，新型智慧城市的建设运营都有一个很明显的适应性特征，没有最优的模式，只有最适合的模式。只有综合考虑自身各种要素，选取切实可行的模式，才能最终实现智慧城市的成功运营。

1.3.1　各种运营模式优劣分析

新型智慧城市运营模式与城市自身情况密切相关，城市自身情况最终决定了不同的运营模式。从宏观角度区分，主要有政府主导型与市场主导型。

1.　关于政府主导型

由于城市管理是政府的基本职能，因此新型智慧城市建设运营往往由政府主导。政府主导或参与度较高的模式主要有单纯政府投资模式、政府投资并委托专业公司运营模式以及政府部分投资企业参与投资并运营模式等。单纯政府投资模式的优点是政府完全深入新型智慧城市的建设运营过程，对于新型智慧城市规划设计的实现可由政府完全把控，对新型智慧城市的实现有积极的意义；而其缺点也很明显，该模式要求政府具有很强的新型智慧城市建设专业能力，同时对政府资金提出了很高的要求。政府投资并委托专业公司运营模式相比单纯政府投资模式，可弥补政府专业能力的短板，利用专业公司的技术资源、客户资源、运营经验以及人才资源等优势，促进新型智慧城市的成功运营。但相对单纯投资，政府仍需面临同样的资金压力，除了对项目建设监管外，需同时增加对专业公司运营监管，监管工作增加。政府部分投资并吸引企业参与投资并运营的模式可使通过企业灵活的资金配置及收益模式来达到政府监管与企业运营的平衡，运营商通过部分投资可获得部分话语权，从而参与新型智慧城市规划设计，贴合用户需求，但该模式需政府审核合作企业的专业能力、资金实力等方面，从而增加了政府的商务风险及投资回报周期。

本节选择相关建设运营模式进行详细分析。

（1）政府独立建设运营模式的优点，主要是有利于政府自主对网络进行运营和使用，独立性和公益性更强。例如：对于财政资金充足的政府来说，可以大面积建设覆盖全城的无线网络，并根据公众的需要提供各种基于无线应用的公共服务，一方面可以更好地为市民提供免费便捷的服务，比如网上交通服务、网上医疗服务、网上便民服务等，而另一方面可以更好地推进电子政务的进程，极大地提高政府的公共服务效率。

政府独立建设运营模式的缺陷非常明显。①费用问题。政府需要负担全部的投资，包括设备采购和设计费用、工程实施费用、网络运维费用、业务运营费用等，虽然Wi-Fi网络相比有线网络来说成本低廉，但对于依靠税收的地方政府来说仍然是笔不小的经济负担。②技术问题。政府不是专业网络建设机构，缺乏相关的技术能力和实施经验，要依靠自身能力去完成所有的设计实施及维护工作是捉襟见肘的，但如果要将这些工作外包出去，又面临费用问题。③运营问题。既然不以营利为目的，那么就意味着后期的运营缺乏激励机制，同时又缺乏专业的网络运营能力和经验，这样将使整个项目成为面子工程，无法发挥预期的效用。④政府独立建设运营模式还面临一个重复建设的问题，因为当地的各个运营商都已经有了自己的无线网络，政府的建设还将导致运营商的利益受到损害。

由于此种模式的问题很多，所以很少有国家和城市采用此种模式。例如，美国得克萨斯州的无线城市曾经采用了此种模式，但运营不久之后，政府就发现并不像想象的那么简单，特别是后期的网络维护和运营问题非常严重，最终不得不将网络转售。另外，此前欲向市民提供免费全城Wi-Fi的法国巴黎市政府由于影响了运营商的无线宽带市场，遭到法国电信"逼宫"，网络建设被迫叫停，也是一个活生生的例子。无独有偶，在香港特区政府建设免费网络的过程中，香港的多家运营商对特区政府的免费Wi-Fi问题提出抗议。

（2）BOT模式从出现至今已经有300多年的历史了，所以这并不是一个新兴的模式。国际上很多智慧城市仍采用该模式来运营，即政府与运营商达成协议，并且颁发相应的特殊许可，允许其自主举债融资，从而进行智慧城市的基础设施的建设，并且在建设完成之后对这些设施进行相应经营和管理，在协议期满后，政府可以无偿收回这些基础设施和配套的其他相关权利。运营商在建设期间所需要的资金则全部由其自身筹借，由国外或国内投资者投资，在整个过程中政府不再参与，但是也可以适当地入股或者贷款，形成共同投资。在开始建设到后期运营的期间内，拥有许可权的运营商有绝对的控制权和经营权，可以任意地运用这些基础设施向用户提供各种有偿服务，通过这种方式取得收益，而最终的营业额则按照与政府协商好的比例向政府缴纳管理费。

BOT模式在智慧城市建设运用中的优点显而易见是在政府方面，由于整个建设过程都是由运营商独立来实施，政府基本不参与，所以承担的风险和投资都非常小，几乎所有的风险都由运营商独立承担。

BOT模式在智慧城市建设运用中的缺点也是显而易见的，在建设前期和运营管理期间，运营商独立承担各种风险，由于整个项目最终是要无偿交付回政府的，当协议到期时，一方面政府不能保证项目的按时收回，另一方面运营商也不能保证顺利收回投资成本并实现一定程度的盈利。在这些因素的相互影响下，对整体的建设会造成很大程度的影响，不利于项目建设。

2. 关于市场主导型

随着市场经济的发展，政府对城市管理往往是从上层政策层面给予约束与指导，而具体经济行为则由市场自身解决。一些城市在建设新型智慧城市过程中，由于自身资金缺乏或更希望发挥市场作用，选择通过市场主导来建设新型智慧城市，如政府牵头的BOT模式、专业公司独立投资运营等。政府牵头的BOT模式可以大大降低政府建设新型智慧城市所需的资金压力和建设风险，而将这些风险转由专业公司承担，但该模式下政府参与度低，不能充分调动企业建设和运营新型智慧城市的积极性。专业公司独立投资运营模式则完全使政府规避了投资和风险，智慧城市建设完全由一个或几个专业公司自主进行，专业公司可充分利用自身优势，但该模式下政府监管能力极低，而且专业公司往往对新型智慧城市投资更追求经济利益而忽略公共服务质量。

专业公司独立投资运营模式的优点：①运营商独立运作，可以最大限度地排除来自外界的干扰，包括政府制定的政策，投资、建设、运营完全按照市场的规则进行运作，运营商能够充分掌握自主权，充分发挥技术优势和运营经验，充分调动其积极性，充分利用其广泛的用户基础，充分利用其自有的宣传渠道；②可以较好地进行商业推广，而不必有太多公益的负担，通过推出有特点的有偿服务吸引用户并获取收益，从而有利于业务的长期发展；③从政府角度出发，政府不用参与整体的建设，同时也不用提供资金投入，所以相应地也不用承担相关的责任，没有任何风险，政府扮演的是一个比较轻松的角色。

专业公司独立投资运营模式的缺点也很明显：①对于运营商来说，缺乏政府的支持将使项目的影响力大大下降，无法获得相关部门和企事业单位的支持，难以推出如水电燃气费查询、交通违章查询等基础公众服务，导致失去大量用户基础；②对于政府来说，缺乏话语权将很难让整个项目往希望的方向发展，特别是通过信息化建设提升政府形象，为公众提供更多的免费服务，这些目标难以达成；③对于广大群众来说，由于没有政府的参与，免费使用智慧网络并获得公共服务的可能性就大大降低了。

3. 运营模式比较与选择

一个城市从确定建设新型智慧城市到真正启动新型智慧城市项目的过程中，首先要给城市定位，确定建设新型智慧城市的目的是什么。综合来说，新型智慧城市有三大驱动力，第一是解决城市发展通病，比如交通拥堵、环境污染、能源紧缺等；第二是提升城市竞争力，一个是解决当前城市竞争力问题，另一个是需要为未来城市发展创造更多条件；第三是技术驱动，即新兴信息技术产业发展的要求。基本上，一般城市建设新型智慧城市无非以上三个驱动因素，但不同的城市侧重点不同，因此每个城市采取的具体模式也不相同。根据政府需求要素的不同，往往采取的模式也不尽相同。

对于涉及国家安全以及关乎居民公共利益的领域，一般要采取政府主导的运营模式。因该领域涉及信息的敏感性以及城市居民基本公共服务等因素，企业参与有诸多限制并可能因经济回报低而制约其发展。采取政府主导模式主要是政府投资、建设并负责后期运营，该模式可确保国家安全以及可持续发展，该模式主要用于智慧政府、电子政务、智慧安全、数据库等建设方面。

对于其他不涉及国家安全、公共利益的领域，可由政府与企业联合投资运营，政府投入部分资金并吸引部分社会资金合作，可实现政府政策优势与市场资金优势、经验优势的互补，并且有利于后期的市场化运营，比如智慧医疗、智慧校园等领域。

对于不涉及国家安全及公共利益领域，除政府与企业联合投资外，政府也可完全不投资，仅仅从宏观层面给予统筹规划，降低市场准入门槛，吸引专业公司投资建设并运营，完全利用社会资本实现新型智慧城市建设，如通信网络、智慧社区等。

对于新型智慧城市的云计算服务、公共卫生服务等领域，可采取专业公司投资、建设、运营，政府和城市居民购买服务的形式。企业投资建设并运营可有效节约政府资源，减轻政府资金压力，同时企业专业技术能力和运营经验可保证智能化的服务更加高效，例如云计算租赁、智能家居等。

1.3.2　运营的投资分析

随着云计算、物联网、移动互联网等新一代信息技术在城市各领域的逐步渗透，智慧城市正在从理论走向实践。国务院和各级政府纷纷提出了建设智慧城市的计划，相关的工程实践也渐次推开，一场大规模的智慧城市升级运动已经开始。然而，智慧城市建设是一项复杂的系统工程，涉及主体众多，所需资金巨大，涵盖了投融资、建设、运营、监管等过程。传统的政府自建自营的模式已远不能满足投资需求，将市场机制引入城市信息化建设中已成为必然选择。

智慧城市的运营主体是包括政府、企事业单位和广大社会公众等在内的多元主体，其建设投资已经由政府作为投资主体转变为市场多元化投资。在城市信息化过程中，运营商正在成为国内智慧城市建设热潮中的主力军。城市运营的客体就是城市的各种资源，包括一切可以由城市政府直接运用市场和政策手段进行整合、有利于城市建设与发展的各种资源。就智慧城市运营的客体而言，有广义和狭义之分。广义的智慧城市运营客体包括：城市土地，公用设施如供水、供气、供热、供电、道路、桥梁、公共交通、污水处理、广场、公园等，以及生态环境，城市品牌，历史文化，未来资源等。狭义的智慧城市运营客体主要是指城市的信息化相关资源。

城市信息资源是由自然资源、基础设施资源、人文资源等派生而来的。因而，对城市信息资源的运营管理，与信息资源的载体属性密切相关，即：除了纯粹的公共产品必须由政府提供，纯粹的私人物品由企业或个人提供外，其他属于准公共产品或公共资源两大类的混合类公共物品或服务都可以由政府主导和监督，通过市场运作，引进社会力量进行经营，而智慧城市可经营性资源都属于后两类公共物品范畴。

智慧城市运营管理的核心主要反映在对运营资源和投资主体的界定，以及投融资模式上，包括从筹资、建设、经营到管理的一系列活动中所采用的方式和方法。具体分析如下：

1. 投资主体界定

按照公有投资和私有投资的比例以及运营周期，典型的运营模式有服务/管理合同、租赁、转让—经营—转让（TOT）、建设—运营—移交（BOT）、公共私营合作（PPP）、建设—拥有—经营（BOO）、剥离等模式。

从运营资源的可经营性分析可见，智慧城市项目既包括非经营性项目，其建设目的是取得社会效益和环境效益，只能由政府负责投资，按政府投资运作模式进行；也包括经营性项目，其中纯经营性项目可由全社会负责投资，准经营性项目可通过政府适当贴息或政策优惠进行市场运作。

非经营性项目的投资应该由政府承担，按照政府的投资运作模式进行。资金来源应以财政投入为主，并配以固定的税收或收费加以保障，其权益也归政府所有。纯经营性项目的运作模式，采取BOT、TOT和投标拍卖等方式较为合适。对于准经营性项目，可以采取市场运作和政府适当贴息或给予政策优惠两种方式经营，市场运作所占比重可因项目不同而有所差异。待其价格逐步到位且条件成熟之后，这些准经营性项目即可转化为纯经营性项目。

2. 投融资模式选择

不同经营属性项目具有不同的投资管理机制，客观上要求对智慧城市项目实施分类运营和管理。项目分类运营管理的实质就是根据资源的可经营性，将不同属性的智慧城市项目分归于不同投融资体系，即以非经营性项目为主的政府投资管理体系和以经营性项目为主的社会资本投资管理体系。

新型智慧城市运营的实质就是充分发挥市场机制，合理利用、优化整合、配置和经营好城市的信息资源。从智慧城市公益性服务角度考虑，其运营宜采用政府引导、企业运营、公众实践相结合的模式。即政府通过政策引导与资金扶持，建立智慧城市投融资平台，创新投资机制，健全财税金融支持体系，引导企业、公众主动投资智慧城市建设和运营；企业通过独资、合资、合作、项目融资、技术和产品投入等方式，直接投资智慧城市的建设运营，企业以其资本购买投资智慧城市建设运营的股票、基金、地方政府债券、公司债等金融性资产，间接投资于智慧城市的建设和运营；同时，公众通过购买投资智慧城市建设运营的股票、基金、地方国债、公司债等金融性资产，间接投资于智慧城市建设和运营。

1.4　运营模式的选择考量

1.4.1　模式选择的导向

目前，新型智慧城市运营模式还处于探索实践阶段。在国家批复的300多个新型智慧城市建设试点中，采用的运营模式都有自己的特点。新型智慧城市运营模式作为新型智慧城市计划实施的关键，关系到政府部门和建设单位各个方面的利益归属，关系到具体的应用推广、责任划分、风险评估，运营模式的选择直接关系着城市"五化"目标的实现。

运营模式的选择，要以目标需求为中心，将市场发展作为导向，根据研究新型智慧城市运营体系，来获得服务于城市的综合信息。在符合"五化"发展目标的前提下，选择新型智慧城市的运营模式，实现政府、公众和建设单位的共赢。

在全球新型智慧城市建设的进程中，没有固定的模板，新型智慧城市的建设模式依赖于各个城市本身的特点，实施的过程也是不同的。基于之前的成果，把政府和运营商作为新型智慧城市建设的主体，可以实行五种不同的建设模式。分别有：①政府独立投资建设；②政府投资，运营商建设；③政府与运营商合作建设；④BOT模式，政府主要负责，运营商配合；⑤运营商独立投资建设。

新型智慧城市运营模式的选择与新型智慧城市运营环境密不可分，涉及政治、经济、社会和技术各方面因素，以哈尔滨市、嘉兴市等地新型智慧城市建设为例，总结出新型智慧城市相关业务的运营环境及形成影响的方面如下。①整合基础数据资源实现数据共享因素。各地政府与各行业的相关数据没有共享机制，部门化管理，并缺少相应的管理规定，削弱了政府之间信息传递效率与协同办公能力，减慢了信息化发展速度。②对数据资源进行运营，并高效开发市场机制因素。社会资源主要由政府机关掌控并分布到各委办局，数据之间的传递和共享匮乏，信息资源市场开放性低，无法高效利用，这是普遍存在的问题，而且对于信息资源如何服务于社会，公众意识薄弱、缺乏信息管理机制，最终导致数据产业化程度较低。③保障政务相关数据资源，制定资源共享政策因素。政府部门之间对内部数据进行分割与垄断，缺乏数据共享性，无法满足实际需求，缺乏政府数据安全传输与保存、所有权与使用权的明确划分等方面的法律法规，难以服务于社会日益增长的需求，亟需建立相应的标准为社会公众提供完善服务。④保障多维信息安全因素。传统的静态安全措施，不能适用于智慧系统中，难以满足这种动态的、多维互联的应用环境。建设智慧城市涉及城市中和行业的各类数据资源，并需要应用新一代信息技术，现有的安全机制无法满足需求。智慧城市建设首要任务是保障数据的安全性，建立完善的安全机制。⑤统计整合新型智慧城市的运营规划因素。科学、合理地制定新型智慧城市的顶层设计与发展规划，尽可能地将不同部门、不同行业、不同领域的信息进行汇集与使用，考虑现有的信息资源管理现状与配置情况，整合分散无序的信息资源系统，搭建新的信息共享平台，基于平台开发应用，达到信息利用率最大化，实现新型智慧城市中产业发展、城市规划、资源整合的智能化管理。⑥保障新型智慧城市运营组织架构因素。运营是一项较复杂的工作，综合多个行业与部门的基础性工作，包括梳理、建设、规范行政方面的各项流程，用科学的方法提升政府的服务能力与管理效率，加强新型智慧城市的综合竞争力，提升品牌影响力。

分析总结新型智慧城市建设，新型智慧城市的运营工作需要解决跨行业、跨部门数据资源整合、共享，建立部门之间、行业之间的协同平台，进行数据集中处理和统一分析、大数据挖掘应用，搭建一个包含综合城市管理控制及服务体系架构。政府作为城市的主要运营者，同时也主导着城市的发展，需要全面地对新型智慧城市的建设过程、运营过程和各类服务过程进行规划并监督管理，优化各领域的应用，推动城市的快速前进。

根据新型智慧城市的本土特点及技术体系，同时结合运营商自身状况和实力，新型智慧城市主要采用政府主导、运营商建设的BOT模式。

1.4.2　模式的经营驱使

新型智慧城市建设目前已经在哈尔滨、南昌、嘉兴、厦门、乌鲁木齐等多个城市开展，在哈尔滨市已经从建设期进入到了建设+运营的阶段，并在合资公司设立、项目实施、产品销售和运营管理等方面形成了相对清晰的思路和做法，新型智慧城市运营模式具备了可复制基础条件。

新型智慧城市运营模式采用BOT模式，解决了目前新型智慧城市建设中的诸多问题，实践证明了该模式的有效性，是适宜新型智慧城市业务发展的运营模式。具体的投资主体和运营方式如下：

（1）投资主体。新型智慧城市具体的建设内容既包括非经营性项目，也包含经营性项目。其中，非经营性项目由政府投资建设，并依照其运作模式进行，着重于带来社会与经济效益；经营性项目可以分为两类：一类是纯经营性项目，投资主体可以是全社会；另一类为准经营性项目，政府可以酌情进行贴息或制定一些优惠政策来支持其运作。

针对新型智慧城市运营模式中涉及的城市数据采集与获取（包括地下管线、地下空间、基础地理和地表部件等静态数据以及视频监控、站网数据、传感器数据等动态数据等的采集与获取），需要采用政府投资运营模式。城市云平台、城市空间信息系统等不仅服务于政府职能部门，还可以服务于企业和社会公众，这部分建设内容投资主体可以按照服务对象的定位采取政府主导、企业参与的模式进行投资建设。智慧照明、智慧城管、安全应急等行业应用系统也需要按照经营性明确投资主体。

（2）运营方式。结合新型智慧城市业务定位和运营模式，依托技术产品和总体优势，方案提供商和运营服务商一方面承担新型智慧城市相关系统项目建设任务，另一方面也带动产品研制和运营平台建设，为产品销售和运营服务盈利奠定基础。具体策略如下：①项目实施结合新型智慧城市和行业信息化建设，完整解决方案提供商和运营服务商的定位，依托市场、技术产品和总体优势，承担数据采集与处理、城市云平台、城市空间信息系统和行业信息化、系统集成等项目，获取项目收益。项目同时也带动产品研制和运营平台建设，为产品销售和运营服务盈利奠定基础。②产品销售通过数据采集与处理、新型智慧城市等项目的实施，带动系统软件产品、特种终端和专用软件研制，采用传统的产品销售方式赢得收入；同时免费推广，获得用户入口资源，为数据运营等服务提供可能。③运营服务模式建设的城市空间信息系统和智慧管网信息系统等项目分别综合了地上地下信息数据、地下人防空间信息等。运营服务盈利主要是通过整合新型智慧城市海量监测数据和用户端个性资料，运用大数据分析能力，为政府、行业、企业和公众提供专业订制咨询服务，或为商业企业推送用户统计信息等多种方式，以核心数据资源，为各方面用户提供广泛的增值服务，获得相应收益。

1.5 新型智慧城市的运营挑战

新型智慧城市的运营不是一朝一夕的事情，而是一个长久的可持续的经营过程。近年来，我国各大城市建设新型智慧城市的热潮此起彼伏，据统计国内一线城市以及一半以上的二线城市都提出了新型智慧城市建设目标及相关方案，但各自实施的过程中确实出现各种乱象，暴露出的问题也很多。规划混乱、盲目投资、重复建设、标准缺失等问题，既扰乱了新型智慧城市建设市场，也造成了社会资源的极大浪费。

在快速发展的现代社会，超大城市的精细化、有序化治理一直是世界性难题。显然，超大城市本身是一个复杂的超大型系统，高速、有序安全运转面临着诸多风险。一是系统要素高度集中。超大城市市域面积巨大，拥有庞大的人口规模、车辆保有量，密集的构筑物，巨大而复杂的水电煤气生命线工程，管理难度与要素聚集程度成正比。如上海行政区划6600平方公里，实有人口2400万，汽车保有量415.8万辆，密度程度在全世界都位居前列。浦东新区面积1210平方公里，实有人口556万，以不到五分之一的面积容纳了全市四分之一的人口，下辖12个街道、24个镇，有的镇域面积超过100平方公里。二是系统要素高速流动。超大城市往往还是区域甚至国际中心和节点城市，是重要交通枢纽，商业、社会性交往高度发达。如浦东新区目前境外人口8.9万，兼有国际客运港和货运港，浦东机场年客流量达7405.42万人次，过境外国人达3600万人次，每天还有1.4万辆集装箱卡车、5700多辆渣土车、1100多辆危化品运输车运行。人流、车流、信息流、资金流的快速流转既成就了城市的繁荣，也孕育着各种安全风险。三是系统环境高度复杂。伴随着互联网技术的发展，快递、外卖、网约车、共享单车、移动支付等新兴业态和生活方式纷至沓来，线上线下交流强度很高，给城市管理带来诸多新挑战。近年来，新区通过网格化发现的城市管理问题逐年增长，从2015年的49万余件，增长到2018年的326万件，上涨幅度超过565%。

长期形成的条块分割、各自为政的传统城市管理模式难以跟上时代发展的步伐，也难以胜任超大城市精细化治理的要求。从本质上说，城市管理是一个不断发现问题、解决问题、防控问题的过程，城市管理的效率和效能充分体现在每个环节的细致落实和无缝衔接之中。在一个要素集中、高速流转和结构复杂的城市系统中，如果无法快速、有效地发现问题和解决问题，无法前瞻性防控风险，结构性地减缓矛盾，也就无法以较低的成本确保城市"更有序、更安全、更干净"。面对超大城市现代化治理的新形势和新要求，传统管理模式的短板和劣势非常明显。

1.5.1　政府资金投入来源及风险控制

新型智慧城市建设是一个资金投入量巨大的工程，一般的新型智慧城市规划都涵盖交通、医疗、电子政务等公共服务领域，而这些领域改革动辄几十亿、上百亿的投资对地方政府财政资金提出了极大的挑战，并且2000年以后第一轮基础设施投资已造成各地方政府债台高筑，新一轮新型智慧城市漫长投资无疑构成了更大的财政压力。巨量的新型智慧城市投资规模使政府不得不变革谋求资金的渠道，因此吸引市场资金入市成了主流模式。相当一部分地方政府将新型智慧城市建设项目推向市场，通过BOT等模式吸引相关公司的资金支持，同样也有一部分城市因无法找到投资商而使项目烂尾或延期。

结合国内外新型智慧城市建设经验，除涉及国家安全及公共利益领域，其他领域建设应尽量交给市场来选择，充分发挥市场的力量，让企业在参与的过程中自身创造价值，从而真正减少政府公共设施的投入，提高城市运营的效率。

1.5.2　规划混乱与标准不一

针对目前全国新型智慧城市建设过程中出现的各种问题，很多专家认为我国缺少国家层面的顶层设计。由于缺乏国家层面的规划要求与标准，各地方政府往往各自为政，相关部门之间缺乏沟通协调，同时运营过程中也缺乏长效的管理机制和配套的法律政策及法规，各种乱象自然会出现。如没有统一的规划要求和建设标准，就肯定会出现各地方政府重复建设、商业模式单一、可持续性差等突出问题，最终也难以实现城市公共系统服务智能化升级。

2014年8月27日，国家发展改革委、工信部、科技部等八部委联合下发的《关于促进智慧城市健康发展的指导意见》，从顶层设计方面对新型智慧城市建设提出了要求。这也意味着我国新型智慧城市建设将结束各自为政、盲目建设的乱象，从而进入统一规划、统筹推进的新阶段。同时，政府亟须出台规范新型智慧城市商业化运营模式的相关政策法规，促进不同智慧平台之间的沟通协调与资源共享，形成智慧城市运营的市场机制，解决新型智慧城市运营难题。

1.5.3　运营商盈利难题

从目前全国各大城市新型智慧城市建设规划来看，大部分城市还是以政府主导为主，企业主要参与政府投资的各项目的建设，建设完成后由政府运营。这种自上而下推动的建设运营模式普遍存在规划落后、技术落后、商业化程度不高等缺点，最终形成了一个个智慧孤岛，并由政府承担极大的运营资金压力。

由于国内新型智慧城市政府架构比较分散，同时各地区发展状况不同，因此不同区域应按照自身情况采取多元化经营，由政府搭建统一的公共服务平台，实现各项目资源共享，互相协调，取长补短，互相支持，形成经济可行的运营模式，实现运营盈利的持续发展。

同时，新型智慧城市的运营不应仅仅局限于新型智慧城市本身，而应借助城市智慧化过程促进新兴产业的发展，利用新型智慧城市建设带动相关产业链条的产业发展，实现新型智慧城市建设的综合价值。新型智慧城市建设运营使高新技术企业间的合作不断深化、融合，形成对城市经济发展的重要推动力，从而实现政府GDP的快速增长，提高财政收入水平，进而反哺新型智慧城市运营，实现新型智慧城市的可持续发展。

1.5.4　管理运营视而不见

"感知"就是发现问题，是对城市巨系统运行脉搏和体征的准确把握，也是实现城市精细化管理的基础和前提。从总体上说，管理者的感知能力受到机构、手段和信息三个方面的影响。就机构的职能划分来说，城市管理涉及规划、城管、市容绿化、环保、交通、水务、电力、应急管理等众多部门，在条块分割的管理体制中，大家各自为政、各守一摊，专业化程度较高，但管理缝隙较大，资源队伍分散，甚至职能边界不清，互相推诿、扯皮，对一些处于"模糊地带"的问题就往往"视而不见"，或者"看得见的管不了，管得了的看不见"。

就管理手段和方式来说，传统管理模式习惯于定期巡查检查、人工发现处置的方式，有些干部甚至不会上网、学网、用网，极大地制约了精准、快速感知问题的能力。就信息来看，条块体制壁垒所形成的数据信息碎片化、分散化和滞后化，制约了管理体系对城市运行宏观和微观问题的敏感度。相对于管理对象的高速、动态变化，仅仅依靠人力巡察、社会举报、定期报表等传统方法采集的数据和情况时效性、准确度不够，难以做到对各类要素底数清、情况明；各条线的信息管理系统越来越多，但彼此之间互相隔绝，难通有无，难以精准发现可能的隐患风险，难以挖掘城市管理的深层次、规律性问题，难以制定有针对性的应对方案。久而久之，如渣土车管理、群租整治等一批城市管理问题长期得不到解决，逐渐演变成顽症、痼疾。

1.5.5　社会服务协同能力差

城市运营是管理的核心，其范围很广，涵盖城市规划、城市建设及城市运行相关联的城市基础设施、公共服务设施、社会公共事务和突发事件等方方面面，但城市管理职能却分散在多个部门，在缺乏协调中枢的情况下，相关部门往往各自为政、独立作业，形成一个个封闭循环的子系统。这种"蜂窝"式管理结构必然造成两方面主要问题：一是外部监督不够。子系统的专业性和封闭性所造成的信息不对称，使得外界很难对系统内部的履职情况进行有效监控与及时督促。很多问题在系统内部来回反复，最后变成死循环；二是横向协同不强。管理流程被人为地、部门性地分割，未能形成环环相扣、整体划一的管理链条。事实上，城市运行是一个多主体、多行为的连续动态过程。要实现源头治理和系统治理，就必须形成与这一动态过程相契合的管理链条。在这一方面，传统体制显然捉襟见肘。

以城市顽疾——渣土车治理为例：建设部门负责对工地的管理，环保部门管理运输企业，交警部门管理渣土车的交通违法行为，城管部门管理渣土车的无证运输和偷倒乱倒行为。看起来每个部门都在履行自身的职责，形成分段分位监管，但在实际生活中，由于部门之间信息不通、各自为政，治理效率不高，往往在事情发生以后才能引发关注。这些都制约了城市发展和稳定，影响人民群众的获得感、幸福感、安全感。

1.5.6　综合风险管控有限

城市治理体系和治理能力现代化要求城市管理者不仅仅是救火队，而且必须成为防火员，要拥有强大的风险识别和前期防控能力，较早排除安全隐患，减少危害性问题发生，从而提高整体治理绩效和水平。例如，近年来浦东新区部分地区人口老龄化加剧，高龄独居老人因忘关燃气开关引发火灾的隐患越来越多；同时，独居老人久卧不起、延误就医等意外情况也时有发生。如果等到这些问题已经发生再进行应急处置与救援，往往已经造成重大损失和危害，整体管理效能非常低。这就迫切需要精准的前瞻性研判和高效的风险防控。但目前城市管理相关职能部门力量整合不够，条条、条块壁垒仍然大量存在，资金、人员、能力等制约因素仍然较多；加之工作方式仍然较为粗放，成本效益观念不强，有效的资源力量难以及时、精准地对接群众需求，更多地在被动"灭火"上疲于应付。

事实上，这些问题正是传统城市管理模式长期以来造成的结果；反过来，也正因为这些问题限制了管理能力，人海战术、运动治理和被动应急等管理形态也长期存在。可以说，这种管理形态与新时代群众对美好生活的需求之间已经形成内在张力，为了打造安定有序的社会环境、公平透明的市场环境、生态宜居的生活环境，切实提升城市管理水平，需要进行城市治理体系的重构。

第2章 新型智慧城市运营的创新模式

新型智慧城市的建设涵盖的内容十分广泛，涉及城市运营的各个方面，包括智慧基础设施、新型智慧城市管理与服务等，涉及政府、企业、用户及相关机构之间的各种协调关系。目前，全国范围内新型智慧城市建设如火如荼，但在热闹景象的背后，越来越多的问题也开始凸显，如政府融资难题、后期运营难题、政府协调难题等，因此亟须新的模式创新解决这些难题，为新时期新型智慧城市建设扫清障碍。

2.1 政府平台公司的由来与发展

1994年，国务院启动国家分税制改革，将税基普及全国、调节功能大的税种划归为中央税或者中央和地方共享税，将税基较狭窄、调节功能较小的税种划归为地方政府。分税制使中央政府获得了更加集中的财权，而地方政府的收入被削减。但在财力沿着县、市、省、中央不断上移时，事权却并没有明显改变，地方政府依然是基础建设的主力军。考核地方官员的重要指标是当地的经济增长，为了大规模的建设经济，地方政府必定需要大量资金。收入减少，支出增加，地方政府财政陷入了前所未有的资金紧张时期。这种情况下，由于地方政府负债机制和体制改革并未同步跟进，并且预算法明确禁止地方政府负债，因此个别地方政府催生了公司借贷供政府消费的想法，一些大型城市组建的融资平台公司应运而生。

随着融资平台公司的不断发展，其职能也由最初的融资工具慢慢拓展到政府性项目的融投资、建设、运营等相关领域，甚至有的平台公司进入基础设施建设投资领域，成为真正的业主单位。2008年，国家为应对国际金融危机而启动了四万亿投资计划，全国各地融资平台公司如雨后春笋般纷纷出现，大量举债参与政府基础设施投资建设，这也导致了我国近几年的地方政府融资平台债务风险问题。自2013年以来，国家对地方政府融资平台公司出台了一系列调整政策，融资平台运作模式也受到了一定的限制。虽然目前融资平台发展遇到了一些瓶颈，但融资平台公司所做出的贡献依然存在。融资平台公司打破了政策约束，创造性地解决了城市建设过程中的资金难题，紧密连接了市场和政府之间的关系，在城市公用事业建设、公共资源市场化、土地资源市场化等方面均起到了重要作用。创新平台公司经营模式，增强自身盈利能力成为新时期平台公司发展的主要方向。这个时期，城市运营商开始进入部分融资平台公司的视野。

随着城市规模越来越大，各种社会公共资源越来越多，有形资产与无形资产的合理规划与使用成为一个新课题，城市资源运营应运而生。随着经济高速发展，盘活资产，实现城市服务能力的提高，需要城市管理者从城市资源经营过程中获取更大的价值，从而保持城市运营支出以及新项目的投入。城市运营已经不仅仅是城市建设、城市管理等方面建设及管理的手段，而是一种城市服务的新思路、新理念，一种有别于传统城市管理的新模式。它贯穿城市规划、建设、管理的全过程，将城市视为一个经济项目，通过经营手段来规划城市、用经营手段投资、建设、管理。这是将企业经营理念引入城市管理的新思路，使城市管理更加灵活、高效、富有创新活力，充分吸收市场的优势资源，从而提高城市竞争力，而政府性平台公司就具有这种先天优势。

政府平台公司是连接市场与政府的新通道、新桥梁。城市运营商概念为政府融资平台公司提供了新的转型思路。从单一的融资投资工具转型为城市运营商，平台公司可以通过运营庞大的城市资源实现真正的市场经营，从输血变为自身造血，大大提高了公司盈利能力，也为城市可持续发展奠定了基础。

2.2　运营平台的功能与升级

2.2.1　政府平台公司的功能

地方平台公司是在中国特色的市场经济体制下建立起来的比较特殊的国有企业，增强地方经济活跃度、扶持地方公共事业的建设、促进城市现代化发展等都是其被赋予的特殊使命，发挥着以下重要功能：①政府授权，代行融资职能。这是其被设立的主要目的。②防范区域性金融风险。在一个区域金融体系内，地方政府融资平台相比其他企业，因具有强大的政治背景、经济实力和信用基础，自然是区域金融体系的主要市场主体之一。当区域性金融产生风险时，平台会充分发挥其市场调控者和经营者的双重身份优势，通过直接参与市场或者间接引导各市场要素的方式以防范和化解风险，促进当地金融体系的健康发展。③参与公益类事业的建设，改善民生。公共基础设施建设、安置房建设和市政设施维护是我国大多数地方政府融资平台公司的业务所在和收入来源。事实上，这些公益类事业的综合收益率并不高，却是经常性和固定性的收入，对于地方政府融资平台来说，这种细水长流的营业收入更加符合其"不追逐暴利，稳中求发展"的基本发展原则。地方政府平台将此类收入反哺到公益类事业的建设中，无疑将改善民生事业。④国有资产的保值增值作用。作为特殊的国有企业，我国大多数地方政府融资平台公司都有土地整治代理和国有固定资产租赁业务（如写字楼、商铺），地方政府融资平台是此类业务的最佳人选。一般情况下，平台对其经营和管理的国有资产享有绝对控制权，通过一系列的手段和措施来实现国有资产的良好运营。

有代表性的政府融资平台运作模式。例如，上海城投模式、重庆"八大投"模式和四川模式等。其中，上海城投是一个由三家城投公司重组而形成的国有特大型企业集团，目前有水务、环境、路桥、置业四个方面的主营业务。上海城投的发展路径主要是资产重组：将股权集中于集团公司，通过对三家待调整企业的业务进行合并归类，明确合理定位，按照公益类、商业类和兼有类的分类原则，赋予三家企业不同的性质，再将各类资产分类划归，分别注入三家企业，明确各自的业务范围后开始专业化经营。重组后，上海城投转型为多元化的集团，实现了集团内部商业类企业对公益类事业的反哺。

　　2002年以前，重庆市的基础设施建设主要由一家投融资平台统筹，由于经营效率不佳、资金规模较小等原因，重庆市整合资源，逐步组建了八个政府性投资集团（"八大投"），在不同领域各司其职，还设立了一家事业型金控公司，除了自身经营的事业外，还为各平台公司提供融资支持。后计划转型成为地产、城投、交通开投、高速、水务等五大城投平台（"五大投"）。各投资公司相互独立，负责水利、交通、桥梁、电力、通信等各个方面，在各自领域发挥投融资功能，也提高了运营效率，很大程度上避免了不同领域对资金的相互挤占。

　　四川省级政府融资平台采用的是"1+N"的模式。四川发展集团为综合投融资平台，在此基础上，四川发展集团控股或参股到多个产业集团中，实现了对环保、能源、新兴产业、医疗养老、金融、旅游等众多领域的覆盖，业务板块还在持续扩张中。这一模式使政府性资金的引导作用得到最大限度的发挥。

　　混业经营是未来发展趋势，我国正处于由分业经营向混业经营的过渡阶段，国企改革如火如荼进行。地方政府融资平台在转型后作为一类特殊国企，兼有社会效益和经济效益，一方面要服务于社会，另一方面也要参与到与其他企业的竞争中来。融资渠道的探索是一大转型趋势。股权融资和债务性融资缺一不可，都被充分考虑到融资方案的优化中，逐步从间接融资转向直接融资是趋势。多方面、多层次寻求股权融资也是一大趋势。吸引社会资本共同参与开发建设，加强与信托、私募股权投资基金等合作，开展股权融资，减轻资金使用的外部依赖。具体类型有：①地方政府融资平台公司既可以单独，又可以与其他企业组成联合体，参与到PPP项目中。如安庆外环北路作为全国首例市政道路PPP项目，就是由北京城建设计发展集团股份有限公司这一平台公司作为社会资本方参与的。②产业引导基金的形式参与到PPP项目，一是受政府委托，与金融机构合作，共同设立母基金。二是地方政府融资平台直接与金融机构合作成立基金，金融机构作为优先级LP，平台公司作为次级LP，管理人作为一般合伙人GP。③有些平台公司由融资平台转型为投资平台，成为地方产业的引导者。通过股权投资的方式，利用市场资源的优化配置，最大限度地发挥杠杆作用，引导投资机构和社会资本进入本地市场，扶持小微企业迅速成长。具体来说，可以建立产业园区或孵化园区，与政府和金融机构共同组建产业投资基金。现在，我国的大多数产业园、孵化园等采用的就是这种模式，目的是通过政府的引导作用，将社会资本引流到地方特色产业中，实现联动。④一方面，对于当地政府辖区内存在多家平台企业而言，可以采取"1+N"的形式，即组建新的综合性平台公司，成为控股平台企业，合并业务类型相同的其他平台企业；另一方面，现在也有平台公司正在使用三级架构，即组建国有资本投资公司、运营公司和建设公司，实现运营管理、投资发展、开发建设分开的国有平台企业。现行的一些平台公司组织架构并不具有广泛的适用性和普及性，在实际发展过程中，转型后成功的平台公司均在原有的基础上，充分结合自身情况进行了适当调整。⑤PPP模式鼓励政府通过与民间资本进行合作，平台主要负责在对自身的存量资本进行清理后，转向实体企业，从事公益事业的建设和运营，通过使用者付费与可行性缺口补助的综合付费方式，同时利用特许经营权，给自身带来一定的营业收入，着力于支撑公益性事业的发展，为当地民生带来便利。

2.2.2　新型智慧城市运营商的升级

城市运营主要是将城市的各种资源以及可向社会公众提供的各种服务以现代管理方式向城市居民有偿或无偿提供的过程。每个城市都有自身独特的资源，但从本质上划分，基本可分为三个层面，即建筑层面、经济层面和文化层面。建筑层面包括城市规划、建筑、道路、交通等有形体，主要是指城市的硬件；经济层面主要包括城市的产业构成、发展规模、经济发达程度等指标，是城市财力的主要体现；文化层面主要涉及地域文化特色、居民受教育水平、城市文化生活等方面，是城市的软实力。

传统的城市运营商主要在城市既有有形资源、无形资源以及城市品牌方面运作。如在城市既有资源的基础上进行整合，通过土地运作、其他资源整合、广泛招商等措施，实现有形资产持续增值；在不断完善城市基础设施、公共配套等基础服务功能后，城市运营商从提高城市商务环境、居民生活环境等方面着力提高城市无形资产，提高自身软实力；在城市基础服务相对完善、城市文化相对定型后，城市运营商继续着力于城市名片的建设，通过推动自身历史文化传播、城市形象推广等方面，进而更大范围地推销城市，实现城市的更大发展。

随着新型智慧城市热潮的不断涌现，运营一座新型智慧城市的任务摆在了各个地方政府及其他传统城市运营商面前。一般情况下，运营新型智慧城市最天然的主体就是政府，因为政府负责城市规划、城市管理、公共服务等业务，一般企业能做的一般是某一个领域的城市专业运营商，如通信运营商、政务云服务商、电子商务运营商、一卡通运营商、智慧社区运营商，一般厂商都不具备做新型智慧城市运营商的能力，而平台公司先天具有的政府资源、资金资源以及城市管理职责，都成为平台公司转型新型智慧城市运营商不可比拟的巨大优势，因此平台公司转型为新型智慧城市运营商就变得尤为自然。

新型智慧城市的涵盖面宽、涉及的投资规模巨大、建设周期很长，在其建设和运营过程中，难免遇到各种问题。面对新的挑战，平台公司从最初的融投资业务积极扩展到城市资源运营，再转型到新型智慧城市运营，整个过程从公司业务范围再到公司经营能力都有了一个极大的提升，平台公司本身公司经营也有了一个质的飞跃。

2.3　PEST运营模型的引入

地方政府平台公司参与新型智慧城市建设运营是平台类公司参与公司转型的重要方向之一，地方政府平台公司也是全国建设新型智慧城市热潮中具备独特优势的组织者和参与者。采用PEST（P-政策环境分析、E-经济环境、S-社会环境分析、T-技术环境分析）模型分析方法，研究这些环境要素影响智慧城市运营推广模式的机制，可以为新型智慧城市建设选择良好的运营服务模式和系统可复制要素研究提供基础。

通过PEST模型分析平台公司参与新型智慧城市建设运营的宏观环境，将对平台公司参与新型智慧城市运营起到重要的指导意义。

2.3.1　政策环境分析

城市的发展是一个逐步提高、不断进步的过程，该过程不断丰富城市服务的各项功能，提升城市的承载能力，使城市与人类社会发展共同进步。进入21世纪后，信息技术主导城市发展成为主流，新型智慧城市成为城市发展的主要方向。党的十八大提出，要在2020年全面建成小康社会，要求走出有中国特色的工业化、信息化、城镇化道路，信息化带动城镇化已上升到国家共识。

2012年，住房城乡建设部发布了《住房城乡建设部办公厅关于开展国家新型智慧城市试点工作的通知》(以下简称《通知》)。《通知》要求新兴城市发展要利用新型技术发展的趋势,加强城市规划、建设和管理,并通过城市试点探索新型智慧城市建设、运行、管理、服务和发展的科学方式。《通知》还从保障体系与基础设施、智慧建设与宜居、智慧管理与服务、智慧产业与经济等方面提出了详细的指标要求,对全国新型智慧城市发展提出了详细意见。

时任住房城乡建设部副部长仇保兴指出,科学、合理地创建新型智慧城市是当务之急。其指出新型智慧城市需从建设理念、顶层设计、公共信息平台、智慧应用、优化运营、保障体系六方面着手开展。

2014年,国家发展改革委、工信部、科技部、公安部、财政部、国土部、住房城乡建设部、交通运输部等八部委印发《关于促进智慧城市健康发展的指导意见》(以下简称《意见》),要求各省市及相关部门,认真落实《意见》要求,规范有序推进我国新型智慧城市建设。《意见》从国家层面上对新型智慧城市建设健康发展提出了纲领性意见,为我国新型智慧城市健康发展指明了方向。

从一系列政策及国家部委领导的言论中不难看出我国建设新型智慧城市的火热程度,国家政策对新型智慧城市给予了很强的政策指引及规范要求。对于战略转型时期的平台公司,国家同样出台了一系列政策。

2010年6月,国务院下发《国务院关于加强地方政府融资平台公司管理有关问题的通知》,要求清理核实地方融资平台债务、规范地方融资平台、加强融资管理和银行信贷管理、制止地方政府违规担保承诺。

2014年10月,国务院下发《国务院关于加强地方政府性债务管理的意见》,要求进一步规范地方债务,确保建设项目有序推进,为社会建设做出贡献。

"十二五"规划后,国家开发银行将与住房城乡建设部合作,在三年内投资近800亿元用于智慧城市建设,并签订一揽子合作协议,严格甄选、调查智慧城市相关项目,稳步落实建设工作。各试点城市也表示,严格按照"规划""意见"中的精神,建设具有地方特色的社会主义智慧城市。

从国家对新型智慧城市建设通过各种政策的大力推进与对平台公司融资债务通过相关政策严格规范的鲜明对比,不难发现平台公司转型的急迫性。新型智慧城市的建设热潮以及平台公司的先天优势,使得平台公司参与新型智慧城市建设运营成为一个最优方案。

2.3.2　经济环境分析

改革开放四十年，我国已基本确立了社会主义市场经济体制，市场在资源配置中的作用越加显著。党的十八大以后，中国经济面临结构调整和转型升级的巨大压力，经济发展也进入新常态，如何在新常态环境下继续推进城镇化进程，促进新型智慧城市建设显得更加重要。根据国家信息中心信息化研究部统计，2013年，我国已有154个城市提出了新型智慧城市建设规划，计划总投资额达1.1万亿元，将为城市带来2万亿元的产业机会。相信随着各地新型智慧城市建设的推进，这一数字将会更大。随着我国城镇化进程极速发展，城市成为生活的经济、技术和政治中心，发挥着极其重要的作用。我国一直以来经济发展势头良好，国民收入稳步提高，现在正在努力实现翻倍的目标。下一步，将充分发挥国内人口多、市场大的优势，进一步拉动内需，促进消费，提高家庭收入占全年GDP总值的比例。新型智慧城市建设需要稳定快速的经济发展环境为依托。

平台公司作为城市建设的主要载体，其承担了城市基础设施建设运营的大部分投资。综合全国大中城市，大部分城市基础设施投资占到了城市GDP的30%左右，处于城市改扩建高峰的城市甚至基础设施投资拉动GDP达到60%以上。因此，平台公司战略转型投入到新型智慧城市建设运营领域具有重要的经济基础。

经济发展与新型智慧城市建设是互相依存、互相促进的。宏观经济向好，可以为建设新型智慧城市创造更好的实施环境，为新型智慧城市建设提供足够的资金支持；智慧城市建设可以为经济发展和结构转型提供重要驱动力，促进新型产业的发展，加快经济结构转型，为经济发展增加新的引擎。

2.3.3　社会环境分析

新型智慧城市的运营是涉及国计民生的重要工程，是惠及民生的重要实践。新型智慧城市运营成功与否，衡量标准还是取决于社会的评判程度。民生问题是社会群众最关注的问题，从民生角度出发，在新型智慧城市建设过程中更加关注于环境改善、文化卫生、便民服务、服务型政府等直接关系居民生活的领域，让居民的生活更健康，让居民的幸福感更强，将对新型智慧城市成功运营有直接的推动意义。新型智慧城市除对居民生活有极大的利好外，对于城市企业发展也有积极的推动作用。除了新型智慧城市建设相关产业外，其他产业也可借助智慧平台建立更加便捷的经营模式，智能化互联系统将大大降低企业沟通成本，为企业提供高效、低成本的商务解决方案。通过智能互联也大大缩小了企业与政府之间的距离，从而降低行政成本。

新型智慧城市全面整合城市各方面的信息资源，使城市管理层能够对城市的实时情况做出及时、智能的响应，更好地为市民服务。新型智慧城市建设为城市管理者提供更便捷、灵活、高效的辅助决策与管理工具，为市民提供更方便、舒适的生活环境。新型智慧城市建设涉及城市生活的方方面面，对政府管理来说，通过完善电子政务技术，可以让各级政府更便捷、高效地办公；通过建设城市基础设施、完善社会公共服务体系，可以让政府更好地服务于社会，也将在城市发生突发情况和紧急安全问题之前及时预警，在问题发生时快速地做出反应，成为高效、安全的政府。对社会公众来说，智慧城市的众多行业应用，如智能终端、智能家居、智能旅游等，将为人们提供更好的公共服务体验与基础设施保障，相比传统城市发展模式，智慧城市将为人们带来全新的体验和更大的幸福感，是未来城市建设的重要发展方向。

同时，作为城市基础设施建设的平台公司，在城市基础设施投资建设过程中积累了丰富的运营经验，同时作为政府城市运营的代言人，平台公司时时刻刻都与城市居民生活联系在一起，优质的服务也会取得城市居民的信任与支持，这将成为平台公司参与新型智慧城市建设运营的重要资本。

2.3.4　技术环境分析

1993年，美国麻省理工学院教授米歇尔先生提出了"电子城市"概念，对城市信息进行收集，并集中到城市门户网站成为城市的新名片。虽然当时电子城市并未在我国兴起，但是大规模的城市基础设施投资以及分税制改革的双重作用却激发了地方平台公司的诞生，至此平台公司随着城市发展不断壮大。1998年，美国副总统戈尔提出"数字城市"概念。这一城市概念的提出正是由于空间地理信息系统技术的出现。进入21世纪以后，随着新一代射频技术、移动通信技术、物联网、云计算以及下一代互联网等技术的推动,诞生了"智能城市""新型智慧城市"。近二十年城市的发展无不带着技术的痕迹,随着信息技术的不断完善,现阶段的技术力量完全可以支持新型智慧城市的建设运营。

将航天卫星应用技术、新一代信息技术与新型智慧城市应用需求结合,形成中国特色的新型智慧城市运营核心竞争力。目前,我国天基卫星体系初步建成,特别是我国北斗卫星导航系统和高分辨率对地观测系统等一系列重大科技专项的实施,为我国卫星应用行业的发展提供了坚实的保障。中国航天遥感事业经历三十余载的风风雨雨,已取得了较大的成绩,空间技术已经应用于国民经济建设的各个方面。中国智慧城市运营的技术环境主要是结合智慧城市的定义和内涵,综合通信、导航和遥感卫星、地理信息等应用技术,实现基础技术与关键技术的结合,为建设和运营新型智慧城市缔造丰富的技术储备。

新型智慧城市是信息技术发展促进城市发展的必然阶段,是建立在城市基础设施基础上的新兴城市形态。平台公司在参与城市基础设施投资建设运营过程中,积极跟进信息技术发展带来的新型智慧城市浪潮,建设运营更加智慧的城市。

2.4　政府平台公司运营的模式创新

2.4.1　政府加平台公司的运营模式

"政府加平台公司"模式是随着中国近二十年地方政府基础设施建设而形成的独特形态,平台公司承担了部分政府管理职能,参与城市管理,同时又参与市场经营,获取市场利润,其作为一个桥梁将政府与市场有形连接,成为中国新城新区建设的主要形式。在新型智慧城市建设过程中,平台公司的能力发挥更加明显,凭借自身积累的政府资源、金融资源、建设经验等,显现出"政府加平台公司"在建设新型智慧城市过程中的独特优势。

1. 投资阶段

建设新型智慧城市需要的资金量极大，而且投资周期长，回报期更长。由于平台公司先天的融投资属性，因此对于一般企业而言，建设新型智慧城市最难的资金来源反而是平台公司最基本的属性。在长期基础设施建设的过程中，平台公司积累了广阔的融资渠道，从最基本的银行贷款、发放城投债到BOT、PPP等新型融资模式，平台公司在融资方面游刃有余。由于平台公司投资新型智慧城市建设需要巨量资金来源，除了拓宽融资渠道外，平台公司还需建立自身的造血机制。一般情况下，平台公司通过政府授权除获取基础设施建设经营权，还可取得土地经营权，通过土地一二级开发获取收益，从而支持基础设施建设。

"政府加平台公司"模式下，政府与平台公司形成了联合体来操作新型智慧城市项目，这个联合体既具有政府主导性又兼具市场操作性，具有强大的政府行政能力又具有丰富的城市建设经验，这样的联合体自然在投资过程中具有很大的优势。在新型智慧城市策划阶段，政府可以与平台公司共同规划新型智慧城市的各项功能以及具体的实施方案，根据具体的建设项目由平台公司匹配相当量的建设资金。建设方案的制定完成就决定了后续的建设过程及运营方式，即可由政府或平台公司独立运营，也可由双方根据各自管理优势联合运营，但不管采取何种运营方式，双方都将以服务城市居民作为第一目标，这也避免了社会企业公共服务的不足。

2. 建设阶段

传统的城投公司建设模式下，平台公司一般都是以政府代言人的形象出现，作为一个"二业主"仅仅从事"上传下达"的工作，其自身没有太多的自主性和创造性。新型智慧城市建设过程中"政府加平台公司"模式必须摒弃传统的建设模式，给予平台公司充分的空间，按照双方在投资阶段制定的建设规划由平台公司自主实施，避免出现政府领导换届、政策变动等导致的规划反复，也能确保初期规划的一贯性。

新模式赋予了平台公司极大的自主性，其可以在遵守建设规划的前提下，充分拓展建设模式，盘活新型智慧城市建设市场，发挥市场带动能力。平台公司除与政府在新型智慧城市规划层面形成联合体外，还可在建设阶段与社会企业组建"经济联合体"，在非国家安全领域引入社会企业投资入股项目公司，共同参与建设，从而实现建设资金、建设模式等多样化。

新型智慧城市的建设必须建立一套规范的标准流程，依靠标准控制建设质量，而统一的标准也为后期城市大数据的收集奠定了基础。针对新型智慧城市建设的不同项目，通过科学测算确定项目的技术指标、质量要求、进度要求等内容，由平台公司统一协调，实现各项目的配合与联动。

建立健全科学的管理机制也是新型智慧城市建设的保障，明确政府与平台公司各自的角色定位，建立决策、投资、建设、监督等相分离的管理机制，从而确保政府与参与企业的权责清晰，使新型智慧城市建设顺利而高效。

在新城新区建设新型智慧城市过程中，平台公司可打破传统建设模式，应用自身资源建设基础服务设施，再由社会企业购买服务来实现营收，使公司的经营更多元化，也为新型智慧城市运营提供了更多的资金来源。

3. 运营阶段

新型智慧城市的投资、建设都是为了实现新型智慧城市的运营，只有新型智慧城市成功顺利运营才能真正服务城市居民。在"政府加平台公司"模式下，集中管理统一调度的运营模式更容易实现。通过政府政策引导，平台公司具体实施搭建新型智慧城市统一运营平台，实现基础设施服务、基本生活服务和其他增值服务等统一协调运营，既可降低管理成本，更可通过集中收集的大数据进行深入分析，挖掘更高价值。

通过搭建的统一运营平台，以"基础设施"为基础，依托统一的"信息安全""运维管控"两个保障体系，通过"应用服务"统一提供业务支持。在新型智慧城市各模块通过"信息集成"实现数据服务和交换，并把所有的基础数据和业务数据统一存储在"数据中心"；在横向，通过"系统支撑"提供一体化的软、硬件运行和服务，通过"数据中心"统一提供数据支持，通过"信息集成"实现集成，通过"门户"实现统一展现。实现信息纵向贯通、横向集成，支持新型智慧城市统一管理与运作；各智能子项间建立能够实现共享的数据资源，促进集约化发展，优化业务，强化管理。统一的智能化管理平台体系对内可满足政府的管理需要，横向上满足各智慧子项目的信息需要，对外实现社区和公众的应用。

2.4.2　PPP法律法规完善

2016年4月，习近平总书记在网络安全和信息化工作座谈会上，提出"分级分类推进新型智慧城市建设，打通信息壁垒，构建全国信息资源共享体系，更好地用信息化手段感知社会态势、畅通沟通渠道、辅助科学决策"。目前，我国已经超过1000个城市正在建设智慧城市，发展新型智慧城市也被正式写入《"十三五"国家信息化规划》。规划明确指出：到2018年，分级分类建设100个新型示范性智慧城市；到2020年，新型智慧城市建设取得显著成效，形成无处不在的惠民服务、透明高效的在线政府、融合创新的信息经济、精准精细的城市治理、安全可靠的运行体系。可预见未来三到五年我国智慧城市建设将进入深入落地爆发期，其需金额高达40000亿元。只有充分利用PPP模式的财政资金杠杆放大作用和社会资本融资能力，以及机构和社会资本管理效率高、技术创新能力强的优势，才能又快又好地发展我国新型智慧城市及项目落地。众多智慧城市项目必将采用PPP模式，这种模式是"十三五"时期智慧城市的"新型"重要特征。

合肥高新区智慧城市管理运营项目（规模27.1亿元）、浙江温岭市智慧城市一期PPP项目（规模13.3393亿元）、山东省济宁市任城区山东智慧城市产业园建设项目（规模44.0963亿元）、湘潭市新型智慧城市PPP项目（规模28.5678亿元）和云南省昆明市智慧城市（一期）PPP项目（规模31.9532亿元）这五个新型智慧城市项目作为PPP模式国家级示范项目，此外四川岳池县城东新区基础设施和智慧城市及海绵城市建设项目（规模35亿元）、贵州安顺市西秀区智慧城市建设项目（规模20亿元）等也是超大规模，且为多个系统的集成化、综合化。此外，有影响力的智慧城市PPP项目中，如"智慧阳信"PPP建设项目（规模9.44亿元）、"智慧蓬莱"建设项目（规模12.4亿元）等，智慧城市PPP投资将逐渐由单一的硬件基础设施投资，向多元的软硬件一体化投资方式上过渡。政府部门对智慧城市项目中软件技术实力和其所提供的核心功能将提出越来越高的要求，预计拥有ICT核心能力及综合能力的企业将在智慧城市PPP模式项目迅速落地的2017年获得较快增长，并将在"十三五"期间持续高速增加。

由国务院法制办牵头的PPP（政府与社会资本合作）立法提速推进，国务院法制办于2017年7月21日就《基础设施和公共服务领域政府和社会资本合作条例（征求意见稿)》公开征求意见，要求社会公众在2017年8月22日前登录中国政府法制信息网，对征求意见稿提出意见。PPP的立法是以法律形式对政府和社会资本合作进行了顶层设计和规范管理，通过立法，未来政府依法履职，社会资本依法经营。从法律角度保障了智慧城市PPP项目的投资方（社会资本）权益，也化解了智慧城市PPP项目运营风险并提高PPP项目运作效率。此外，PPP领域资产证券化的推行（《国家发展改革委 中国证监会关于推进传统基础设施领域政府和社会资本合作（PPP）项目资产证券化相关工作的通知》等）和相关立法的完善及传统基础设施领域的PPP资产证券化项目落地，有望进一步助推智慧城市PPP模式项目加速落地。

现阶段，采用PPP模式发展新型智慧城市存在诸多争议，包括：①项目收益缺乏保障。智慧城市项目的诸多子项属于公益性项目，项目收益来源于政府付费，另有准公益性及非公益性项目，其使用者付费部分的收益来源具有局限性，且多难以预测，也缺乏国内参考经验，项目收益不确定性及不可控性较高。②项目产出要求难以明确。产出要求是项目绩效监控和支出机制的依据，社会资本方需向政府方提供优质的服务成果，政府方需要通过定性、定量地衡量项目的产出来评价项目的建设运营质量，并给予相应的回报及处罚。而智慧城市项目的多领域产出难以量化，如一些信息系统、软件应用类项目，具体产出难以衡量，导致产出要求难以明确，给项目的有序开展带来困难。③回报机制难以明晰。项目的产出难以量化、收益难以预测，将导致项目的回报机制难以明确，且我国智慧城市发展仍处于初级阶段，诸多类型的子项缺乏成熟的回报机制实践经验，需在未来的项目实践中不断积累经验，并不断完善。④项目涉及技术更新要求难以量化。智慧城市涉及的技术手段较多，这些技术手段更新换代的周期又往往较短，对技术更新的要求对于智慧城市项目而言是一个重要部分，但难以量化，这就对项目的先进性与可持续性产生了影响。⑤本土智慧城市集成商实力尚较弱。由于新型智慧城市项目涉及的技术要求较高，而目前国内技术集成商实力相对外资企业而言尚较弱，新型智慧城市PPP合作模式对外资企业的适用性又较低，故本土智慧城市集成商实力仍需提高以更好地适应与开展智慧城市PPP项目。⑥缺乏相关法律法规保障。我国有关PPP模式的法律法规尚不健全，针对新型智慧城市PPP项目的法律法规更为缺乏，对项目规范性与违规行为缺乏必要的约束。在建立相关法律法规的同时，应注意避免各地区、各部门政策规定不协调、不配套等情况。

2.5　数据货币化运营模式创新

2.5.1　新型智慧城市的海量数据

从整体来看，对于智慧城市的建设，解决资金上存在的问题，除了通过直接的财政支持、贷款等方式外，同时还可通过其他方式加以平衡、收获效益。数据的货币化是当前部分城市解决智慧城市投资回报的一种潜在方式。

新型智慧城市产生的大数据是社会经济发展中的重要基础设施之一，为新型智慧城市建设提供了新型的创业方向、创业模式和投资机会。在科学技术水平快速提升的大背景下，大规模生产、分享和应用数据时代已到来。政府部门需要坚持协同共享、系统集成的理念，建立完善的城市大数据平台，通过汇集城市基础数据、生产数据和生活数据，实现城市各项数据和资源的整合和集成，为智慧城市建设提供支持。同时，在智慧城市建设过程中，大数据分析技术的应用解决了部门和单位之间的问题，实行统一化管理模式，利用大数据技术以统一接口面向社会，开放更加标准的数据，提升了大数据的价值。并且，通过制定数据资源管理规范、技术标准和开放规则，在确保信息安全、个人隐私的基础上，将城市数据向社会开放，实现数据的流通、交易、创新和应用，使得很多新型产品和服务应运而生，建设出全新的商业模式。除此之外，相关部门大力开放数据资源，有效地管理数据资产，能够在数据产品评价和交易过程中获取更多商业价值，推动着数据产业的进一步发展，建设出智慧城市经济的新形态，为智慧城市商业模式建设的可持续发展提供技术保障。

新型智慧城市数据量巨大、种类繁多、增长迅速。智慧城市中诸多领域都产生大量的数据，通常是在PB级以上，如中国1个1000万人口的城市50年积累的医疗数据量就达到了50PB。当云计算、大数据、移动工具逐渐构成一个生态后，数据量每日都在呈几何型增长，是巨大的资源并具有巨大的价值。数据货币化潜力巨大，数据显示2018年我国大数据产业规模突破6000亿元，2019年中国大数据市场产值达到8500亿元，2020年产业规模有望突破10000亿元。

万亿级大数据产业链包括数据源、大数据产品、大数据服务应用这三大块。目前，我国的数据来源包括政府部门、企业数据采集，供应商、互联网数据采集及供应商、数据流通平台等。根据粗略统计，40%的数据来源于政府，30%来源于互联网公司，剩余的少量数据来自行业机构副产品和其他机构。而大数据产品包括大数据平台、云储存、数据安全等基础软件产品，加工分析、解决方案等软件产品，大数据采集、接入、存储、传输等硬件设备产品。大数据服务方面，主要为应用服务、分析服务、基础设施服务等供应商。

数据货币化是将数据转化为收入的行为。关于数据货币化有两种普遍的观点，第一个是实物交易，这意味着出售数据来获得经济价值，比如现金；第二个是使用数据来改进决策。从银行业到电信业，从能源业到零售业，只要手握数据就能带来新的收入流，数据货币化广泛应用领域主要包括教育、交通、能源、大健康、金融、零售业等。

我国大数据发展的最主要推动者来自大型互联网公司、政府机构。从2013年1月住房城乡建设部公布第一批共90个国家智慧城市试点名单，拉开国家层面推动智慧城市发展的大幕，到2015年12月《关于创新思路方式和机制推进智慧城市建设的报告》，组织开展100个新型智慧城市建设等相关建议，再到目前中国在建的智慧城市就超过500个。过去近二十年政府投资进行了大量的政府信息化的工作，后天积累了大量的数据，有研究表明，政府所掌握的数据使其成为国家最重要的信息保有者，70%—80%的核心数据存在于政府的后台，让这些后天数据"活"起来，这些智慧城市数据就是产品或服务。

2.5.2　大数据管理职能

国家层面也出台了一系列的政策措施，来鼓励和促进大数据产业的发展。为贯彻落实《促进大数据发展行动纲要》，加快实施国家大数据战略，推动大数据产业健康快速发展，工业和信息化部编制了《大数据产业发展规划（2016—2020年）》，全面部署"十三五"时期大数据产业发展工作。各地政府也在大数据发展方面做了大量的工作，包括体制、机制和技术等方面，对推进大数据产业发展，促进经济转型和创新发展有重要意义。

（1）高层领导挂帅，成立数字政府建设及数字产业促进领导小组

我国政府领导非常重视此事，"一把手工程"高位推动。如2014年5月贵州省成立的

大数据产业发展领导小组，省长陈敏尔担任组长；2017年年底广东省成立的"数字政府"改革建设工作领导小组，省长马兴瑞担任组长；之后，广州市、深圳市、肇庆市、汕尾市、江门市等全省11个地市纷纷成立市级"数字政府"改革建设工作领导小组，市长任组长。2018年7月浙江省成立的省政府数字化转型工作领导小组，省长袁家军任组长；接着，省建设厅、省财政厅、省教育厅、省民政厅、省公路管理局、省统计局、省运管局等厅局单位纷纷成立厅局"政府数字化转型"工作领导小组。2018年9月湖北省成立的数字政府建设领导小组，省长王晓东任组长。之后，赤壁、武汉等市相继成立市级数字政府建设领导小组，市长任组长。2019年6月上海市成立的"上海市推进'一网通办'改革和政务公开领导小组"，市长应勇任组长。

（2）设置大数据管理局

根据党中央的统一部署，2018年全国开展了新一轮党和政府机构改革，在这次改革中，全国31个省（自治区、直辖市）陆续成立了大数据相关机构。在职能上，其他政府部门所履行的职能多是为经济社会发展做好基础保障和服务，例如：交通部门，做好交通基础设施建设；水利部门，做好水利基础设施建设；教育部门，教书育人，发展教育事业等。而大数据管理局则是发挥智慧化、数字化的职能，通过发展大数据产业，让整个经济社会向智慧化、数字化转型发展，让全社会的数据资源、信息资源在法治环境下互联互通、相互作用，发生化学反应，产生经济效应，推动全社会更加智能化、便捷化。在工作模式上，其他部门有自己的一套信息化系统、一套数据库、一座机房，大数据管理局就是要把这些各自为政的、重复建设的平台、中心和"云"之类的设施设备统筹起来，打破"信息孤岛"，相互贯通串联，有效发挥作用。在服务社会上，群众和企业去政府办理一件事，其他部门都是受理自己职能范围内的事情，办理一件事就需要去多个部门跑好几次。而大数据管理局，就是把这些部门的审批职能统一到网上，让群众通过一张网办所有事，让企业和群众到政府办事就像网上购物一样方便。类似这样的改革还有许多，比如优化营商环境、金融共享服务平台、跨境电商服务等，这些都是大数据管理局做的工作，大数据管理局也是通过做这些工作在履行其他部门所没有的职能。

（3）成立大数据运营公司

我国最早的一家大数据运营公司是云上贵州大数据产业发展有限公司，成立于2014

年11月，经贵州省人民政府批准成立，注册资金23500万元，由贵州省大数据发展管理局履行出资人职责，贵州省国有企业监事会进行监管。公开信息显示，2017年12月，贵州省以云上贵州大数据产业发展有限公司为主体组建成立云上贵州大数据（集团）有限公司，承担全省政府大数据信息化项目及政府数据资源开发经营。其他的大数据运营公司有：湖北省楚天云有限公司（国有控股，2015年10月），数字广东网络建设有限公司（国有控股，2017年10月），数字广西集团有限公司（国有独资，2018年5月），数字重庆大数据应用发展有限公司（国有独资，2019年7月），数字海南有限公司（国有控股，2019年10月），数字浙江技术运营有限公司（国有控股，2019年11月）等。以上公司的重要职责之一就是进行政府数据资源开发经营和增值服务，完成数据货币化的使命。

（4）统一思想，加强统筹，分步实施，出台"数字政府行动计划"

我国地方政府坚持"全省一盘棋"统一思想，加强顶层设计和统筹，出台"数字政府行动计划"，分步实施。如广东省人民政府于2018年10月26日发布《广东省"数字政府"建设总体规划（2018—2020年）》、浙江省人民政府于2018年12月28日发布《浙江省深化"最多跑一次"改革推进政府数字化转型工作总体方案》、湖北省人民政府于2019年1月发布《湖北省人民政府关于推进数字政府建设的指导意见》和《湖北省推进数字政府建设实施方案》、福建省人民政府于2016年5月发布《福建省"十三五"数字福建专项规划》，2019年3月20日发布《2019年数字福建工作要点》、广西壮族自治区人民政府于2018年8月29日发布《广西推进数字政府建设三年行动计划（2018—2020年）》。

（5）考核导向，以评促建、以评促用

我国地方政府非常注重评估，纷纷出台了管理办法和评估指南，纳入当地政府部门绩效考评体系。如贵州省2016年11月发布《贵州省政务数据资源管理暂行办法》、2017年6月发布《贵州省大数据发展应用促进条例》，针对省各厅出具政务数据质量评估报告，敦促修改完善。广东省2018年12月发布《广东省政务数据资源共享管理办法（试行）》，并搭建"数字政府"运营绩效管理平台，通过监督考核、公众评价、第三方评估等方式，实现政务效能监督和考核评价。重庆市2019年4月启动数据管理能力成熟度模型应用示范，进行数据标准制定、数据中心体系建设、数据治理能力优化。2019年8月发布《重庆市政务数据资源管理暂行办法》，将对大数据如何共享、共建，以及数据安全管控、权属等问题进行明文规定，并启动制订《重庆市促进大数据发展应用管理条例》。浙江等省份将政府数字化转型工作纳入省政府部门绩效考评体系。

2018年10月实施国家标准《数据管理能力成熟度评估模型》GB/T 36073—2018，国家从标准层面给出了数据管理能力成熟度评估模型以及相应的成熟度等级，定义了数据战略、数据治理、数据架构、数据应用、数据安全、数据质量、数据标准和数据生命周期8个能力域。该标准适用于组织和机构对数据管理能力成熟度进行评估。

（6）大力督导

我国地方政府采取督查方式让政策能"落地"。如"浙江'最多跑一次'改革"，建立了"最多跑一次"改革的专项督查制度，省政府办公厅牵头开展"最多跑一次"改革的专项督查；各地、各部门同步建立相应的考核督查机制。对于不认真履行职责、工作明显滞后的地区和部门，启动追责机制。如广东的"畅通工程"数据汇聚由省编办负责督办，整体大数据汇聚工作由省政府办公厅负责督办，全省信息系统整合工作由省政府办公厅每月督办，省审计厅进行补充检查。

（7）技术方面

为实现跨层级、跨地域、跨系统、跨部门、跨业务的协同管理和服务，在技术、业务和数据上做到融合，首先要做的就是集约共享，上下互联，左右贯通。如电子政务外网系统，横向到边、纵向到底实现中央—省—市—县四级互联互通；统一云平台，以政府为基础，覆盖各级党委、人大、政协，安全、稳定、按需使用、弹性伸缩、绿色集约。省级大数据中心，数据上云、服务下沉；统一大数据资源；上联国家、下接地市、横向贯通。统一共同支撑平台，身份认证、电子印章、电子签名、工作流、区块链基础平台等。

找准突破口、着力点，牵住"牛鼻子"，在政务服务、应急管理等方面应用做好示范。如互联网+政务服务，作为数字政府梳理堵点难点、构建服务型政府的突破口，已成为共识。全国31个省（自治区、直辖市）和新疆生产建设兵团、40多个国务院部门均建设了政务服务平台，为一网通办理奠定了重要的基础。其中，30个地区构建了覆盖省市县三级以上的一体化网上政务服务平台，提供了1481个省本级部门涉及的行政许可、行政给付等10类约11万项政务服务事项，纳入平台运行管理的事项数量比

2017年增加98.57%。与此同时，2019年5月，国家政务服务平台全面上线试运行，实现了与32个地方和46个部门平台的互联互通。平台自上线试运行以来，累计访问浏览量约1.25亿次，实名注册用户839万，为地方部门提供实名身份核验服务2678万次，电子证照调用共享服务218万次。

第3章　新型智慧城市运营平台设计

3.1　运营平台结构

本章采用由广州中海达卫星导航技术股份有限公司、广州都市圈网络科技有限公司和深圳市斯维尔科技股份有限公司等提供的新型智慧城市运营解决方案。新型智慧城市运营平台采用CIM、云计算、大数据、物联网等先进技术，集成静态专题信息和智能感知实时信息，形成时空信息大数据；建立服务资源池、服务引擎、地名地址匹配引擎和云服务系统，形成时空大数据平台，按需服务业务应用。整个平台主要包括：基础设施即服务层（IaaS）、时空大数据层（DaaS）、时空信息云服务层（PaaS）、应用即服务层（SaaS），如图3-1所示。

（1）基础设施即服务层

基础设施即服务层（IaaS），将依托市政务云平台进行建设，由政务云提供时空大数据平台建设所需要的各种资源服务。基础设施即服务层能够为各政府部门用户提供云端宿主的工作环境。同时，政务云平台为智慧城市时空大数据平台提供时空大数据的存储框架、处理框架服务。

（2）时空大数据层

时空大数据层，构建由汇聚、处理和管理三大数据区构成的时空信息大数据。汇聚区通过离线拷贝方式或数据接入中间件方式汇聚和更新数据资源，经过处理区的标准化、统一的数据处理，形成政务版、公众版时空大数据库。时空大数据库的数据内容包括静态时空数据——基于现有的基础地理框架数据进行扩充，补充新型产品数据，如激

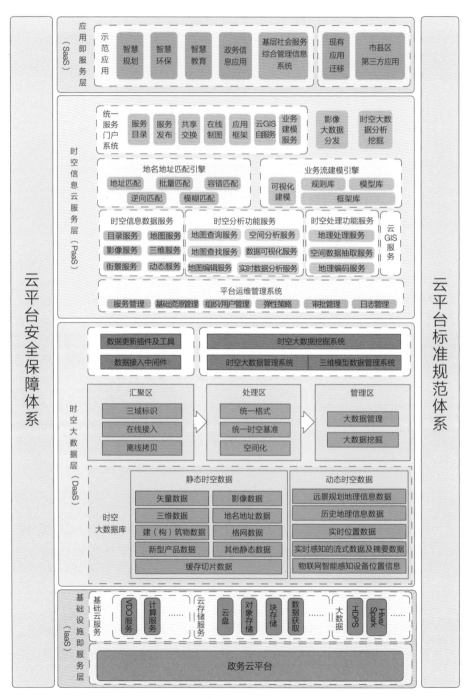

图3-1 平台总体架构图

光点云、倾斜摄影、360度街景等；动态时空数据——历史地理信息数据、远景规划地理信息数据、实时位置数据、物联网智能感知设备位置数据、实时感知的流式数据及摘要数据。通过时空大数据管理系统、三维模型数据管理系统，进行时空大数据的更新、维护和日常管理，满足数据的汇聚、处理和管理要求。通过时空大数据挖掘系统，进行时空大数据融合、构建数据仓库，支撑各类挖掘分析应用。

（3）时空信息云服务层

时空信息云服务层是在IaaS和DaaS基础上，将GIS数据资源、GIS平台资源进行深度整合，可面向用户直接提供各种类型的云服务，为用户开发GIS业务系统提供支持。这些云服务主要包括四种类型：时空信息数据服务、时空分析功能服务、时空处理功能服务、云GIS服务。针对这些云服务，时空信息云服务层为用户提供了统一服务门户，用户可以通过此门户，按需、自服务地申请使用各种云服务。同时，统一服务门户为用户提供了影像大数据分发、应用开发模板、地名地址匹配引擎、业务流建模引擎等模块，用户可以基于时空大数据平台提供的各类云服务，结合自身的业务应用，建立专业的、复杂业务分析模型服务，直接使用或结合应用模板创建更加专业的业务系统。

云GIS服务与普通的GIS服务不同，是弹性可扩展的，能够根据上层业务应用对GIS服务的使用情况，按需进行计算能力的调整。云GIS服务，由平台运维管理系统进行统一的管理，包括对云GIS服务的监控、弹性服务管理、任务调度管理、资源度量等功能。

此外，平台提供二次开发接口，使用户能够在平台上完成与业务系统建设相关的各项工作，包括资源服务的发布、身份认证管理、访问控制、应用搭建、应用部署等工作，而不用考虑和维护平台本身。

（4）应用即服务层

应用即服务层根据不同类型、不同服务目标的用户组成和划分，为政务网用户、公众网用户提供不同程度的时空信息云服务应用，让云平台的时空信息更有效地运用于行业中。平台将对所有政府职能部门开展调研，确定搭建的云业务应用服务。支持把现有基于地理空间框架的应用迁移到智慧城市时空大数据平台上，并能够支撑市县区其他第三方的应用。在应用模式上，业务应用均可支持桌面端、Web端、移动端等多种终端访问，能够满足各个行业建设中各种应用模式的需要。

3.2   云服务平台建设

3.2.1   数据交换

数据汇集系统提供各个系统数据接入的接口，实现数据仓库和各个系统的有机结合，以统一的接口规范实现数据提取、数据转换、数据清洗、数据加载等数据操作；将各个系统和城市公共基础数据库等数据源抽象、汇聚，与逻辑数据模型一致的可重用数据；提供传统关系型数据库和非关系型大数据库等多种数据采集接入技术，实现城市政府部门数据和社会化互联网数据等多源异构数据资源的融合汇集。

根据不同委办局用户的数据应用现状与需求，数据交换一般有几种模式：数据直接交换、授权交换、API交换、前置机交换、ETL数据交换以及网络爬虫。数据直接交换针对小数据量数据进行在线数据上传下载直接交换，无需授权。数据授权交换是指数据提供者为数据设置了权限，用户可查看其目录、元数据与截图，如需下载需要向提供者发送申请，授权通过后进行下载或离线交换，在线交换授权数据需要支持数据加密传输，保证数据传输过程中不泄漏。而前置机交换，一般是数据不处于同一网络，需要在同一网络上部署前置机，将数据物理拷贝到前置机后，实现常态化的交换，这是一种非侵入式的交换模式，劣势在于无考核情况下，维护前置机上的数据更新很困难。支持自动断点续传，在网络故障和服务器故障修复后，可自动重启中断的交换任务，从故障点自动继传数据。

数据抽取是指支持数据库实时抽取，定期抽取。设定数据库接口、获取时间间隔，连接建立后对接口进行监测。在线填报是指支持在线表定义，建立表格与图层，定义数据字典与图层要素，进行录入与在线绘制，并可实现表格数据转换为图层，或编辑图层同时填充属性表。批量上传，是指提供数据批量上传能力，数据上传后仅上传者可见，待配置好元数据与权限后才在授权范围内可见，但可在全局目录与全文检索中看到该数据名称。API交换是指基于服务的数据交换，主要针对普通的数据应用单位，此类用户不需要矢量数据进行复杂的分析运算，仅需要基于数据进行简单通用的展示、分析、编辑以及平台数据资源与自身业务应用的对接，即以平台服务的形式基本能满足的应用需求。

支持RESTful API、Web Service等API交换，为上层开发者提供统一的认证机制及数据获取机制，支持调用信息统计，能够以文件的方式导出调用记录信息。对于RESTful API支持手工或工具文档方式导入API服务，支持在线校验功能。对于Web Service，支持录入或者通过WSDL文档自动生成RESTful API的功能。支持根据关系型数据库的元数据信息，自动生成RESTful API服务（提供查询服务），降低API交换中API开发工作量。支持从多个维度进行统计分析API的调用。支持针对用户来设置每秒最大访问指定API的次数。

在爬虫获取方面，网络爬虫软件结构分为四个层次：用户应用层、运行管理层、监控管理层、分布式爬虫核心。用户应用层支持用户快速地在页面上选取配置爬虫规则，或上传爬虫脚本能够快速生成爬虫任务，并且能够方便地查看爬虫统计报表，以及能极速查询爬取到的数据。运行管理层对爬虫任务进行管理，可以暂停、停止、删除、修改等，提供对爬取到的数据进行初步清洗等，并对外提供接口供各类数据存储结构（MySQL、Oracle、Hadoop、Mpp等）调用。监控管理层监控网络爬虫运行情况，实时反馈并记录各类异常信息，并且能够干预异常任务的运行状态。爬虫引擎负责解析爬虫脚本，支持HTML页面的分布式数据爬取，能够获取分页数据、多层嵌套网页数据，点击事件回调数据，超链接多层下钻数据等。支持反监控技术杜绝爬取不了数据的可能。并且支持定制化模块，可以对非HTML页面进行抓取，还支持高速缓存技术。

前置ETL交换，是指数据集成ETL具备通过元数据驱动的方式，支持大数据的抽取、转换和加载（ETL）。支持图形界面的ETL流程设计；支持工作流设计，并能满足各种场景的ETL实现。ETL系统功能架构如图3-2所示。

新型智慧城市运营平台搭建的综合信息平台不直接面向数据源，而是通过三大基础平台实现政务数据、空间数据以及视频数据的交换，从已有的资源池中提取主题分析所有的数据，如有新的数据需求，则由三大基础平台解决数据源头的接入问题，因此平台可仅提供ETL交换模式，并扩展API交换模式，支持已有服务注册，但需要从互联网获取数据。新型智慧城市运营平台的ETL工具具备以下能力：支持结构化和非结构化数据的采集；支持各种主流数据库（Oracle、MySQL、SQL Server、DB2、Sybase、PostgreSQL、TeraData、Redis、mongoDB、HBase、Hive等）；支持主流的大数据平

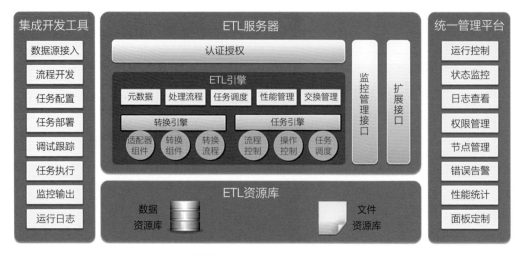

图3-2　数据集成ETL功能架构图

台，包括Hadoop、Spark等；具备丰富的ETL组件库，可实现数据抽取、关联、排序、去重、转换、聚合、装载等功能；支持增量数据和全量数据采集；支持数据过滤功能，可设置数据过滤条件，可使用该功能实现数据脱敏交换；支持通过日志解析、触发器、时间戳等模式标记增量数据；支持实时、准实时、周期性定时批量、全量等多种频率的任务调度；支持基于Web页面的数据采集管理，方便运维人员通过图、表的形式直观地了解数据ETL任务的情况，并进行任务的管理；支持高可用部署，提供单节点容错机制，在出现单节点故障时，数据ETL工作仍可正常运行；支持分布式横向平滑扩展；支持对数据压缩传输；支持分布式负载均衡功能，多进程、多线程同步处理提高性能；基于部署环境及千兆的网络带宽环境下，单节点数据传输速度不低于30MB/s。

交换配置是指无论采用哪种交换方式，在数据进入综合信息平台时，都要进行数据清洗、去重、一致性检查等操作；提供流程化的数据审核功能；提供数据录入情况跟踪的实时大盘展示功能；提供用户管理功能，提供分级权限管理，不同角色具有不同的使用权限；支持MySQL、Oracle、DB2、PgSQL、SQL Server等多种数据库。

3.2.2　资源传输

数据资源上传是指当数据提取完后前置机系统可自动把数据上传到时空数据中心或者手动将数据上传至时空数据中心。数据资源下载是指各部门可对其他部门的共享数据提出使用申请，在数据已授权范围内将其他部门的共享数据下载到本地使用，支持断点续传支持批量导出下载。启动传输是指选择需要上传的数据启动传输后开始上传。记录已传输数据是指在上传的过程中动态记录已完成的数据情况。暂停传输可以停止正在上传的数据。断点续传是指从断点开始继续传输断点之后未完成的上传数据，已完成的数据则不再重复上传。传输状态提示是指以百分比的方式显示传输的状态，完成传输后提示数据已完成。网络浏览是指以列表的方式显示可以切换的网络情况包括网卡名字、网卡描述和网卡IP。

网络配置可以设置外网网卡和内网网卡。自动切换网络，是指根据网卡的配置自动切换到相应的网络。若选择外网网络时关闭内网启动外网进行数据传输。若选择内网网络时关闭外网启动内网传输。切换提示可以实现自动切换，成功后显示当前网络连接的启用状态。

3.3　服务资源池

新型智慧城市运营平台提供综合性的服务。一方面，提供时空数据服务和时空分析、处理功能服务，如空间分析服务、地理处理服务、地理编码服务、实时数据分析处理服务等，供业务用户调用；另一方面，在云基础设施层的基础上，它面向各类业务用户提供应用宿主环境，能够将一个完整的地理信息系统运行平台作为一种服务提供给用户，包括云GIS桌面服务、云GIS集群服务、云GIS数据库服务、云服务器服务等，并且能够针对大数据、高并发访问，按需动态分配资源。

3.3.1　时空数据服务

时空数据服务是将时空大数据的静态数据实现服务化，主要包括目录服务、地图服务、要素服务、影像服务、三维地图服务、地名地址服务、空间数据服务、移动空间数据服务、OGC标准服务、新型数据产品服务等多种类型。

各类数据在进行服务提供时，至少应具备表3-1所列服务种类。

静态地理信息数据服务提供对照表　　　　　　　　　　　　　　　表3-1

时空数据类型	服务提供方式
矢量数据	要素服务WFS（Web Feature Service）
	地图服务WMS（Web Map Service）
	目录服务
影像数据	地图服务WMS（Web Map Service）
	影像服务
	目录服务
三维数据服务	三维地图服务
	矢量要素服务（Vector-WFS）
	目录服务
地名地址数据服务	地名地址服务
	目录服务
建（构）筑物数据服务	要素服务WFS（Web Feature Service）
	目录服务
网格数据服务	要素服务WFS（Web Feature Service）
	目录服务
新型产品数据服务	地图服务WMS（Web Map Service）
	三维地图服务
	目录服务

（1）目录服务

时空大数据平台在《OGC Web服务通用规范》《地理信息 服务》ISO 19119的基础上，结合现行国家标准《地理信息 数据》GB/T 19710以及《地理信息 元数据》ISO 19115，根据系统中对各类网络服务的应用需求，按照Web服务的要求，规定描述各类信息服务的信息模型。目录与元数据服务提供平台所发布服务的所有元数据信息，支持基于目录服务按主题、行业、存储以及其他方式的查找。

（2）地图服务

地图服务用来提供对电子地图的访问服务。创建地图服务之前，需要通过桌面软件，指定矢量和栅格数据源，创建专题图，设置注记，然后发布为地图服务。地图服务包括动态地图服务和瓦片地图服务，瓦片地图服务可以预先创建地图缓存以提高地图显示和访问效率；平台也提供全矢量动态调图服务，服务性能与瓦片地图服务相当。地图服务是最常见的GIS服务。

除了提供基本的地图浏览功能外，一些GIS功能服务也基于地图服务来实现，如地图查询服务、地图查找服务、地图编辑服务。

（3）要素服务

要素服务可用来通过网络提供要素，并提供显示要素时所要使用的符号系统。客户端可以进行查询以获取要素，并执行适用于服务器的编辑操作。要素服务提供了可用于提高客户端编辑体验的模板。关系类和非空间表中的数据也可使用要素服务进行查询及编辑。

（4）影像服务

影像服务提供对遥感影像数据的访问能力，通过访问影像服务可以获取影像数据信息，如坐标系、范围、像素大小、波段数等；可以生成影像；可以用来访问ArcGIS Raster Dataset或ArcGIS Mosaic Dataset，提供影像查询、下载等功能。

（5）基础资源服务

云平台采用主流的资源虚拟化技术进行底层IT资源的统一整合，构建虚拟化资源池。平台硬件环境主要包括计算设备、存储设备和网络设备三个部分，分别对应计算资源池、存储资源池和网络资源池。通过虚拟化技术，完成IT资源的整合、分配、弹性调度和跨域共享，实现对整体硬件资源的统一利用，从而实现高度虚拟化，实现高度的资源共享。

在虚拟化云环境中搭建GIS服务集群，利用主流GIS软件，构建高效、稳定的GIS服务资源池，用于快速响应用户对平台服务层的时空信息数据服务请求和时空信息处理服务请求，包括两个子集群：①时空信息数据服务集群，用于快速响应用户的时空信息数据服务请求；②时空信息处理服务集群，利用集群分布式计算模式，采用批处理、实时流式处理等方式，高效处理时空大数据，快速响应应用户空间信息处理服务的请求。

如图3-3所示，整个GIS服务集群部署在云环境虚拟机上。集群根据实时负载，利用自动伸缩机制快速、动态地对GIS服务所占用的基础设施资源进行调整，用以应对用户业务应用对GIS服务访问需求的变化，提高业务应用的可扩展性，在保证集群处理效率的同时减少资源的耗费。

在此基础上，对用户或组织提供弹性的计算资源、存储资源及网络资源等基础设施服务。对于云GIS资源服务而言，通过租户隔离技术，为使用云GIS服务的每个组织提

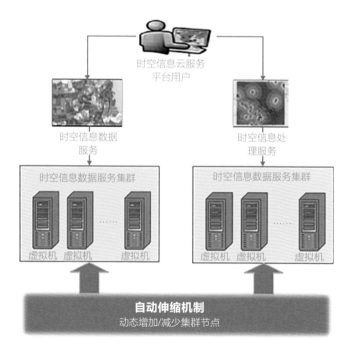

图3-3   GIS服务集群架构

供独立的资源空间，实现对组织账户使用云GIS平台资源服务的权限管理，包括对GIS资源池组、SDE存储、文件存储等资源进行分配，通过这种权限访问策略控制机制，实现对基础GIS资源服务安全的多租户和可控的基础架构的共享服务。

（6）应用托管服务

时空大数据平台面向各政府部门提供免费的应用托管服务。云平台将基于多租户资源隔离机制，保障各部门应用系统对存储、网络和计算资源的要求。

通过应用托管，有利于推动各部门地理信息系统应用的统筹建设，减少基础设施建设的重复投入，防止浪费现象发生。

（7）三维地图服务

在三维桌面软件中创建的3D地图文档可以发布为三维地图服务。三维地图服务提供对三维地球的访问能力，我们可以交互使用三维地球，并将它与其他地理信息叠加显示。

（8）地名地址服务

地名地址服务提供对地名地址数据的访问能力。客户端通过访问地名地址服务可以获取地名信息、地址描述信息以及位置坐标等。

（9）空间数据服务

时空信息数据服务采用面向服务架构，通过REST风格形式暴露服务接口，包括地理空间框架数据服务、专题数据服务、新型数据产品服务、动态数据接入服务等。

基础地理框架数据、专题数据、新型数据产品发布符合OGC标准的WMS、WFS、WCS、WMTS等开放数据服务API，利用标准服务接口获取数据服务能力信息、数据内容，以互操作的方式供各业务系统使用。

动态数据接入服务提供灵活可扩展的接入方式，包括车载GNSS、移动设备、社交媒体、视频及行业传感器等各种类型智能感知设备和互联网动态数据，实现与GIS平台的无缝集成。可对接入设备的实时数据进行实时过滤、监控、处理、分析等预处理操作，并将最终处理结果按照指定的格式实时返回给用户，实现实时态势感知。接入的传感器可以发布成标准的传感器服务，提供给各种GIS平台进行调用，并利用标准服务接口获取实时数据服务能力信息、数据内容，为科学决策提供实时的数据分析支持。

（10）移动空间数据服务

移动空间数据服务提供移动终端对空间数据的访问能力。在发布地图服务的同时启动"移动数据访问"功能，移动设备利用移动数据服务，搭建可以访问Web地图服务的移动应用程序。

（11）新型产品数据服务

云平台提供对新型产品数据的访问能力，以地图服务、三维服务、目录服务形式提供。其中，三维服务支持全景影像、激光点云数据等。提供各个时点的城市主要道路的街景服务，用于反映城市现实状况，并开放给各类业务用户进行调用。通过采集重点地区的激光点云数据，获取高精度的高程信息和三维模型信息，并提供访问服务。

3.3.2　时空功能服务

云平台提供丰富多样的功能服务。功能服务是以服务（Web Service）封装的形式向访问者提供有关地理空间信息处理和分析功能。访问者按规定格式输入请求，经服务器处理和分析后，将结果返回给访问者。

（1）空间分析服务

空间分析服务用来对大量数据进行大规模计算，如临近、包含、穿越查询、坐标转换处理、最优路径分析、叠加分析、缓冲区分析、网络分析等。

（2）地理处理服务

在应用系统中，涉及很多专业的分析模型，例如应急抢险的最短路径分析、水淹分析等，这些模型以空间数据为基础，分析的结果需要在用户应用中展现。平台提供一个简单的机制将空间分析工具和模型发布为服务器上的地理处理服务（Geoprocessing Service），供远程的客户端调用，而其本身在服务器端执行。这种将空间分析模型和脚本发布为Web服务的能力，使得地理空间大数据服务平台变得异常强大。这些地理处理服务可以被多种客户端访问和使用。

（3）地理编码服务

地理编码服务提供地理位置与地址描述信息之间相互转换的能力，它包括正向地理编码服务和反向地理编码服务两种类型。正向地理编码服务是指将地址信息转换成地理坐标的过程。该服务基于正向地理编码服务引擎实现。在进行地址匹配时，用户输入一个或者批量的地址描述信息，自动匹配分值最高的候选位置，输入的地址越准确，匹配的分值越高。反向地理编码服务是指将地理坐标转换为一种可读的地址串的过程，通过反向地理编码，用户可以方便地从移动终端等设备上将地理坐标转换为更易于理解的地址信息。

地理编码服务的提供需要用户预处理标准地址库，形成引擎需要的标准地址数据模型。在地理编码引擎的基础上提供了一系列操作方法，供用户访问地理编码服务提供的功能。

（4）地图查询服务

地图查询服务基于地图服务或空间数据服务来实现，支持通过鼠标点击方式对空间数据进行基于空间位置的属性查询。

（5）地图查找服务

地图查找服务基于地图服务或空间数据服务来实现，支持通过关键字对存储在空间数据库中的关键内容进行查找。

（6）地图编辑服务

地图编辑服务基于地图服务或空间数据服务来实现，支持通过浏览器对空间数据直接进行编辑。

（7）空间统计服务

空间统计服务提供基于属性值、属性平均值、矩形、多边形统计的空间统计。空间统计是在选定的图层上，以指定格式返回指定图层内满足选定统计类型和统计方法的统计结果。

（8）热点分析服务

利用时空云平台提供的强大计算能力，从社交媒体等互联网大数据中实时分析、发掘和追踪热点，及时掌握社会信息动态和信息舆论方向，为行业决策提供支持。

（9）在线专题制图服务

融合社会经济统计信息的空间信息需求的井喷式发展，推动并催生着社会经济统计地图可视化的快速发展。因此，需要结合各业务应用系统，建立一套有助于提升社会经济统计信息分析和发展趋势判断等决策科学化品质的模型库；并采用面向服务架构（SOA）理念的开放式在线服务设计准则，建立从社会经济统计数据到可视化统计地图的"快速通道"，完成分布式统计数据的在线整合、预处理、规划、利用和监测等，面向各类终端实现从"原始数据"到"可视化地图"全过程的网络化处理，最终形成面向应用的专题制图服务。

（10）时空数据抽取服务

时空数据抽取（空间数据转换）服务基于要素服务来实现，可以通过用户自定义的空间区域和时间片段，将对应的数据动态抽取出来，可以转换为用户指定的数据格式下载到本地，也可以直接在线可视化及进行时空分析。

（11）空间数据复制服务

空间数据复制服务基于空间数据服务实现，可以基于增量方式同步分布式空间数据库的内容。我们可以将空间数据库发布为空间数据服务，然后通过空间数据服务定期进行同步更新，在两个数据库服务器间共享变化的部分。

（12）实时数据可视化服务

云平台提供基于GIS的实时数据可视化展示服务，用户可直接在流服务中载入实时数据，同时无需手动客户端刷新即可实现数据的实时动态展现。

（13）卫星导航定位基准服务

以实验区现代测绘基准体系GNSS连续运行基准站系统为基础，通过时空大数据平台提供的标准、统一的服务接口，为用户提供可控和可授权的基于互联网的有线和无线网络的GNSS网络差分服务和GNSS数据后差分服务，满足全区实时的高精度导航定位服务的要求。

（14）实时数据分析处理服务

云平台提供基于GIS的实时数据处理与分析服务。可实现基于地理位置的实时数据处理与分析，如用户可结合当前流行技术——地理围栏，对目标进行监控。还可以基于空间范围对实时数据进行过滤筛选。

云平台集成Web Socket、TCP等用户结果数据输出，同时集成SMTP、SMS等协议，用户可按需将分析结果推送给目标人群。还集成了主流社交平台，如新浪微博和微信，可作为结果输出。

（15）应用快速定制服务

传统的应用程序往往需要全代码方式编写程序，这在很大程度上限制了应用程序设计开发的效率和质量。时空大数据平台通过直观的所见即所得的模式，允许用户不需要编写代码就能够轻松构建可支持在PC和移动设备运行的Web应用程序，用户可向应用中添加专题数据或者服务，创建的应用可以具备可视化、编辑、分析等功能并支持时态数据，还可以对地图进行交互式操作，用户也可通过现有应用模板快速构建应用。构建好的应用可在应用系统服务中进行查询和管理。

3.3.3　云GIS服务

时空大数据平台依托于基础设施层，将云平台的基础架构资源整合成虚拟数据中心资源池，包括计算资源池、存储资源池、网络资源池，并根据用户业务的实际需求消费这些资源。它将一个完整的地理信息系统运行平台作为一种服务提供给用户，包括云GIS桌面服务、云GIS集群服务、云GIS数据库服务、云服务器服务、云存储服务等（图3-4）。

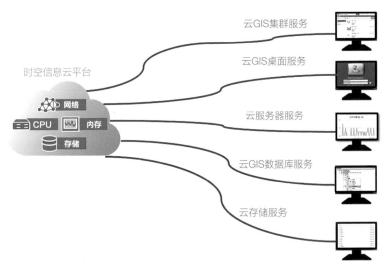

图3-4　云GIS服务

图3-5　云GIS桌面服务

（1）云GIS桌面服务

云平台面向专业级用户提供云GIS桌面服务，即将专业的地理信息系统桌面软件（例如ArcGIS for Desktop）作为一种服务提供给用户。用户通过云GIS自服务门户申请桌面软件服务后，分钟级获取一个云端的专业地理信息桌面软件，即时连接进行数据处理、地图制作、服务发布与分享等专业化任务。云GIS桌面服务的使用流程如图3-5所示。

（2）云GIS集群服务

云平台面向业务用户提供云GIS集群服务，即将专业的地理信息系统服务器软件（例如ArcGIS for Server）作为一种服务提供给用户。用户通过云GIS自服务门户申请GIS集群服务后，分钟级获取一个云端的GIS集群，即时连接进行服务发布并可以通过各种客户端调用服务实现业务应用。云GIS集群服务的使用流程如图3-6所示。

（3）云GIS数据库服务

云平台面向业务用户提供云GIS数据库服务，即将专业的空间数据库软件（例如ArcSDE）作为一种服务提供给用户。用户通过云GIS自服务门户申请云GIS数据库服务后，分钟级获取一个云端的空间数据库，即时连接进行空间数据存储与管理，并可以通过各种客户端调用数据。同时，可以结合云GIS集群服务将数据发布为各类地理信息服务，在客户调用实现业务应用。云GIS数据库服务的使用流程如图3-7所示。

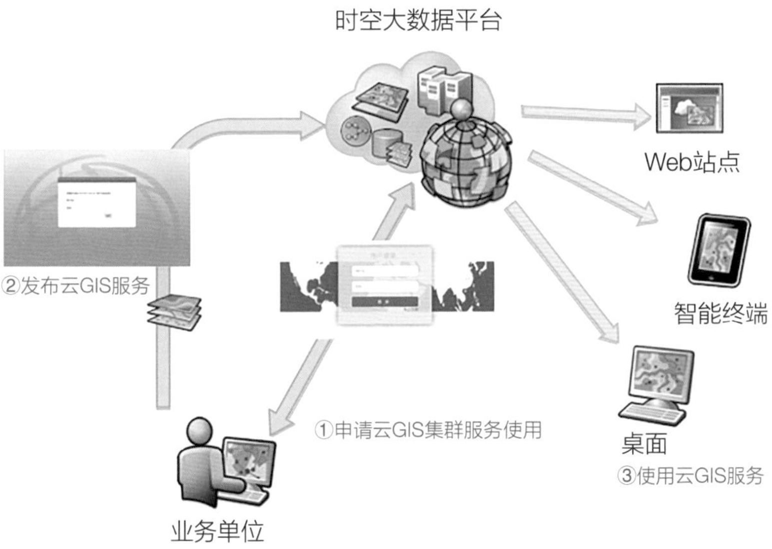

时空大数据平台

②发布云GIS服务

Web站点

智能终端

①申请云GIS集群服务使用

桌面

③使用云GIS服务

业务单位

图3-6　云GIS集群服务

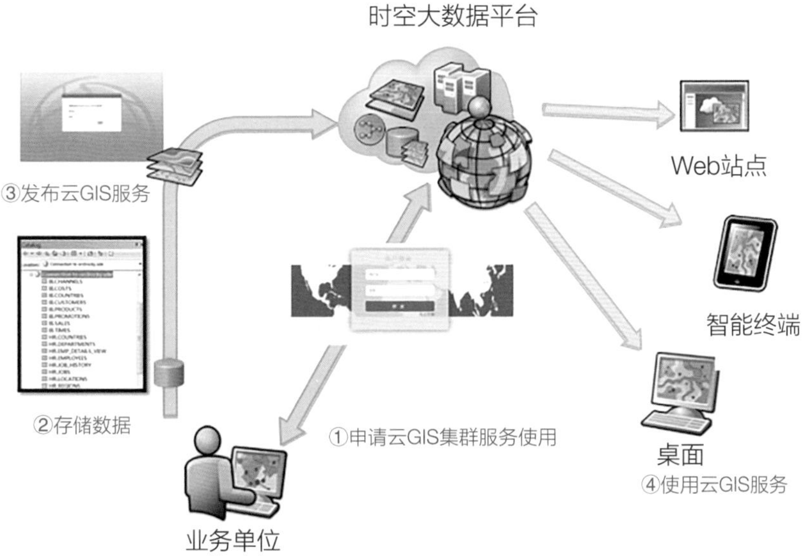

时空大数据平台

③发布云GIS服务

Web站点

智能终端

②存储数据

①申请云GIS集群服务使用

桌面

④使用云GIS服务

业务单位

图3-7　云GIS数据库服务

（4）云服务器服务

云平台面向业务用户提供云服务器服务，满足用户对普通服务器的使用需求，从用户准备硬件、安装操作系统、部署应用变为在线选择硬件配置、操作系统的自助式的服务，之后用户可以将自己的应用部署到服务器上。

（5）云存储服务

时空云平台面向业务用户提供云存储服务，满足用户的云端存储需求。云平台根据每个用户提交的申请信息为其分配存储空间，供其上传、管理自己的数据资源。

（6）知识服务

应对在线大数据高效分析的要求，综合利用多维数据库（Multi-Dimensional Database，MDD）、ETL数据仓库（Extract-Transform-Load，ETL）技术及联机分析处理（OLAP）技术构建时空大数据的OLAP服务系统；应对不同问题领域的知识挖掘要求，综合利用序列挖掘、关联挖掘、决策树挖掘等大数据挖掘分析方法，构建大数据的分析方法模型库；基于OLAP服务、分析方法模型库和积累的知识库搭建时空大数据的知识化引擎，可为领导的宏观决策提供分析依据和支持。

（7）知识池化（在线大数据分析支持）

为帮助用户完成在线大数据分析，平台建设采用了多维数据库（Multi-Dimensional Database，MDD）及在线分析处理（OLAP）技术，实现对在线大数据中某专题数据的资源总量、结构、布局、分布、时序、趋势等做综合统计分析，实现了基于某专题大数据的数据挖掘，为领导宏观决策提供了科学的分析依据。

（8）大数据分析方法模型库构建

应对不同领域的知识挖掘要求，知识化引擎可提供不同层次能力的大数据分析工具，帮助用户完成对数据的深度挖掘，进而获取有价值的知识。

（9）模型库管理系统

为实现对多种分析方法模型库的高效管理，知识化引擎提供了对大数据分析方法模型库管理功能，主要包括模型管理与维护模块、模型查询与浏览模块、版本与历史管理模块、模型知识库管理模块、模型规则库管理模块、模型公式库管理模块等主要的功能模块。

（10）池化知识服务

服务综合利用多维数据库以及联机分析处理（OLAP）技术通过池化的分析服务应

对不同领域的知识挖掘要求，综合利用序列挖掘、关联挖掘、决策挖掘等大数据挖掘分析方法，构建大数据的分析方法模型库。

（11）算法服务

平台提供了算法库的管理能力。在算法库中整合了通用算法和地理算法等多种大数据算法，能够以普适的算法服务能力，提供对时空大数据平台内海量的时空大数据的处理。同时，业务用户能够通过对算法的调用，构建灵活的数据处理过程，从而实现对数据的自定义挖掘和分析能力。

1）通用算法

通用算法主要包含10类合计29种算法（表3-2），算法类别分为：分类算法、聚类算法、关联规则挖掘算法、回归算法、降维/维约简算法、进化算法、推荐/协同过滤算法、向量相似度计算算法、非Map-Reduce算法、集合方法扩展。

通用算法列表　　　　　　　　　　　　　　　　　　　　表3-2

算法名	中文名
Logistic Regression	逻辑回归
Bayesian	贝叶斯
SVM	支持向量机
Perceptron	感知器算法
Neural Network	神经网络
Random Forests	随机森林
Restricted Boltzmann Machines	有限波尔兹曼机
Canopy Clustering	Canopy聚类
K-means Clustering	K均值算法
Fuzzy K-means	模糊K均值
Expectation Maximization	EM聚类（期望最大化聚类）
Mean Shift Clustering	均值漂移聚类
Hierarchical Clustering	层次聚类

算法名	中文名
Dirichlet Process Clustering	狄利克雷过程聚类
Latent Dirichlet Allocation	LDA聚类
Spectral Clustering	谱聚类
Parallel FP Growth Algorithm	并行FP Growth算法
Locally Weighted Linear Regression	局部加权线性回归
Singular Value Decomposition	奇异值分解
Principal Components Analysis	主成分分析
Independent Component Analysis	独立成分分析
Gaussian Discriminative Analysis	高斯判别分析
并行化Watchmaker框架	
Non-distributed recommenders	Taste（UserCF，ItemCF，SlopeOne）
Distributed Recommenders	ItemCF
RowSimilarityJob	计算列间相似度
VectorDistanceJob	计算向量间距离
Hidden Markov Models	隐马尔可夫模型
Collections	扩展了java的Collections类

2）地理算法

地理算法作为处理地理科学领域中各种问题的分析求解方法，其处理的往往是海量的地理信息，涉及许多复杂的空间运算，并且地理算法与一般算法的一个重要区别是要处理的问题具有地理自相关性和不确定性，表3-3描述的算法中各类空间数据的算法可以辅助解决时空大数据平台对于大数据的分析建模问题。算法类别包括：空间几何算法、空间数据变换算法、空间数据转换算法、空间数据组织算法、空间度量算法、空间数据索引算法、空间数据内插算法、缓冲区分析算法、网络分析算法、地形分析算法、空间数据挖掘算法。

地理算法列表　　　　　　　　　　　表3-3

算法类别	算法名称
空间几何算法	基于模式矩阵的空间关系判定算法
	三角分割中心点提取算法
	基于点移除与折弯的要素简化算法
	基于指数核的多项式近似与贝塞尔插值法要素平滑算法
空间数据变换算法	仿射变换地图投影变换算法
空间数据转换算法	矢量数据栅格化射线算法
空间数据组织算法	间隔取点矢量数据压缩算法
	差分映射法栅格数据压缩算法
空间度量算法	欧几里得直线距离算法
	基于Heron公式的任意平面多边形面积算法
空间数据索引算法	格网索引算法
空间数据内插算法	趋势面差值算法
	反距离权重差值算法
	克里金法差值算法
	样条函数差值法
缓冲区分析算法	缓冲区边界生产算法
网络分析算法	基于贪心策略的最近点接近法最佳路径算法
	基于Prim、Kruskal的连通性分析算法
地形分析算法	基于离散点的DEM规则网格生成算法
	基于不规则三角网的DEM生产算法
	坡度、坡向提取算法
	基于断面极值法的地形因子提取算法

续表

算法类别	算法名称
空间数据挖掘算法	多要素关联规则算法
	基于种子的随机点生成算法
	PEANO空间排序算法
	基于Moran's指数的空间自相关算法
	Getis-Ord Gi*统计值热点区算法
	Ripley's K函数多距离空间聚类算法
	普通最小二乘法（OLS）回归算法
	地理加权回归算法

3）遥感影像算法

随着遥感技术的发展，遥感数据空间分辨率、时间分辨率、光谱分辨率和辐射分辨率越来越高，数据类型越来越丰富，数据量也越来越大，遥感数据已经具有了明显的大数据特征，如大容量、高效率、多类型、难辨识、高价值等，遥感技术进入了大数据时代。

遥感大数据在经济分析中已逐渐开展的应用包括：基于高分辨率遥感数据分析土地利用覆盖变化，如建筑物、植被、水体等的时空变化；基于夜光遥感数据分析GDP、人口密度、水电量消耗和全球贫困区专题图；基于高光谱遥感数据对农作物长势进行监测和产量评估。

此外，遥感大数据中心的最新应用还包括："鬼城"指数，即通过高分影像、夜间灯光等多源遥感数据来分析城市入住率，反映建筑资源利用情况及其变化；"一带一路"经济发展指标，即通过Landsat、MODIS、夜间灯光以及高分辨率影像等多源遥感数据来计算农业、工业及服务业的发展指数，能够表征经济在广泛的时空维度上的发展水平，以反映我国经济政策在国际上的影响力与带动作用。

3.3.4　模型库服务

新型智慧城市运营平台提供了模型库的管理能力。在模型库中提供了多种时空大数据的通用算法模型，这些算法模型能够适用于多种不同的场景和行业主题，帮助用户对海量的数据信息进行分析挖掘处理。同时，用户能够通过对模型进行新增和修改，构建灵活所需的自定义模型，从而实现对数据的自定义挖掘和分析功能，充分发挥平台的大数据分析挖掘能力。具体包括：多维数据分析模型、空间分布关联模型、空间离散化模型、领域统计模型、网络服务区分析模型等。

（1）多维数据分析模型

多维数据在专业领域应用十分广泛，常见于气象、气候、洋流等领域。一般有NetCDF、GRIB和HDF三种常用格式。数据通常以变量形式进行存储，其中每个变量的多维数据表示在多个时间段获取的数据，如多个高度或压力。

平台提供多维数据分析模型，以实现多维数据的计算分析（图3-8），应用场景包括以下各类场景：①时态分析：多维数据包括时间、空间维度，通过多维数据分析模型可以对

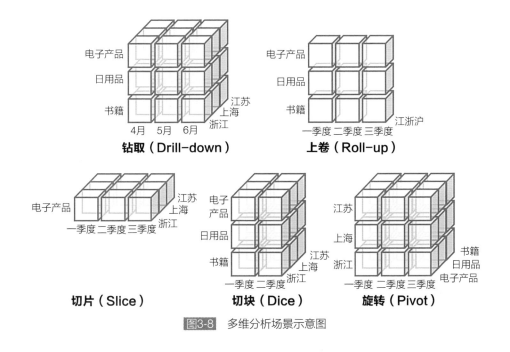

图3-8　多维分析场景示意图

时间、空间进行解析，设置一定的时间步长，即可以以动画方式对多维数据的变量，如气压、温度等，按时间维度进行空间可视化。②差异分析：多维数据分析模型支持计算差异值，可以设定两个时间步长，通过差异分析实现两个时间之间的差异值计算，如温度差、PM2.5浓度差等。③模拟分析：多维数据分析模型可以利用维度、变量及外部输入参数定义复杂的分析函数，以实现应用场景的模拟分析。例如核素的扩散，利用洋流数据的方向和速度、时间变化以及核素半衰期参数，得到核素的扩散模拟情况。④趋势分析：利用多维数据的时间维度和变量，可以知道过去一段时间内，随着时间变化，变量所发生的变化，以此预测变量值的发展趋势。多维数据分析模型支持多种函数预测，如线性预测。

（2）空间分布关联模型

用于研究地理对象的空间分布特征。主要包括：空间分布参数的描述，如分布密度和均值、分布中心、离散度等；空间分布检验，以确定分布类型；空间聚类分析，反映分布的多中心特征并确定这些中心；趋势面分析，反映现象的空间分布趋势；空间聚合与分解，反映空间对比与趋势。

应用场景如哪种传染疾病的分布范围最广、哪里是生物多样性最高且栖息条件最好的地方、避难场所应设置在哪里、教育程度与收入之间是什么关系等。

（3）空间离散化模型

以区域化变量为基础，借助变异函数，研究既具有随机性又具有结构性，或空间相关性和依赖性的自然现象。凡是与空间数据的结构性和随机性，或空间相关性和依赖性，或空间格局与变异有关的研究，并对这些数据进行最优无偏内插估计，或模拟这些数据的离散性、波动性时，皆可应用统计分析模型的理论与方法。

应用场景如已知降雨量值组成的点数据集插值为降雨面，高程点数据插值生成高程面，人口点数据离散为人口密度数据等。

（4）邻域统计模型

地理要素在空间上存在着一定的关联性。对于栅格数据所描述的某项地学要素，其中的（L，J）栅格往往会影响周围栅格的属性特征。准确而有效地反映这种事物空间上联系的特点，是计算机地学分析的重要任务。窗口分析是指对于栅格数据系统中的一个、多个栅格点或全部数据，开辟一个有固定分析半径的分析窗口，并在该窗口内进行诸如极值等一系列统计计算，从而实现栅格数据有效的水平方向扩展分析。

应用场景如检测生态系统稳定性时，可以用于获取各邻域的物种种类，从而确定物种分布缺乏变化性的位置，土地利用变化中计算出各邻域内不同土地覆被类型的数目。

（5）网络服务区分析模型

网络服务区分析主要用来获得一个/组设施点的服务区域范围。该服务区域范围包含了从设施点出发，在指定的时间或路程距离内可到达的所有区域。

可解决的问题例如：杂货店周围三分钟的行驶时间面可以确定能够在三分钟内到达杂货店以及很有可能到此购物的居民，物流公司的配送车辆如何在规定的时间范围内服务地图上所有的零售商铺。

3.4　遥感影像分析引擎

将各类遥感分析算法发布为HTTP服务，对接遥感大数据管理平台的数据接口，按网格获取参与分析的数据流，实现分析服务的在线化，在线生成分析报告，推动遥感监测服务的常态化。

实现面向网格的在线分析以后，配合网格体系，将特定区域确定为指定网格范围，可以实现面向网格的自动化分析，当指定范围内有新数据入库后，系统可自动按网格调用数据，按照指定的分析算法实现自动分析。

将多期遥感影像中提取的成果，利用网格进行自动归集，记录为信息网格，通过对网格信息的对比，发现变化网格，提高动态监测的自动化程度。

3.5　地址匹配引擎

以城市统一的基础地理信息为基础，以标准地名地址库为核心，实现"三域"标识信息在空间数据立方体模型上定位寻址，帮助用户将各类业务信息融合集成为时空专题信息。

地址匹配引擎是一种基于分词的地址匹配技术，它构造了一种分级地址库的方法并转换成地址分词库，采用基于地址词典的中文分词技术实现地址匹配，采用这种方法可

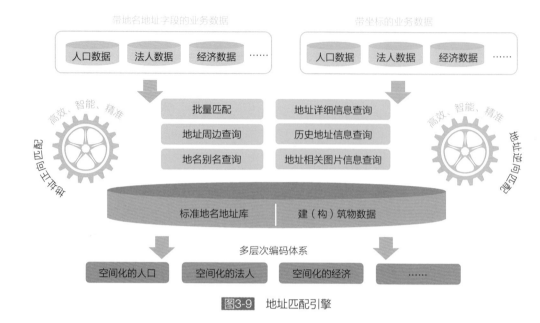

图3-9　地址匹配引擎

以更好地提高匹配范围与匹配精度，如图3-9所示。

地址匹配引擎分为三层设计，包括数据层、内核层和服务发布层。数据层处在整个架构的最底层，主要是由于其提供了地址匹配引擎所需要的最基本的地址数据和词库数据，没有基础数据匹配引擎也无从谈起。中间层是地址匹配核心引擎，它主要利用数据层提供的基础数据进行相关处理并转化成引擎服务所需要的相关索引数据和地址分词数据。所有对外功能接口都由该引擎核心层完成。最上层是应用层，在这个体系里所有的对外应用都是通过Web服务的方式实现。地址匹配引擎通过Web服务的方式对外发布，方便应用层灵活使用（图3-10）。

（1）数据层

数据层负责地址数据的组织、存储，主要包括标准地址库、地名库、地址词典等数据的组织存储。

（2）内核层

内核层为地址匹配引擎提供功能实现，主要包括字典树的建立索引管理器、URL参数解析器、服务管理器、正向匹配、反向匹配、数据增删改管理、配置管理，并采用"高内聚、低耦合"的方式进行设计。

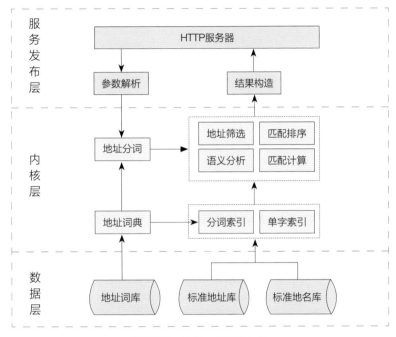

图3-10　地址匹配引擎架构

（3）服务发布层

地址匹配引擎集成了轻量级的HTTP服务器，通过它来实现地址匹配功能的发布，最终向外提供各种地址匹配服务接口。地址匹配引擎支持特性见表3-4。

地址匹配引擎特性列表　　　　　　　　　　表3-4

特性描述	特点
正向匹配率	强
地名地址匹配	支持
地名别名匹配	支持
识别阿拉伯数字：如（113号19栋）	强
识别英文数字：如（A区C栋）	强
识别中文数字：如（十九栋二十一村）	强
识别多重数字：如（113-1-9号C1区）	支持
地址分词	支持

（4）匹配预处理

地址匹配前根据用户输入的地址内容进行相关的预处理，包括繁体简体转换、半角全角转换、汉字和数字转化等，通过地名别名预处理、抗干扰预处理等进一步提高地址匹配的准确率。①繁体简体转换：输入的匹配地址如存在繁体字则需要先做繁简体转换预处理。②半角全角转换：将匹配地址的全角数字转化成半角数字。③汉字和数字转化：对输入的地址存在汉字数字的进行普通数字转化预处理（如二十三号）。④门牌号识别：对输入的地址的门牌号码进行智能识别和预处理。⑤正向匹配服务：输入地址关联标准地址库查找潜在的位置，根据与地址的接近程度为每个候选位置指定分值，最后用分值最高的来匹配这个地址，返回分值最高标准地址。⑥批量地址正向匹配：可以输入多条地址数据进行批量的地址匹配返回相应的坐标位置。⑦单条地址正向匹配：输入单条地址数据进行匹配返回匹配的坐标位置。⑧正向匹配精度：根据每条地址数据的匹配情况按照规则和算法计算地址的正向匹配精度。⑨逆向匹配服务：将坐标映射成地址并在地图上展示。根据用户输入的X、Y坐标值实现逆向查询得到该坐标所在的标准地址信息。⑩批量地址逆向匹配：可以输入多条X、Y坐标数据进行批量的地址匹配返回相应的标准地址。此外，单条地址逆向匹配是指输入单条X、Y坐标数据进行匹配返回匹配的标准地址；逆向匹配精度是指根据每条X、Y坐标数据的匹配情况按照规则和算法计算地址的逆向匹配精度。

3.6 物联网集成引擎

3.6.1 引擎架构设计

物联网是各类前端感知信息通过传输网络汇聚的平台，需要实时处理前端感知设施传入的各类数据包括图片信息、语音信息、视频信息、文本信息、业务信息、由平台下达的对感知设施的控制指令等多源异构海量数据。同时物联网需要调用基础地理数据作为物联专题数据展示的地理底图包括矢量数据、遥感影像数据、地图切片数据等地理空间数据。因此为了实现对实时事件信息或者近似实时的事件信息进行实时、准确、完整

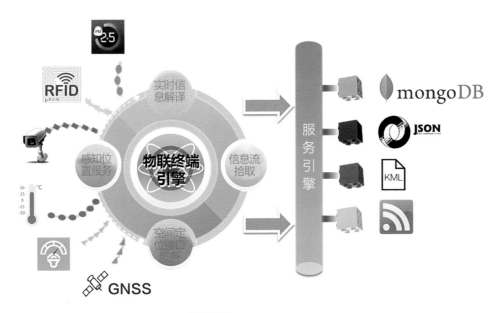

图3-11　物联终端引擎

地处理，需要强大的动态终端信息引擎以实现各类感知资源的规范接入、整合、存储、分析和展示（图3-11）。

动态终端信息引擎支持视频传感器、气象传感器、水质传感器、GNSS、监控视频、RFID等传感设备能接入多源动态和静态的消息数据，并将数据解析整合后以主动推送的方式把消息分发给不同的客户端对象，同时提供对接入消息数据的保存、消息数据日志等功能。

3.6.2　网络适配

对接入到展现域的终端进行适配实现不同终端类型以及不同网络方式的接入。通过标准化协议和多种适配器接入各种物联网终端和应用，支持RFID标签、GNSS设备、摄像头、传感器等多种终端。同时支持5G网络、Wi-Fi、宽带、IP专网等多种网络接入方式，实现不同终端类型以及不同网络方式的接入，从而实现物联信息提取、封装、打包、加密、签名、传送和解析以及各类物联网应用的融合。

（1）适配协议

针对不同网络和终端定义多种适配协议以适应不同用户的需求。

（2）转换映射

物联数据转换映射是针对数据层而言的，根据物联网终端提供的信号对数据服务进行定义，根据数据解译展示的数据标准将业务系统中错综复杂的数据关系加以整理，并将其转换为对外服务的数据内容。

（3）数据传输

可以采用HTTP、FTP等多种传输协议，并通过标准数据传输协议支持数据的断点续传，一旦网络出现故障适配器仍然会正常工作，监听本地数据的变化，将变化量存入本地的稳定队列，并且自动记忆网络故障前的中断点。当网络重新恢复正常后会重新建立与适配器会话，并从断点处将未传送完的变化数据传送到复制点的稳定队列中去，从而节省了网络传送时间。

在数据的传输过程中，采用数据文件校验机制。在数据的入库方面，适配器采用事务处理模式，并提供数据错误跟踪机制确保物联网数据的可靠性和完整性，杜绝由于数据传输过程中带来的数据丢失和数据错误。

（4）适配器日志

适配器日志除了记录适配器的访问记录，另外还记录适配器对数据访问和业务逻辑调用的详细信息，以及在服务提供的过程中所涉及的各类操作。

（5）信息抽取

信息抽取支持JSON格式、KML格式、RSS格式、CSV格式、Formated Text格式。

3.7　工作流引擎

工作流引擎是通过对用户内部及外部的业务流程的整个生命周期进行规划设计、自动化、管理监控和优化，加快用户各类业务流程运转效率，降低用户成本，最终形成"端到端"的业务流程管理平台。利用工作流引擎可以快速实现各类业务流程自动化，并与用户组织机构内部大多数的应用系统集成，实现各类业务协作以及数据共享。

（1）流程引擎

流程引擎定义、创建和管理工作流的执行是整个工作流系统的核心部分。引擎提供基于J2EE架构实现的流程引擎，可以在业务处理、数据持久化等各个方面与应用系统进行灵活集成；引擎采用组件化设计，为开发者灵活选择流程引擎的功能、自定义已有功能和拓展新功能提供了无限可能；引擎不需要依赖特定的中间件或服务器，大幅度降低了部署的复杂度，使系统更加容易设计实现。用户可以将流程引擎作为业务流程管理的基础，在此基础上实现业务流程的电子化以及业务流程统一管理，如图3-12所示。

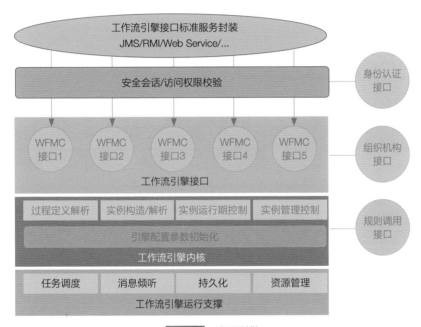

图3-12　流程引擎

（2）规则引擎

引擎包含独立的规则引擎。基于JSR94规范开发了规则引擎接口，可以对接任意规则引擎（默认内置基于drools实现的规则脚本解析引擎），并配套实现规则对象库，规则脚本可视化编辑器，提升规则定制易用性。产品具备了可配置各种复杂流程业务规则进行流程应用开发的基础，如图3-13所示。

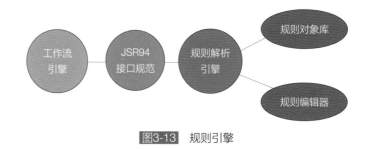

图3-13　规则引擎

3.8　云GIS基础软件

云GIS基础软件技术架构如图3-14所示。

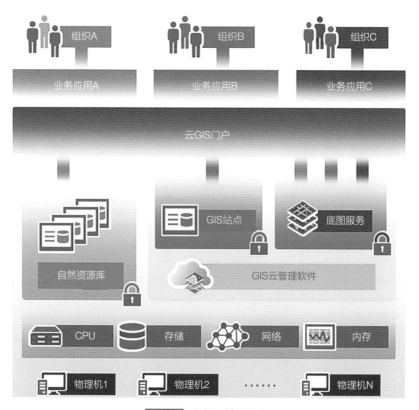

图3-14　云GIS基础平台

云GIS基础软件由云GIS服务系统软件、云GIS管理系统软件相互协作、相互配合，实现对外提供多租户快速交互支持弹性调度的PaaS服务。

云GIS服务系统软件支撑云GIS服务资源池化，提供各类GIS服务，通过云GIS管理软件支持划分出不同的GIS服务站点（GIS Site），包括部门服务站点、公共服务站点等多租户；云GIS管理系统软件包括云GIS服务运维管理系统和云GIS自助服务门户系统。云GIS服务运维管理系统提供弹性调度（将空闲的计算节点自动分配给所需的应用）、GIS多租户管理、动态监测等，管理与扩展服务实例数、计算节点（GIS Server）、计算节点集群（cluster）、Site站点等。云GIS自助服务门户系统实现以自助服务的方式面向业务应用部门或各委办局的用户提供云GIS资源服务，用户只需按需申请、使用GIS资源即可，无需关心GIS资源的状态维护和管理。

3.9　基于Docker的微服务架构

Docker周围开源社区的发展，使微服务架构的概念有一个更好的落地实施的方案。并且在每一个微服务应用内部，都可以使用DDD（Domain-Drive Design）的六边形架构来进行服务内的设计。清晰的微服务的领域划分，服务内部有架构层次的优雅的实现，服务间通过RPC或者事件驱动完成必要的IPC，使用API gateway进行所有微服务的请求转发，非阻塞的请求结果合并。

（1）客户端发现模式

客户端发现模式的架构图如图3-15所示。

客户端发现模式的典型实现是Netflix体系技术。客户端从一个服务注册中心查询所有可用服务实例。客户端使用负载均衡算法从多个可用的服务实例中选择出一个，然后发出请求。

（2）服务端发现模式

服务端发现模式的架构图如图3-16所示。

客户端向负载均衡器发出请求，负载均衡器向服务注册表发出请求，将请求转发到注册表中可用的服务实例。服务实例也是在注册表中注册、注销的。负载均衡可以使用Haproxy或者Nginx。

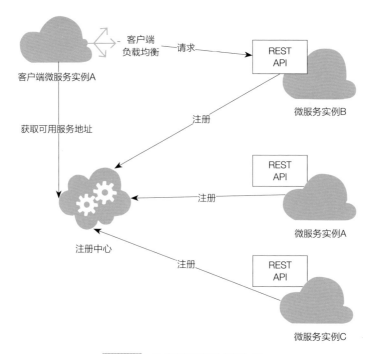

图3-15   客户端发现模式架构图

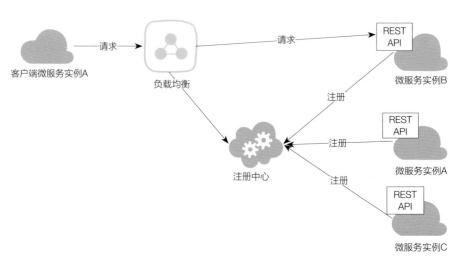

图3-16   服务端发现模式架构图

（3）服务注册

服务注册表是服务发现中的一个重要组件。除了Kubernetes、Marathon其服务发现是内置的模块之外，服务都是需要注册到注册表上。①自注册模式（Self-registration pattern）：每个微服务的实例本身，均需负责注册以及注销服务。Eureka还提供了心跳机制来保证注册信息的准确，具体的心跳的发送间隔时间可以在微服务的Spring Boot中进行配置。自注册模式是比较简单的服务注册模式，不需要额外的设施或代理，由微服务实例本身来管理服务注册。但是缺点也很明显，比如Eureka目前只提供了Java客户端，所以不方便多语言的微服务扩展。跨语言性比较差。因为需要微服务自己去管理服务注册逻辑，所以微服务实现也耦合了服务注册和心跳机制。②第三方注册模式（Third party registration pattern）：第三方注册，也即服务注册的管理（注册、注销服务）通过一个专门的服务管理器（Registar）来负责。Registrator就是一个开源的服务管理器的实现。Registrator提供了对于Etcd以及Consul的注册表服务支持。Registrator作为一个代理服务，需要部署、运行在微服务所在的服务器或者虚拟机中。比较简单的安装方式就是通过Docker，以容器的方式来运行。第三方注册模式的架构图如图3-17所示。

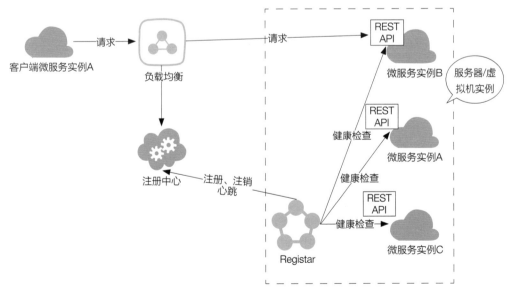

图3-17　第三方服务注册模式的架构图

通过添加一个服务管理器，微服务实例不再直接向注册中心注册、注销。由服务管理器（Registar）通过订阅服务跟踪心跳，来发现可用的服务实例，并向注册中心（consul，etcd等）注册、注销实例，以及发送心跳。这样就可以实现服务发现组件和微服务架构的解耦。

（4）服务间的IPC机制

按照微服务的架构体系，解决了服务发现的问题之后，就需要选择合适的服务间通信的机制。如果是在Spring Boot应用中，使用基于HTTP协议的REST API是一种同步的解决方案。而且RESTful风格的API可以使每个微服务应用更加趋于资源化，使用轻量级的协议也是微服务一直提倡的。

如果每个微服务是使用DDD（Domain-Driven Design）思想的话，那么需要每个微服务尽量不使用同步的RPC机制。采取异步的基于消息的方式比如AMQP或者STOMP，来松耦合微服务间的依赖会是很好的选择。目前基于消息的点对点的pub/sub的框架选择也比较多。

（5）微服务的持续集成部署

使用Docker实现微服务，集群的网络环境会更加复杂。微服务架构本身就意味着需要对若干个容器服务进行治理，每个微服务都应可以独立部署、扩容、监控。下面会继续介绍如何进行Docker微服务的持续集成部署（CI/CD）。

1）镜像仓库

用Docker来部署微服务，需要将微服务打包成Docker镜像，就如同部署在Web Server打包成war文件一样，只不过Docker镜像运行在Docker容器中。如果是Spring Boot服务，则会直接将包含Apache Tomcat Server的Spring Boot，以及包含Java运行库的编译后的Java应用打包成Docker镜像。为了能统一管理打包以及分发（pull/push）镜像。企业一般需要建立自己的镜像私库。实现方式也很简单，可以在服务器上直接部署Docker hub的镜像仓库的容器版Registry2。

2）代码仓库

代码的提交、回滚等管理，也是项目持续集成的一环。一般也是需要建立企业的代码仓库的私库。可以使用SVN，GIT等代码版本管理工具。目前使用的是Gitlab，通过Git的Docker镜像安装、部署操作也很便捷。具体步骤可以参考docker gitlab install。为了能快速构建、打包，也可将Git和Registry部署在同一台服务器上。

3）容器编排技术

Docker镜像构建之后，因为每个容器运行着不同的微服务实例，容器之间也是隔离部署服务的。通过编排技术，可以使DevOps轻量化管理容器得到部署以及监控，以提高容器管理的效率。

目前一些通用的编排工具比如Ansible、Chef、Puppet，也可以做容器的编排。但它们都不是专门针对容器的编排工具，所以使用时需要自己编写一些脚本，结合Docker的命令。比如Ansible，确实可以实现很便利的集群的容器的部署和管理。目前Ansible针对其团队自己研发的容器技术提供了集成方案：Ansible Container。集群管理系统将主机作为资源池，根据每个容器对资源的需求，决定将容器调度到哪个主机上。

目前，围绕Docker容器的调度、编排，比较成熟的技术有Google的Kubernetes，Mesos结合Marathon管理Docker集群，以及在Docker 1.12.0版本以上官方提供的Docker Swarm。编排技术是容器技术的重点之一。

（6）服务集群

企业在使用Docker部署、运行微服务应用的时候，无论是一开始就布局微服务架构，或者从传统的单应用架构进行微服务化迁移，都需要能够处理复杂的集群中的服务调度、编排、监控等问题。这里说的是集群中的负载均衡，如果是纯服务端API的话，就是指Gateway API的负载均衡，如果使用了Nginx的话，则指Nginx的负载均衡。可以通过Web界面来设置负载均衡的权重，比较便于部分发布、测试验证，以及健康检查监控等。从效率和节约运维成本上来说都是个比较适合的选择。

（7）日志采集监控

微服务的API层的监控，需要从API Gateway到每个微服务的调用路径的跟踪、采集以及分析。使用REST API，为了对所有请求进行采集，可以使用Spring Web的OncePerRequestFilter对所有请求进行拦截，在采集日志的时候，也最好对请求的响应时间进行记录。除了记录access、request等信息，还需要对API调用进行请求跟踪。比较简单的解决方式就是对日志（log）信息都追加（append）一段含有容器信息的、唯一可标识的Trace串。

日志采集之后，还需要对其进行分析。使用E.L.K的技术体系，可以灵活运用Elasticsearch的实时分布式特性。Logstash可以对日志进行收集、分析，并将数据同步到Elasticsearch。Kibana结合Logstash和Elasticsearch，提供良好的便于日志分析的WebUI，增强日志数据的可视化管理。

第4章 新型智慧城市运营评估

4.1 新型智慧城市的创新任务

（1）促进城镇化的转变

实现城镇化的发展能够有效促进城市资源的优化及配置，并且促进实现产业升级及经济发展方式的变化。我国部分城市因为自身条件对城市发展造成了制约，城区小，但是人口多，此种人口密度导致城市承载能力逐渐饱和。所以，此部分地区城市建设的目标就是拓展城市发展空间，由原本粗放型的城镇化发展模式向提高资源使用率及优化生态环境的集约型的模式方向转变。智慧城市建设就是基于节约资源、整合、创建适宜居住宗旨，重视城市整体规划及系统综合运营。所以，实现智慧城市的发展及运营管理，能够使部分城市的城镇化模式转变。

（2）提高政府公共服务能力

在创建城市的过程中，政府要承担部分公共责任，创建智慧城市能够有效促进政府职能的转变，提高公共服务能力。利用创建智慧城市能够实现城市的数字化，完善信息共享基础设备及高科技设备。在电子政务平台创建及公共领域信息化不断发展的过程中，城市决策人员能够快速且有效地获得信息，从而有效掌握城市运营的情况，实现科学决策。以此使城市管理成本得到降低，提高政府公共行政效率，使社会管理朝着精细化的方向发展，并且使公共服务逐渐向人性化，以人文本的方向发展。

（3）实现城市治理模式的改革

传统城市管理过程，具有公共管理成本较高、公共管理效率较低等问题。使用智慧城市概念，能够更好地解决这些问题，充分展现出治理理论及新公共管理理论。与传统治理模式不同，智慧城市体现了以政府为主，企业民众遵守，重视以人为本。在城市公共管理过程中实现信息共享，能够使公共权力决策及使用更加透明化，城市治理结构也越来越扁平化，从而促进传统治理模式的转变。

（4）促进国民经济的发展

智慧城市不仅能有效促进信息产业发展，还能够普及云计算、大数据等高新信息技术，反作用到城市建设中，促进城市经济的发展。另外，发展智慧城市还能够产生全新的产业，全新产业也会反作用到智慧城市建设过程中，从而产生大规模产业连接。在智慧城市运营管理建设过程中，主要基于能源化工、红色旅游及绿色产业，提高城市经济发展质量，并且降低消耗，提高效率，实现城市可持续发展目标。

4.2　新型智慧城市的创新要素

（1）信息技术

新型智慧城市是新兴技术发展的产物也是人类向往生活的场所。建造一座新型智慧城市至少需要四个技术来支撑：物联网技术、云计算技术、人工智能技术和5G技术。物联网技术为智慧城市实现万物互联；云计算技术为智慧城市实现城市各行各业的智慧决策；人工智能技术为智慧城市实现生产力解放；5G技术为智慧城市提供连接"信号"。

物联网技术是促使智慧城市运行系统各部分互联的关键技术，云计算技术是实现智慧城市智能化的基础技术，人工智能技术是诱导智慧城市智能化的直接技术，5G技术是建立智慧城市运行系统的基础技术。物联网技术为智慧城市实现万物互联。在生活方面，建立家居物联网、车联网，实现智慧交通和人与不同场景的连接。在工业方面，建立工业物联网，实现工业流程的全自动化和远程监控。云计算技术为智慧城市实现城市各行各业的智慧决策。在政务方面，建立政务云，实现政务决策智慧化、政务流程智能化。在企业方面，各个企业建立企业云，简化企业流程、促进企业决策智慧化。人工智能技术为智慧城市实现生产力解放。机器人在各行各业逐步取代人工生产力，建立人机协作机器人、高端工业机器人、医疗机器人、护理机器人、公共服务机器人、家庭服务机器人、消费无人机、军用机器人、消防救援机器人、空间机器人等。5G技术为智慧城市提供连接"信号"。5G技术是物联网技术、云计算技术、人工智能技术应用的基础。

（2）智慧基础设施

主要包括城市基础设备智能化建设、通信基础设备、智慧城市管理中心、公共基础设备和智能终端五方面。通信基础设备指的是通过交互方式传输数据、语音、图像、文本、多媒体信息及视频的网络终端设备、物联网、广电网、电信网、多网融合技术体系和相应的设备，信息通信基础设备建设及完善属于智慧城市实现相互联通的基本要求，也是对城市是否具备智慧发展衡量的主要标准。城市基础设备智能化建设主要包括电力、供排水、供热等城市基础设备智能化改造和建设运营，城市基础设备智能化建设及转型是智慧城市发展的主要特点，也是衡量城市是否满足智慧发展目标的主要标准。公共基础设备将能够满足公众对于公共信息资源的需求，通过政府和其他社会机构创建的基础设备，综合使用政策及科学技术方法，实现整合及高效的管理。公共信息技术设备创建及完善是智慧城市实现信息资源跨领域、跨部门共享、整合及使用的基础，也是衡量城市是否具备智慧发展潜力的主要标准。智慧城市管理中心能够有效满足智慧城市生态系统的运行需求，使用大量全新支撑技术进行集成，能够有效实现城市不同子系统环境内外的相互联系，从而在城市不同领域智慧应用系统运行过程中提供功能整合及分析支撑，实现城市部门的协调，主要通过调配公共安全、能源、规划、水利电力及交通等资源，从而实现跨部门的无缝协调。

智慧基础设备充分展现了城市综合智慧的实力，也是社会经济活动过程中空间物质的载体，基础设备的创建智慧水平主要根据国家发展政策，充分考虑城市自身历史文化背景、区域环境特点和经济情况合理生态确定，对满足智慧城市发展中期目标、长期目标、整体规划设计基础设备的创建，能够使其有效实现城市系统之间相互支撑协调的功能。智能终端将人和物的沟通零距离相互连接，能够保证智慧城市多功能零距离和市民接触，为人们的衣食住行带来了极大的便利，同时对于传统产业来说也是一种机遇和挑战。就移动支付来说，支付宝和微信改变了以前繁杂的付款流程，使得人们的生活更加便利，也促使着银行快速跟进和发展；百度地图等导航软件改变了传统出行方式等。智能终端也改变了人们的工作方式，移动办公辅助等软件创新了文件流转方式，也节约了办公成本。比如微信和QQ等通信工具也逐渐承担起了文件传输的功能，使得工作更加便利，促进了人与人之间的交流。智能手机能够结合电视、电脑等功能，有效满足人们购物、社交、订房、点餐等需求。

（3）数据资源

数据资源是目前信息社会中的主要战略资产，影响着政府管理、公共服务、社会治理、产业发展等。并且数据资源还能够成为决策的基础，政府在对城市运行数据进行收集的过程中能够对其进行分析和决策，从而满足城市利益的需求。数据资源已经成为现代全新生产资源，在与传统生产资源对比时，可以发现，数据资源源源不断地出现，在人们的生产生活和工作中都会产生大量的数据，利用数据清洗技术提取对经济效益、社会效益有效的数据资源，对其进行深入分析和使用，就成为大数据产业链。数据资源能够作为目标群体行为分析，实现商业策略的针对性制定。

（4）城市发展理念

一个城市未来的发展方向以及能够达到的高度与城市发展理念是息息相关的，城市的硬件水平以及城市中的技术水平等和政府能做什么具有一定的联系。未来几年，是城市发展的转型时期。在城市管理方面，我国政府和人民是官民关系，也是管理者和被管理者的关系。在现代全球一体化不断发展的过程中，企业型政府等理念备受人们重视，政府角色也在不断地转变，随着经济技术以及城市的发展，人们对于更高的工作效率以及更好的服务质量都有了新的要求。随着互联网技术的不断进步，媒体也不仅仅是拘泥于报纸电视，而是更加透明且高效地参与到城市的发展建设中，使得普通百姓能够更加便捷地对于城市建设过程中存在的问题提出一些建议。在现代全新媒体不断发展的过程中，城市管理中的群众透明度及参与度得到了提高。一座智慧的城市不仅要有非常先进的设备和技术，同时还应有领先时代的城市发展理念，通过先进的信息技术，可以广泛地采集信息，不断解决修正城市建设过程中出现的问题，调整经济结构，从而提高城市发展的质量。

4.3　新型智慧城市的利益相关者

以利益相关者在智慧城市建设中的态度及在建设过程中的作用为基础，能够划分智慧城市利益相关者，包括参与者、受益者和被影响者。如何使利益相关者在创建智慧城市的过程中或者设计解决方案的过程中起到促进作用，从这个角度分析，智慧城市利益相关者主要包括技术促进者、启动者及智慧城市启动者。

（1）市政府和相关部门

政府部门是创建智慧城市的基础，并且在创建智慧城市的过程中作用尤为重要，能够对城市日常进行有效的管理，也是促进智慧城市建设的主体。政府部门要求创建智慧城市的动机就是不断提高城市的运营和治理能力，最重要的就是利用ICT，使经济、能源、环境可持续发展及政策的透明度得到有效的提高。在创建智慧城市的过程中，政府要能够从长远进行规划，对现代智慧城市建设模式及路径进行探索。智慧城市没有统一模式，不同城市要结合自身的城市人口结构、公共设备基础、经济等方面的特点全面分析创建智慧城市，以此使智慧城市的发展能够有效满足人民的需求。同时在智慧城市创建过程中也存在部分问题，比如部门具有较多的横向壁垒、ICT专业能力问题等。

（2）国家和省政府、相关部门

根据创建智慧城市的相关文件及政策，国家和省级政府是智慧城市创建过程中的利益相关者。国家和省政府创建智慧城市的目的不同于城市，大部分都是基于资源保护、社会治理等方面。省级政府在实现智慧城市创建过程中也会面临着相应问题，但是相关指导意见中针对此问题制定了相应的对策和建议。

（3）公共事业服务机构

主要指的是满足民众日常生活需求的机构，比如煤气、电、水等，其人员都是智慧城市项目，比如智慧交通、智慧医疗等使用和实施人员，所以其也属于智慧城市利益的相关者。其在创建智慧城市过程中的主要目的是使市场预测力、管理效率得到提高，并且减少能源流失、管理成本等。其在参与当地智慧城市建设过程中会遇到困难，因为此部分企业机构都是集团化企业的分公司，对于业务系统缺乏使用权限，所以无法实现城市单独的改造及对接，协调较为困难。

（4）市民和相应社团组织

社会公众是现代智慧城市创建过程中的使用人员，还是城市成功转型的主要因素。在此背景下，要求公众能够全面掌握智慧城市项目的功能及特点，目前这也成为现代智慧城市创建过程中的问题。其次，市民的参与属于智慧城市的实现基础，在实现智慧城市过程中都是将建设的中心效果作为主要因素，在创建过程中虽然能够实现数据的收集和处理，但是其主要成果最终要呈现给民众。如果民众不对智慧城市使用，那么就无法将智慧城市的作用充分地发挥出来。在智慧城市创建过程中，要以民众作为基础。

（5）标准制定机构

其能够通过简单明了的语言对智慧城市进行定义，并且还能够提供标准建设的框架，所以其在智慧城市使用推广方面具有重要的作用，也是智慧城市建设的利益相关者。标准制定机构参与到促进智慧城市建设过程中是因为国内还缺少智慧城市的标准及评价指标体系，所以要对智慧城市建设过程中的技术接口问题进行解决。但是其在实践过程中还面临着专业知识不足及智慧城市标准制定经验不足的问题。

（6）行业协会

行业协会促进智慧城市建设的主要优势是能够促进某个成果在行业中推广使用，或者促进某个全新技术的研发，因此其属于智慧城市建设利益相关者。行业协会参与智慧城市建设的主要目的是为行业企业寻找全新业务市场及领域，但是其主要问题是它们能够在多大程度上对行业企业行使权力，或者说行业协会对于行业企业存在多大领导力。

（7）ICT相关企业

主要指的是软件开发商、电信运营商、设备供应商、方案集成商等，就全球范围来说，他们是建设智慧城市的重要推动者，可以提供智慧城市的综合解决方案以及实施方案。他们都属于专业的公司，参与智慧城市建设不仅能够为公司开辟全新的市场和业务，还能够有效弥补政府部门专业知识的不足，在促进技术创新及商业模式创新方面具有积极的作用。但是，其在参与智慧城市建设过程中也具有一定的问题，比如部分企业表面都是以PPP模式为主实施智慧城市建设，其实还是使用ISV思路开展工作。

（8）学术研究机构

在创建智慧城市过程中，学术研究机构属于理论先导者，研究所、大学和其他的咨询机构能够为智慧城市创建提供理论创新和技术应用、数据挖掘、用户黏性培养及城市规划等方面的支持。另外，其还能够为创建智慧城市培养相关人才，比如专业学历教育、短期业务培训等。其次，其还能够利用技术转让、政产学研结合等模式不断促进智慧城市的创新，同时这些模式也可以从技术上提供创新，从商业上提出新的模式。

4.4　新型智慧城市运营管理生态链

新型智慧城市创新的目标是建立智慧城市运营管理生态链，智慧城市运营管理生态链的形成需要产业生态链、信息生态链、创新生态链、金融生态链、文化生态链、服务生态链的相互影响相互作用，形成一个完整的新型智慧城市运行系统。

（1）产业生态链

新型智慧城市不仅在城市管理过程中使用全新技术，还在生产、生活及商业等模式中进行创新，以此表示促进企业发展环境还是建设智慧城市的主要因素。基于现代城市经济分析、高新技术产业、创新型产业、战略性产业及利于企业发展的环境都是智慧城市的主要因素。

（2）信息生态链

新型智慧城市中的智慧通过传感设备或者人们实现数据的收集，之后对数据进行加工和传输，最后实现数据的使用。研究学者在对信息及数据研究过程中重视数据的管理、传输、使用和处理等内容。企业实践人员在对信息及数据进行研究的过程中，重视数据收集、传输和处理等过程中使用的软件和设备。将实际的情况与现有研究成果作为基础，此种研究数据和信息主要包括信息处理、管理、整合和共享。智慧城市中的核心要素与其他的要求相互交融，主要是由于数据和信息类相关核心要素具有密切的联系，智慧城市能够利用全新技术对核心要素进行资源整合、管理及数据共享，从而能够有效促进城市持续的发展。

（3）创新生态链

欧美相关研究人员从生态持续发展、低碳、环保等方面全面研究了新型智慧城市，研究结果表明，智慧城市能够对信息、数据进行全面的共享，还能够对社会进行精准及科学的管理，以此使资源浪费、能源消耗及污染物排放得到降低，使城市的韧性得到提高。比如，最典型的智慧交通不仅能够使出行者出行时间减少，还能够降低二氧化碳排放等。基于此，实现生态链的创新，有利于实现良好自然条件、生态可持续性、污染控制、监控系统及城市应对自然灾害预警系统的创建。

（4）金融生态链

人才、融资、政策工具、电子政务等智慧城市中相关的城市专题在多种文献中都曾被研究，相关的研究表明，企业及政府在对城市管理智慧化方面有所不同，在实践过程中政府已经不再重视公共服务智慧化建设的优势，而是重视ICT潜力及发展，并且重视其产品使用之后城市管理效能的提高。

（5）文化生态链

新型智慧城市不仅是在城市管理过程中使用全新的技术，而是全面创新传统的商业、生活和生产的方式，在实践及理论方面都利用企业促进社会环境的发展，此方面属于智慧城市在创建过程中的重点。基于现有城市经济文献分析，创新型产业、高新技术产业、知识经济等都是创新型城市的主要因素。其中知识经济及促进企业发展环境主要包括知识经济、创新型产业、高技术产业、创新创业型群体等。另外，研究表明，有些国家同等对待智慧城市和创新城市、文化城市等，而且将其作为同种事物，只不过使用不同的名称，因此高等教育、创新能力、社会设备及高技能的人才都是现代学术界的重点研究对象。大部分的相关研究文献认为人力及文化的创新是社会创新的重点内容，并且还将经济创新、工业、教育及文化作为城市的主要要素。

（6）服务生态链

通过相关文献可知，服务生态链主要指的是旅游、公共安全、交通等方面，在对比过程中可以看出，此方面的研究较为广泛，并且理论方面及实践方面在研究智慧城市建设过程中的要素各不相同，比如IBM智慧城市模型重点强调安全、交通、卫生、住房、能源及水六大领域。EMC公司模型中表示服务生产链主要包括公共安全、交通、住房、旅游及卫生等方面。GCI公司表示公共服务包括水、服务、社会、废物处理等方面。综合国内外理论及实践领域研究结果，公共服务能够扩充到公共安全、交通、医疗卫生、能源、住房、食品、紧急救助、娱乐问题等涉及居民生存、生活和发展的直接需求中，政府满足居民相应的享受及受益需求，还能够实现服务领域的发展。

4.5 新型智慧城市运营评估维度

（1）人才的保障

对人才保障体系的构建是为了形成创新生态链。建设新型智慧城市，人是关键，只有高素质的人才才能为智慧城市的建设提供智力保障。智慧城市的建设在人才方面的需求主要表现为人才的规模、人才的素质以及政府相关政策对人才的吸引力。只有拥有一定规模的人才队伍，才能够形成合力，对于智慧城市建设中的重点难点进行突破，为智慧城市的建设奠定人才基础。而人才的质量在很大程度上可以影响智慧城市建设的质量，只有较高的人才质量才能够在智慧城市的建设中设计和完善各种运行机制。而对于人才而言，本身就有较高的流动性，因此在引进和培养人才的同时，还需要配套相关的政策留住人才，使得建设队伍具有专业性、持续性和稳定性。

要构建新型智慧城市，就必须投入一定的要素。根据生产要素理论，新型智慧城市的发展需要在人力、财力、物力三个层面进行投入，进一步表现为人才的保障、基础设施的完善和资本的投入。

（2）基础设施建设

对基础设施指标体系的构建是为了形成信息生态链。建设智慧城市，相关基础设施的提供和保障是必不可少的。基础设施是维护和保障智慧城市平稳运作的物质基础，著名的咨询公司IBM在提出"智慧城市"这一概念时认为，智慧城市是基于现代信息技术，对城市的相关城市职能进行设计、构建和维护，最终实现城市的智能化。智慧城市需要的基础设施相比于传统的城市建设对信息的要求更高，主要体现在信息的实时交互和处理。因此，通过对相关文献的阅读和总结，笔者将基础设施建设下的二级指标归结为宽带网络的建设、大数据中心的建设和其他信息化基础设施的建设。

新型智慧城市是城市建设和新一代信息技术发展的需求，以创新引领、数据驱动，能够实现城市发展的新路径、新模式、新形态，实现可持续发展，并已成为建设创新型国家、提升国家治理现代化水平的重要抓手。相比传统的智慧城市，新型智慧城市的一大特点就是资源一体化，包括以政务云主导，与其他的行业云、公共云实现协同健康发展，以及政务数据和社会数据融合。新型智慧城市建设是一个集众智、汇众力的过程，要鼓励多元化参与，以联动和互动促使"城市大脑"真正运转起来，实现社会治理的智能化。经过两轮智慧城市的建设，例如上海等特大城市的数字化、网络化、智能化水平显著提升，智慧城市体系框架已经确立，信息化应用全面渗透到民生、城市管理、政务、产业等领域，已具备全面推进新型智慧城市建设的基础。

（3）资金的投入与应用

对资金的投入与应用的指标体系的构建是为了形成产业生态链。进行新型智慧城市的建设离不开资金的投入和应用。不管是智慧城市的规划阶段、建设阶段还是维护和运营阶段，资金都是维持智慧城市运行的"血液"。而要让一个城市"智慧"起来，除了在相关基础设施方面需要资金的投入，也需要加大资金在相关产业的支出，扶持"智慧产业"的发展，同时为居民提供各种智慧应用，实现从生活到生产的"智慧化"，真正实现"新型智慧城市"。

根据对相关学者的文献分析和总结，从投入产出的视角分析智慧城市的建设，智慧城市就是政府及其相关主体通过资金等要素的投入，建设和完善各种智慧平台和智慧应用，最终实现市民生活的智能化、促进智慧经济的发展和建立智慧政府。因此本书在产出层面，选取智慧生活、智慧经济和智慧发展三个层面作为一级指标，并以此为基础构建二级指标。

（4）智慧生活

智慧生活指标体系的构建目标是形成服务生态链。智慧生活是新型智慧城市建设的重要目标，根据学者Komninos对智慧生活的研究，一个城市如果大量应用各种信息设备将会在很大程度上改变当地居民的生活方式和生活习惯。IBM通过调查问卷的方式对智慧城市的功能进行调查发现，居民对一个城市的交通、医疗、水电、能源等项目的智慧程度较为关心。也有不同学者对智慧生活涉及的方面做了不同的研究，根据对相关文献的整理，综合选取了教育、医疗、交通、能源、社区五大层面作为智慧城市的二级指标。

（5）智慧政府

对智慧政府指标体系的构建是为了形成服务生态链。对于智慧政府，虽然各个学者研究的侧重点不同，但是在智慧政府的定义和核心上具有较高的共识度。学界普遍认为智慧政府的第一要义就是电子政务，具体而言，政府利用现有的电子信息技术，通过大数据云计算等，获取相关数据，快速、高效、准确地为居民做出决策，提供公共服务，尽可能实现资源配置的帕累托最优。而评价新型智慧政府建设的成效，通过对相关文献的分析发现主要可以从公众参与程度、网上办公频率和社会管理的开展等层面进行。

（6）智慧经济发展

对智慧经济发展指标体系的构建是为了形成金融生态链。现阶段中国正处于经济新常态，经济发展速度由高速发展转为中高速发展，中国的产业结构也在不断地调整升级，而智慧城市的建设将会给中国产业转型带来契机。通过发展高新技术，智慧产业，实现产业规模效应，能够在很大程度上改善现有的产业结构，推动城市产业结构的转型升级，发展智慧经济，促进智慧城市又好又快发展。而现阶段中国大数据云计算正处于一个大爆发、大发展的时期，知识经济也在不断地崛起，充分挖掘信息技术的潜力，以此推动智慧经济的发展。而如果要评价一个城市的智慧经济发展状况，综合相关学者的研究，主要可以从城市的人均GDP、智慧产业发展水平、企业研发和创新能力等层面进行。

（7）智慧人文素养

智慧人文是新型智慧城市建设的又一重要评价指标，目标是为了形成文化生态链。随着智慧城市的建设，市民的科学文化素养也会在一定程度上得到提高，居民生活也将更多地使用信息化设备，而市民也能够更好地感知智慧生活。为此，智慧人文素养也是智慧城市产出中不可或缺的一部分。新型智慧城市发展的理想形态是科技型、管理型、人文型智慧城市的有机结合和包容发展，全面满足城镇化的物质基础、制度文明和人文精神需求。任何单一型的智慧城市规划与建设，由于只能解决局部问题，必然导致城市的片面发展。随着"以人为本"的城镇化进程不断推进，人们越来越认识到"技术"和"管理"只是手段而不是目的，人文型智慧城市才是智慧城市建设的最高目标。

4.6　新型智慧城市房产税评估

随着我国政府税收体制的改革以及房地产市场的快速发展，房产税的征收已经逐渐被政府重视并实践起来。房地产税是以房屋为对象征收的税，是一切在房地产经济活动过程中直接相关的税，属于财产税的一种。房地产税分为三类：第一类是在房地产流转交易时所征收的税种，比如印花税、个人所得税等；第二类是以土地面积作为税基进行征收的从量税，例如城镇土地使用税；第三类则是在保有和使用环节中以房地产的市场价值作为税基进行征收的从价税。前两类房地产税的计税依据比较明确，税基的获取比较容易。对于居民个人保有和使用环节征收的房地产税属于第三类，税基相对要复杂很多，需要对房地产价值进行评估才能获得，目前国家也在稳妥推进相关立法工作。

房地产税税基作为用于计算应纳房地产税的基本依据，包括房地产税的具体对象和应纳税基数。

房地产税税基评估指具有房地产税税基评估资格的评估机构以及人员，以征纳房地产税为目的，以评估期内未明确具体价值的房地产税基作为评估对象，依据相关法律、行业法规和一定评估程序、技术，运用恰当的评估标准与方法，独立、客观地进行房地产税税基专业评估定价的过程。

（1）评估人员

目前我国的评估人员主要是在财政部监督下的由资产评估行业培养的资产评估管理师。

（2）评估原则

1）能够快速简单实施、成本低；

2）评估价格能够保持动态更新；

3）保持统一的评估标准。

（3）评估方法

目前房地产税税基评估的三大基本方法包含成本法、收益法和市场法，但随着税基评估的不断发展和完善，已经衍生出许多新的方法，批量评估就是其中之一。批量评估是以三大基本方法原理为基础，结合多元回归分析等数理统计方法，以计算机技术为辅助手段，建立体现房地产价值的相关属性特征自变量与房地产价值因变量之间关系的数理模型，从而对大批量房地产价值进行评估的技术方法，该方法将大量的计量、统计检验等数学工具纳入评估过程，能够实现低成本、高效率完成大规模目标财产的价值评估任务。除此之外，近些年来一些智能算法也被广泛应用，相对于多元回归，这些方法被称为非传统方法，如人工神经网络、随机森林等，这类算法既增加了模型的灵活性，又不乏数据学上的严谨性，较基于回归方法的价值模型更为强大。

（4）评估数据

房地产税税基评估数据包括估价对象数据、组别数据、价格数据、估价模型数据、结果检验数据和价格复核数据，以土地、项目、楼栋、户为单位进行组织。由于房地产价格影响因素种类繁多，并且各地区自然环境、风俗习惯等差异较大，因此，房地产价格影响因素可以以表4-1中列出的影响因素为基础，根据实际需要进行扩展调整。

房地产价格影响因素数据包括以下内容：

1）土地价格影响因素数据（表4-1）；

2）住宅类房地产价格影响因素数据（表4-2）；

3）商业类房地产价格影响因素数据（表4-3）；

4）办公类房地产价格影响因素数据（表4-4）；

5）工业类房地产价格影响因素数据（表4-5）；

6）其他类房地产价格影响因素数据。

土地价格影响因素   表4-1

序号	影响因素
1	是否方正
2	是否平整
3	开发程度
4	临水情况
5	临路等级
6	产业聚集程度
7	区域繁华程度
8	交通便捷程度
9	规划合理程度
10	基础设施完备程度
11	区域环境条件

住宅类房地产价格影响因素　　　　　表4-2

序号	影响因素
1	项目规模
2	环境质量
3	物业管理水平
4	周边景观
5	区域繁华程度
6	道路通达程度
7	地铁便捷程度
8	公交便捷程度
9	停车便捷程度
10	生活配套设施完备程度
11	基础配套设施完备程度
12	休闲娱乐配套设施完备程度
13	活动配套设施完备程度
14	教育配套设施完备程度
15	规划合理程度
16	区域中心距离
17	小学学区学位
18	初中学区学位
19	新旧程度
20	建筑容积率
21	内部环境质量
22	内部设施完备程度

商业类房地产价格影响因素   表4-3

序号	影响因素
1	商业类型
2	停车场
3	人车分流
4	是否商业中心
5	地铁口数量
6	公交路线数量
7	装饰装修情况
8	人流量情况

办公类房地产价格影响因素   表4-4

序号	影响因素
1	有无园区
2	准入条件
3	物业费
4	人车分流
5	水体
6	中心花园
7	活动广场

工业类房地产价格影响因素   表4-5

序号	影响因素
1	产业聚集程度
2	物业管理水平
3	交通便捷程度
4	停车便捷程度
5	规划合理程度
6	配套设施完备程度
7	周边景观

第二篇
时空数据新型智慧城市技术体系

- 大数据与城市管理
- 新型智慧城市信息建模
- 新型智慧城市时空大数据
- 新型智慧城市时空运营

第5章 大数据与城市管理

5.1 大数据孪生智慧城市

智慧城市运营与管理，就是面向智慧城市这个主体进行运营与管理。以智慧城市这个开放的复杂系统为对象，以城市基本信息流为基础，运用决策、计划、组织、指挥等一系列机制，采用法律、经济、行政、技术等手段，通过政府、市场与社会的互动，围绕城市运行和发展进行的决策引导、规范协调、服务和经营行为。城市管理的范畴，显然已包含了城市运营，是城市全生命周期的运营与管理，更是一个开放的系统工程。

构成城市最基础的要素便是人，让人们拥有更美好的生活是创建新型智慧城市的根本目标，因此需要从人的需求入手而开展新型智慧城市的建设工作。在以人为本的理念下，确保新型智慧城市的建设能够给广大城市居民带来益处，令居民的幸福感得到提升。目前，全球有一半以上的人口生活在城市。当前，中国城镇化人口已经超过50%，城镇人口首次超过农业人口。中国正以每天消失100个村庄的速度快速城镇化。麦肯锡预测，到2025年我国百万以上人口规模城市数量将达到221座。随着城市规模不断扩大，高房价、堵车、噪声、雾霾等"城市病"越来越多，传统的管理手段变得力不从心，城市的运营管理问题日益突出。面对这种尴尬的局面，大数据为政府城市管理提供了新思路。国外的研究归纳为：①认为由政府主导变革现有管理制度。如学者Jon Oberlander指出，大数据对国家各个方面的影响正与日俱增，如苏格兰在大数据时代其经济、管理、民生等方方面面发生巨大变革，因而要在大数据数据征集及技术开发上不计投入，要为大数据提供技术支撑和制度支撑，其中重中之重是技术支撑。②认为城市大数据应为社会共享，引导非公共部门及个人参与其中。国外有学者认为大数据应同时出现在私人和公共部门领域。利润动机让企业对开发学习利用大数据表现出巨大的主动性，公共部门则做得不足。政府要考虑的是如何才能持续地使用这些数据，如何转变政府职能方式，引导、管理私人对大数据的应用，使整个城市运转更加高效；也有研究指出，政府所专有的大量社会管理数据，除了用于自身社会管理的决策、实施，也应在一定的框架范围内进行公开，为社会共享，每个参与者也应当是共享者。尽管会面临技术、制度等多方面的挑战，这种信息共享对于提高社会运转效能以及城市管理变革都有巨大价值。③认为大数据城市管理的实现要先破解技术难题。美国学者研究认为，美国目前有大约4万亿字节数据，从物理实验、零售交易、安全摄像头、全球定位系统等方方面面获得。但是，大数据信息获取和处理的方式却仍然落后。因此，在一定程度上解决数据质量问题，就需要完善数据云计算、病因分析、相关数据分析，以及模型驱动等应用程序，通过适当的操作获得相对可靠的信息，这也将是大数据应用于城市管理首先面临的难点。④认为信息安全、个人隐私保护不可忽视。大量学者研究认为，基本的、可靠的公共部门信息是大数据的一个关键来源，例如政府对居民身份信息的登记、管理等可以预测人口。然而，这些信息中隐藏着的巨大价值也为公共信息安全带来可能面临的巨大风险。因此，公共部门的信息管理，应通过完善法律及制度、加强监管等方式，做好充分的信息安全保障。

国内的研究起步较晚，虽对我国当前城市管理具有指导意义，但操作性不强。可以归纳为：①对"智慧城市"建设的探索。研究普遍认为，大数据将为城市建设提供关键支撑。从政府决策与服务到居民衣食住行，从城市的规划到城市的运营和管理，大数据遍布城市的方方面面，成为驱动智慧城市发展的引擎。与此同时，智慧城市物联化、互联化和智能化的特点本身也会催生海量数据。可以利用城市管理中产生的大量信息与数据，促进城市机构之间的协作，分析原因，制定对策。有效平衡社会、商业和环境发展需求，以最聪明的方式为城市优化现有的可用资源，为公民提供全面又超前的服务，积极提高公民的生活幸福感，这种高效、智能且可持续的城市管理，也就是国内学者、专家热议的"智慧城市""智慧政府"的理想状态。②利用大数据等先进技术优化现有政府管理模式。国内学者认为，大数据能够更为有效地集成各类的政治、经济生态等信息资源，为决策者决策提供重要的数据基础和决策支撑。现阶段应先着力推动国家大数据分析的建设，进一步建立跨部门、跨领域、跨界别的数据连通和开放标准体系，完善大数据整体实施方案，提高数据安全保护技术，加速数据技术推广，使政府管理更加精细化。③对城市管理具体环节的创新研究。如城市规划和应急管理方面，有学者指出，大数据将进一步提高政府决策和应急响应能力。对于财政部门，研究尝试通过云计算、大数据等技术，有针对性地按需掌握各个部门的数据，通过参考数据信息而做到更准确、更高效地决策；在城市精细化管理方面，运用大数据将提升城市网格化管理水平，提升城市管理和社区服务的质量和服务能力，使群众在城市生活中能够得到更多更好的服务。

智慧城市管理的科学化、执行的精细化将带来城市环境的改善、居民幸福感的提升，对城市管理模式进行创新，探索一条科学、有效的城市管理道路与每一个城市居民息息相关，更对提高党和政府的执政、管理水平，打造和谐社会具有重要的现实意义。通过借鉴国外关于智慧城市、政府信息化决策管理的有益经验，为我国大数据背景下政府城市管理模式创新提供借鉴。我国国土辽阔，多民族聚集，开放发展程度差别巨大。每个城市的风土民情、价值取向、发展重点也不尽相同，依据当地城市大数据进行的科学、差异化管理，能让政府管理更贴近地方实际，提高城市宜居水平。

当前，我国正处于城镇化、工业化和信息化飞速发展的重要阶段。大数据为我国经济社会发展的各个环节带来新的机遇，传统产业、传统模式的变革呼之欲出。我国提出发展大数据的基本方向，即"立足我国国情和现实需要，推动大数据发展和应用，在未来5—10年逐步实现以下目标：打造精准治理、多方协作的社会治理新模式；建立运行平稳、安全高效的经济运行新机制；构建以人为本、惠及全民的民生服务新体系；开启大众创业、万众创新的创新驱动新格局；培育高端智能、新兴繁荣的产业发展新生态"。但是，我国电子政务起步较晚，目前基于大数据支持下的"智慧城市"管理模式更是很不成熟，现有城市管理模式对于"大数据"时代的政府职能要求仍显滞后，基于大数据背景对城市管理模式进行创新、优化，对于提高政府决策、执行的针对性、精准性，实现"有效"且"高效"的城市管理及我国经济社会稳步发展都是十分重要的。

　　智慧城市就是基于数字城市、物联网和云计算建立的现实世界与数字世界的融合，运用信息和通信技术手段感测、分析、整合城市运行核心系统的各项关键信息，以实现对人和物的感知、控制和智能服务，从而对包括民生、环保、公共安全、城市服务、工商业活动在内的各种需求做出智能响应。其实质是利用先进的信息技术，实现城市智慧式管理和运行，进而为城市中的人创造更美好的生活，促进城市的和谐、可持续发展。对新型智慧城市而言，感知与互联互通为最基本的特点，其感知网络是广泛存在的，城市并非是信息孤岛，而是让城市数据的采集更加客观，使各种网络能够有效融合起来，将整个城市内的人、事、物等充分对接起来，令城市具备先进而科学的神经感知系统，进而对城市内所有的一切加以指导。将广泛感知到的人、物与技术等高度融合起来，从而获得新型智慧城市建设所需要的各种信息资源。基于物联网而构建起的感知网络，其能够令人们突破时空的限制而从智慧城市中获取便利，将人的智慧与物的智能融合，进而令城市内部能够实现广泛互联与感知，令移动的终端能够被人们随时访问到。通过物联网、大数据、人工智能等技术，实现对城市的全面感知、互联互通、数据共享和业务协调，促进社会管理、产业与社会公共服务的智慧化发展，进而促进城市经济与社会发展，优化居民生活，提高生活质量，令广大居民能够享受到新型智慧城市的建设成果。

　　大数据技术的发展为我国经济社会发展的各个环节带来新的机遇，传统产业、传统模式的转型、变革都呼之欲出，城市管理模式的创新亦出现在变革大军中。2015年，国务院印发《促进大数据发展行动纲要》，在现有技术及基础设施的基础上，运用好"大数据"，对于我国城市管理具有十分重要的意义。虽然当前大数据得到全世界的普遍关注，但是多数仍停留在商业领域，所采集数据的空间、时间范围往往也只是集中在一个地区，并且应用到实际操作中也局限于广告投放等个别领域，大数据技术的信息采集、处理等技术仍不成熟，更是很少应用到政府管理环节中。在这种背景下创新我国智慧城市管理模式，将打破大数据应用的部门壁垒，是大数据应用到城市管理实际环节的破冰行动，将有效提高政府对大数据技术的认识，并逐步探索应用大数据到智慧城市管理的各个环节，吸引资本、技术人员的关注，促进大数据技术乃至整个大数据产业的发展，推动政府引入大数据进行智慧城市管理的进程。

5.2　城市数据管理的典型启示

5.2.1　数字化管理探索

在建设智慧化城市的进程中，很多国家当前还处在小范围、小规模的摸索期，在人文文化、地域特性、城市个性等方面，国内外存在较大的差异，在发展实践、基础理论方面，智慧城市建设也表现出了一定的差异。

北京是首批发展智慧城市的城市之一，城市智慧化建设的主要内容是进行城市管理，充分利用"智慧城管"建设（创新2.0）、物联网的发展成果对社会管理进行积极探索、创新，具有明显的特殊性。北京作为一个车辆密集、人口总量大的一线城市，对于便捷的交通服务有着天然的迫切需求。2015年北京市交通委员会为了提高交通出行信息服务质量，专门在微信上开通了订阅号（北京交通订阅号）以及"北京交通"服务号，并且在微信城市服务平台上开通了多个服务号，其中包含公共自行车咨询、小客车摇号查询等。

上海在2016年年底针对智慧城市建设推出了"十三五"规划（经济和信息化委员会），更好地发展和实施信息化战略。根据该规划，上海在2020年的整体信息化水平在国内领先，有些地方的信息化水平甚至达到了国际标准，初步完成了智慧城市的构建，其特点是"智慧化、融合化、泛在化"。上海新版"市民云"App于2016年12月上线，是一个"一站式"城市公共服务平台，具有"老百姓少跑腿，让数据多跑路"的特点。市民可以随时利用多种智能终端享受各种快捷服务，比如：自助机、电脑、手机等，还可以预约专门时间去公共服务机构，甚至还可以预约下班后的时间，并且还有专人等候。同时，市民忘带行驶证时，可以在"市民云"里调出自己的电子版行驶证继续前行。"市民云"运营时间已长达3年，运营者为上海市民信箱信息服务有限公司，至2016年11月"市民云"所提供的办事预约、个人数据等服务高达580万次。正是因为上海市打造的服务体系高效、透明，才使"市民云"得到了有力的支撑。上海在电子政务云（高效、集约）的构建过程中遵循的原则是"集中+分布"，以政务外网作为基础，政府购买为主要方式，为各部门提供统一的服务，以在全市实现"1+16"市区两级云体系。另外，上海市不断促进政府公共数据的开放，上海市政府数据资源目录管理系统总共发布、汇聚

21万个数据项、1.5万条目录数，政府数据服务网开放数据约1000项，涵盖领域包含了道路交通、资源环境、经济建设、教育科技等。

广州市是最早在微信城市服务平台输出政务民生服务的城市，微信城市服务在广州实现了全覆盖，涉及公安、医疗、交通等智慧生活的方方面面。广州微警微信城市服务平台于2015年9月正式成立，截至2016年6月注册用户已达50万，私家车主占全市的30%，为车主节省了约118万小时的办理、查询时间，节省警力投入约6.7万人次。目前，"微警"软件系统已开发完成并逐步完善，其他城市可根据该区域的业务办理量，订制相应承载量的"微警"云服务，不用二次研发；其次，通过与公安部第一研究所联合研发的以居民身份号码为唯一识别码的"微警认证"系统，对接全国部级人口库进行互联网身份认证，可实现全局网办系统的实名用户的安全访问和统一管理。广州还着力构建数字地理空间框架，广州市国土资源、规划委员会和二十几个市政府部门建立了合作关系，总共完成的政务示范应用有5个，为约30个市政府部门提供了服务。数字广州地图网站应有尽有，其中包括了吃、喝、玩、乐、穿、医疗卫生、住房保障、城市交通。

2013年1月，住房城乡建设部公布首批90个国家智慧城市试点名单。2013年8月，住房城乡建设部再度公布103个国家智慧城市试点名单。浙江省先后有多个市、（区）县入选试点，示范点建设覆盖了居民生活、卫生健康、城市管理、安全监督、交通物流、能源供给、水资源利用、环境保护、旅游服务、电子政务、民生服务等当前人民群众最为关切的领域。如：杭州智慧城管项目非常重视资源共享，涵盖了各项城市管理职能，例如河道、执法、环卫、公用、固废等，基于政务云平台城市管理水平得到了一定的提升，2014年年底建设智慧能源项目服务的企业高达2400家。宁波作为智慧医疗项目的试点城市，解决了排队时间长，诊断取药麻烦、挂号时间长、看病难等问题，也为大处方、大检查、重复检查等问题的解决提供了一定的帮助，2014年年底宁波市已有11个市县区、37个医院覆盖了智慧医疗项目。"智慧高速"是浙江省启动的智慧城市建设试点首批13个项目之一，"智慧高速"极大提高处理突发事故的效率和高速公路应急响应速度，虽然车流量呈增多趋势，每年新增15%，但是拥堵时间比以往减少了21个小时，事故率减少了10%，为统一指挥调度提供了很大的帮助，使公众高速出行更加便捷。今后，可以通过网站、微博、微信等工具24小时实时查询省内高速公路拥堵情况，另外还可以查询多种信息，例如服务区、景点、即时路况、沿途收费站等。在项目建设过程中，"12122"电话呼叫系统也更加完善，咨询投诉主要由"指挥中心"集中受理，而高速应急救援事故则由各地呼叫中心处理。

5.2.2　大数据管理导向

1. 技术架构一体化

新型智慧城市是一个开放的复杂巨系统，必须按照一体化思路进行设计，才能解决建设过程中产生的碎片化问题。在建设智慧城市时，数据是整个建设的前提和基础，同时也是最为关键、重要的资源，如果失去了数据，那么建设智慧城市的整个过程将变为无本之木。结合当前最新的"云平台+标准"的技术架构，在充分利用城市已有建设成效的基础上，建议构建一个包括"三层两纵"的一体化模型，"三层"中第一层为信息化基础设施支撑，第二层为基于云平台的城市共性平台，第三层为智慧应用。"两纵"是保障新型智慧城市建设成效的两大保障机制，即网络安全和体制机制。

信息化基础设施支撑层主要是指构建一个涵盖全面感知网、通信网络和计算存储资源的集约化智慧城市支撑体系，结合超算中心超级计算能力，为新型智慧城市建设统一提供计算、存储、网络、物联感知等资源服务。智慧应用是指基于统一支撑体系和城市大数据中心，推进公共服务（包括政务服务、医疗、教育、社区服务等）、公共安全（包括公安、应急、安全生产等）、城市治理（包括交通、环保、水务、城管等）、智慧产业（包括智慧园区、智慧工厂、创新服务平台和大数据产业等）四大领域应用工程建设，并与智慧城市运行管理中心实现联动协同。

2. 政府统筹管理

在推进新型智慧城市建设过程中，按照"共用、通用、专用"的思路，进一步加强统筹协调，更好地促进协同和联动。一是在信息化支撑体系上构建业务应用，避免单独建设、重复建设；二是对于覆盖广的应用，如行政审批、安全生产、应急指挥等，应统筹规划建设，并建立联动机制，实现横向到边，纵向到底，不搞单独建设。三是统筹建设智慧城市运行管理体系，实现运行管理中心的互联互通和业务协同，建立新型智慧城市运行管理机制。完善新型智慧城市工程建设相关的各类制度法规和标准规范，针对业务协同、部门信息共享加快和加强相关规范和标准的制定，对相关实施细则、技术标准进行不断改进和完善，比如信息系统接口标准、基础信息采集等。

新型智慧城市主管部门负责智慧城市建设的统筹规划、信息基础设施管理、城市运行管理、跨行业需求研究论证、综合协调、监督管理和指导。协助全市新型智慧城市主管部门承担顶层设计、标准规范设计、跨行业集成及验证，确保各行业系统按照统一的架构和标准开展建设，建成后能够实现互联互通、数据共享和业务协同，切实提高整体建设成效。

3. 数据资源共享

统筹建设物联感知、通信网络、计算存储等基础设施，面向政府、企业和社会提供基础设施资源服务，促进基础资源共享使用，避免重复建设；统一建设、分步部署通用功能平台，向上层应用提供统一的服务支撑，在此基础上快速开发部署，实现应用集成。提出政府机构数据开放管理规定、数据安全和隐私保护法规，制定政府采购信息服务目录，以充分发挥信息产业优势，促进社会力量共同参与应用服务建设。针对数据开放，对其安全性、原则、范围、边界进行界定和明确，基于风险的评估和数据的梳理，完成数据开放计划的制定和实施，从而对开放的领域、流程、机制予以确定，面向社会和其他部门合理、适度地公开数据资源。使市场主导作用得到充分发挥，更有效地开放和利用数据资源，更好地实现产业创新、大数据技术的发展。城市大数据的分析利用可以在经济运行、应急指挥、发展规划、舆情监控、市民服务、政府治理等领域发挥重要作用。

4. 优化运营管理模式

新型智慧城市当前面临的问题实际上并不是投入问题、技术问题，而是体制机制问题，应紧紧围绕新型智慧城市目标，准确把握"无处不在的惠民服务、精准精细的城市治理、融合创新的产业经济、低碳绿色的宜居环境、智能集约的基础设施"的内涵，重点从加强一体化设计、强化政府统筹管理、推动信息共享、优化建设模式、提升项目管理能力等方面解决制约新型智慧城市建设的体制机制因素，发挥政府的顶层设计和统筹协调作用，提高城市治理水平和服务质量，在各个环节中秉承"以人为本、智能服务"

的宗旨，使居民生活水平、健康水平、现代文明素质、经济发展和管理质量，以及城市运行效率得到显著提升，增强城市的综合承载能力，更快地转变经济发展方式，同时形成全新的经济发展路径，以及生活、运行、服务、管理等新模式，最终使城市形态具有绿色、幸福、智慧、可持续的特点，以达到绿色、智能、可持续发展的目的。

新型智慧城市投资、创建主要目的就是实现智慧城市运营，只有智慧城市工程顺利地运营，才能够对城市居民进行服务。在政府加平台公司的模式中，能够有效实现统一调度、集中管理运营模式。利用政府政策引导，平台公司实现智慧城市运营平台的创建，并且实现基本生活服务、基础设施服务及其他增值服务运营的统一协调，不仅能够使管理成本得到降低，还能够利用大数据的收集深入分析。智慧城市中的模块能够利用信息集成有效实现信息服务和交换，将全部数据集成到数据中心存储。在横向方面利用系统支撑提供一体化的硬件、软件运行及服务，利用数据中心提供统一的数据支持，之后利用信息集成有效集成，通过门户能够实现整体的统一化。不同智能子项之间创建共享数据资源，有效促进集约发展，实现业务优化，提高管理的效率。

第6章　新型智慧城市信息建模

6.1　城市信息建模基础

6.1.1　时空基准与网格索引

时空基准是指时间和地理空间维度上的基本参考依据和度量的起算数据。时空基准是经济建设、国防建设和社会发展的重要基础设施，是时空大数据在时间和空间维度上的基本依据。空间基准，即大地基准采用2000国家大地坐标系，高程基准采用1985国家高程系统。时间基准，即日期采用公历纪元，时间采用北京时间。

利用基础时空网格体系，为多源异构数据建立面向内容的统一时空网格索引，使得前端应用可以按照时空网格调用数据资源。基础时空框架包括基础空间网格、基础时间网格、地名地址对象网格，多级时空网格体系是组成此框架的基本结构，网格以编码的形式存储在数据库中。此框架定义的基础时空网格规则，是时空决策数据的组织依据和时空分析的基本单元，也是数据融合的标准体系。

基础时空框架与具体数据无关，网格划分是静态的，不会因城市扩张、行政区划合并、撤销、分割等情况而改变，不同时间的信息网格具有空间可比性，可方便地进行时序分析。同时，各种量化的统计指标都基于共同的基础时空框架，以便于不同行业的统计数据进行时空对比分析。

（1）基础空间网格及编码

基础空间网格是面向智慧城市专门设计的一套多级、多尺度、统一的地理空间网格体系，包括空间网格划分规则和编码规则，为数据融合、调度、分析提供了统一的基础。基础空间网格编码应包含空间位置信息及层级关系，以便通过编码解析位置和尺度。

（2）基础时间网格及编码

将连续的时间离散化，形成多尺度基础时间网格，作为时间维度组织数据的一种方式，它是以时间为线索进行数据检索和融合的基础框架。基础时间网格编码应该包含多尺度时间信息，以便解析编码中的时间粒度和时间值。

（3）地名地址对象网格及编码

地名地址对象网格是地名地址空间范围的网格表达，是基于基础空间网格的网格集合。地名地址是智慧城市的公共基础数据，将其进行网格化的目的，是可以将地名地址作为数据汇集、统计和分析的基本空间单元。地名地址对象网格编码以基础空间网格编码为基础，记录地名地址的区域范围信息。

6.1.2　三域标识

将结构化、非结构化的大数据，注入时间、空间和属性，"三域"标识是平台时空信息大数据建设的基本特征，其中时间标识注记了该数据的时效性，空间标识注记了空间特性，属性标识注记了隶属的领域、行业、主题等内容。静态信息建设"三域"标识的基本要求为：

（1）矢量数据：逐条记录建立"三域"标识，主要包括地名地址、兴趣点（POI）、建筑物实体、道路线、房屋分层分户码、电子地图、网格7类数据；

（2）影像数据：对影像数据进行整理，建立历史影像元数据库，逐条记录并建立"三域"标识；

（3）精细三维模型数据：逐个模型建立"三域"标识；

（4）新型产品数据：数字侧视地图和倾斜摄影成果依据数据生产时间构建时间序列，形成客观世界的连续快照；360度街景逐点位建立"三域"标识；机载激光点云按1∶2000比例尺，50cm×50cm正方形分幅建立"三域"标识。

静态信息时间标识建立的主要依据是：若数据具有完整的原始元数据信息，则从原始元数据信息中提取相应的生成时间用作时间标识；若没有原始元数据信息，则将数据生成年份作为时间标识（图6-1）。

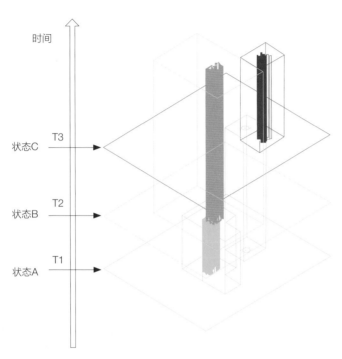

图6-1　面向对象按时间切片标记时间域

6.1.3　元数据标准

元数据标准（Metadata Standards）是描述某类资源的具体对象时所有规则的集合。不同类型的资源可能有不同的元数据标准，一般包括完整描述一个具体对象所需的数据项集合、各数据项语义定义、著录规则和计算机应用时的语法规定。如表6-1所示。

元数据字段标准   表6-1

序号	字段名称	字段类型	描述	约束/条件
1	F_MC	TEXT（60）	产品名称	必填
2	F_SCDW	TEXT（60）	产品生产单位	必填
3	F_SCRQ	Date	产品生产日期	必填
4	F_GS	TEXT（60）	数据格式	必填
5	F_SJMJ	TEXT（60）	数据密级	必填
6	F_FW	TEXT（60）	数据范围	必填
7	F_ZBX	TEXT（60）	平面坐标系	必填
8	F_ZBDW	TEXT（60）	坐标单位	必填
9	F_GCJZ	TEXT（60）	高程基准	必填
10	F_SYQDW	TEXT（60）	产品所有权单位名称	必填
11	F_YSJZZ	TEXT（60）	元数据作者	必填
12	F_ZLPJ	TEXT（60）	数据质量评价	必填
13	F_BZ	TEXT（255）	备注	选填

（1）数据目录规范

数据提供标准应遵循政务资源管理平台表目录编排要求，需要包含信息编号、信息类名称、提供方式（数据表导入/数据库对接/数据服务接口）、共享周期（每周/每月/每季度/每年）、数据领域、信息项名称、共享开放属性（无条件公开/无条件共享/条件共享/不共享）、对应数据格式等（表6-2）。

数据表编目样例			表6-2
信息编号		信息类名称（必填）	交通、邮电行业统计信息
提供方式（数据表导入/数据库对接/数据服务接口）	数据表共享	共享周期（必填：每周/每月/每季度/每年/其他_____）	每月
数据领域		情况说明	
开放方式（在线查询/接口调用/表格下载）			
信息项名称	共享开放属性（必填：无条件公开/无条件共享/条件共享/不共享）	对应数据格式	备注
指标名称	无条件公开	VARCHAR2（100）	
累计增减幅度	无条件公开	VARCHAR2（10）	
统计月份	无条件公开	VARCHAR2（50）	
本月止累计	无条件公开	VARCHAR2（10）	
计量单位	无条件公开	VARCHAR2（100）	

（2）基于块的全息数据模型

信息技术高速发展和万物互联时代，有一个明显的趋势：物理世界和与之对应的数字世界将形成两大体系，平行发展、相互作用。未来，数以百亿计的事物将以数字孪生形态呈现，即每个事物将分为两部分，一部分是实体，存在于物理世界，另一部分是实体的数字孪生体，存在于数字世界。

数字孪生，是通过对物理世界的人、物、事件等要素数字化，在网络空间再造一个与之对应的"虚拟世界"，形成物理维度上的实体世界和信息维度上的虚拟世界同生共存、虚实交融的格局，通过数字化方式为物理对象创建虚拟模型，来模拟其在现实环境中的行为。随着物联网技术的发展，物理世界的参数通过传感器反馈到数字世界，完成仿真验证和动态调整已经成为可能。数字世界服务物理世界，物理世界因为数字世界而变得更加美好。

空间框架是连接物理世界与虚拟世界的连接器。不论是强调时还是空，不论连接大数据（时空大数据）还是连接物联网（实时空间数据），不论是激光点云、倾斜摄影、街景、空中全景，还是视角三维，其核心都是空间框架，必须与物理世界一一对应，全面覆盖，同步更新，可计算，支持城市实体与事务在虚拟世界中的定位、寻迹、空间融合分析，格网边运算与信息分发，场景快速构建与信息提取。

综上所述，时空大数据可分为时空与大数据两个部分，首要任务是搭建与物理空间相平行的虚拟城市空间及其立体格网来构建全息空间数据模型，支撑各类专题数据叠加在其上、其中，真正形成动静相宜的时空大数据体系，从主动服务向泛在服务、智能服务跃进。

具体来说，时空大数据主要包括时序化的基础地理信息数据、公共专题数据、智能感知实时数据和空间规划数据，构成智慧城市建设所需的地上地下、室内外、虚实一体化的时空数据资源。智慧城市建设中智慧的体现关键在于联想与预测：关于人的行为和事件的知识都与泛在的人、事、场所、设施和组织的位置关联，即全空间信息表达。集成基础时空数据对物理空间、信息空间和社会空间进行深度融合，建立地上地下、室内外、虚实一体化的全息数据模型。我们需要建立的全息模型在空间尺度上包括从微观（如室内体育竞技场）到宏观（如城市空间）的空间范畴，在空间内涵上包括人机物混合的三元世界，在信息内容上包括事物信息和认知信息等多维信息，在信息特征上包括时间、空间形态、属性、认知、行为等，多元特征是一种多粒度时空对象模型，其建立流程是一个极其复杂的过程。全息数据模型将融合智慧城市建设中几乎所有的时空数据资源，实现对地上地下、室内外、虚实时空大数据的一体化管理（图6-2~图6-4）。

除此以外，对块上的各类专题信息，除了记录时间、空间属性，还进一步按照对象生命周期串联多维度特征信息，真正实现全息构建、全景画像分析（图6-5）。

另外，在国内很多地方的智慧城市建设过程中，基于"二标三实""四标四实"模型来构建智慧城市核心基础数据框架的做法得到普遍共识和重视。通过采集、调查、核实、比对等形成"四标"数据，然后在此基础上，对"四实"数据进行清洗、整合、规范，将网格内的人、地、事、物、组织等信息全部纳入统一的、纵横关联的数据平台，最终形成政府部门和企事业单位共享共用的一张图。从以上过程也可以看出，基于块的全息数据模型也非常适用于构建智慧城市以"四标四实"为核心的数据框架（图6-6）。

精细化管理对于政务大数据组织的要求

图6-2　基于块数据组织支持精细化管理

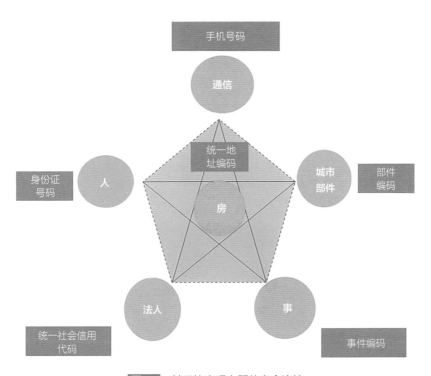

图6-3　基于块实现专题信息全连接

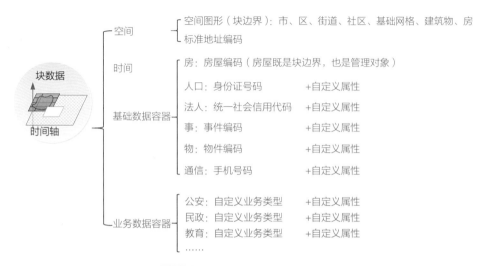

图6-4　块上的核心要素信息结构

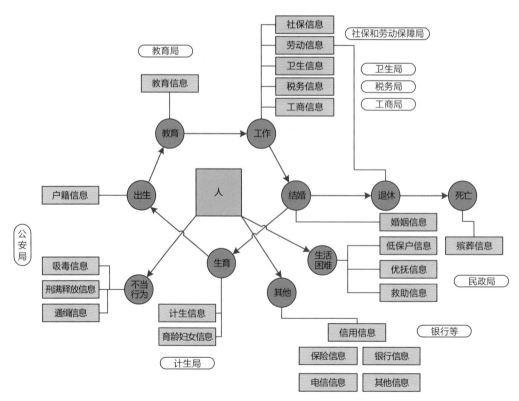

图6-5　对象全生命周期数据模型

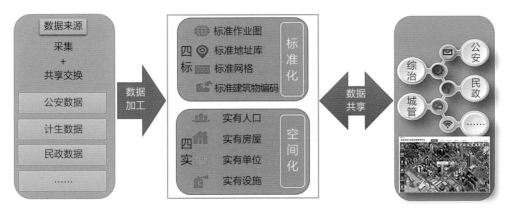

图6-6　基于块的全息数据模型构建智慧城市"四标四实"核心数据框架

6.2　新型时空数据构造

6.2.1　数字正射影像数据（DOM）

基于现有或新建的数字正射影像数据建立全市域多尺度、多分辨率的影像数据库。利用高分辨率数码航摄资料，采用LPS、ORIMA等软件进行加密。利用已有的数字高程模型数据库（DEM）的数据，采用数字摄影测量系统进行单片正射影像生产，经过色彩预处理、影像整体拼接、人为干预编辑等工作最后生成数字正射影像图。整个生产过程中严格质量控制保证数据成果指标满足技术要求，如图6-7所示。

6.2.2　建（构）筑物数据

建（构）筑物数据，按要素数据集（Feature Dataset）和要素类（Feature Class）组织，每个要素数据集包含一个或多个要素类，每个要素类就是一个建筑物，对要素类增加时间属性字段，每个要素赋上数据的采集时间、入库时间。同时对建筑物要素进行编码，与地名地址数据关联，与房屋号以及室内分层分户信息关联。通过整合国土、房产的地上建筑物数据，覆盖城区部分区域。针对地上建筑物数据进行统一编码，添加时间属性，构建时空建筑物数据库（图6-8）。

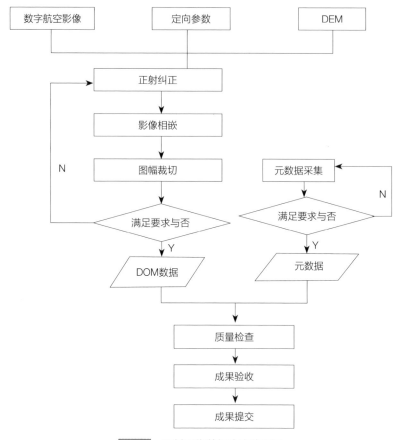

图6-7　正射影像数据生产流程图

　　建筑物时空数据库的建库流程如图6-9所示。

　　数据获取，即获取建筑物数据普查的成果，建筑物数据普查已单独立项。数据处理，即对普查数据成果进行处理，包括空间一致性处理及属性提取，去除涉密信息。时空化处理，即对数据进行时空化处理，包括统一建筑物编码、添加建筑物采集时间、建筑物建设年代等时间属性，构建时空数据库，并通过编码与精细化三维模型库实现关联，通过空间位置与倾斜三维模型库实现关联，解决倾斜三维模型无法单体化的问题。

　　建筑物数据虽然属于专题数据范畴，但其需求程度高，建议由国土局统一负责更新，更新手段一方面可以通过组织数据普查进行批量更新，另一方面可以与国土局土地发证和房产局房产发证结合，实现房屋数据随业务的动态更新。

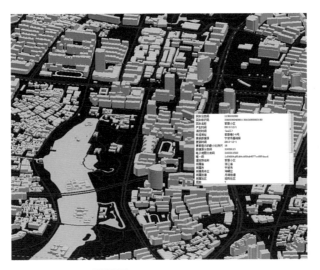

图6-8 三维建筑数据展示

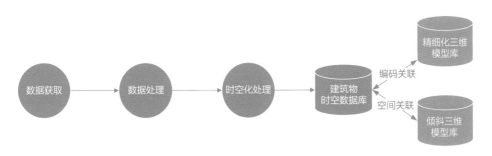

图6-9 建筑物时空数据库建库流程

6.2.3 城市三维模型数据

（1）地形模型

地形模型，即用于表达地面的起伏形态的三维模型，包括几何数据和地表纹理数据两部分。地形模型库依据是否用于可视化表现可以分为源数据分库和表现分库。源数据分库又根据类型分为数字高程模型子库和正射/真正射影像子库，数字高程模型子库又因格网间距不同分为若干层，正射/真正射影像子库也因分辨率不同分为若干层。表现分库也根据类型分为数字高程模型子库和正射/真正射影像子库，二者又可分为多级等尺寸的瓦片。地形模型库逻辑架构见图6-10。

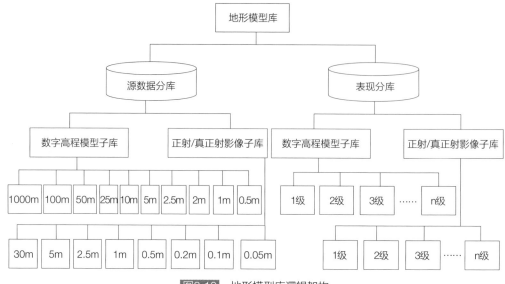

图6-10　地形模型库逻辑架构

（2）要素模型

要素模型，即地理要素的三维模型，可以分为七大类，分别是建筑物模型、道路模型、水系模型、植被模型、地面模型、地下空间设施模型以及其他模型。要素模型库依据是否用于可视化表现可以分为源数据分库和表现分库。源数据分库又根据要素分为建筑物、道路、水系、植被、地面、地下空间设施及其他七个模型子库，各模型子库存放原始三维模型，每个模型含有几何、属性和纹理三类信息。表现分库按要素也可分为上述七个模型子库，各模型子库存放用于三维可视化表现的模型，每个模型通过唯一编码与原始三维模型——对应，并含有LOD1、LOD2、LOD3、LOD4和LOD5五个不同表现等级的模型。要素模型库逻辑架构见图6-11。

（3）仿真三维地图

仿真电子地图以其直观的仿真地形、地物代替了抽象的二维地图符号。这使得地图突破了传统的地理信息符号化、空间信息水平化和地图内容凝固化、静止化、平面化的状态，在进入了动态、多维的可交互的地图条件下，通过直观的方式模拟人的地理空间认知方式以及进行各种空间地理分析的阶段。与之相适应，地图制图从传统的地图符号的选择、制作、组织协调和绘制转变为仿真地形、地物的构建以及分析应用模型的建

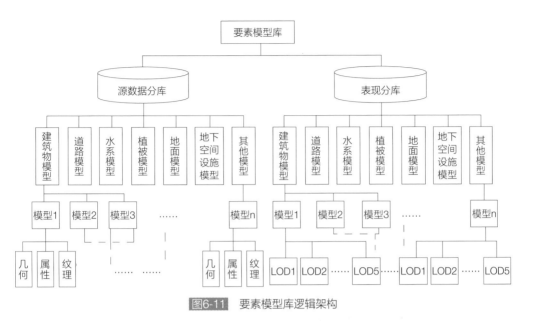

图6-11　要素模型库逻辑架构

立。这一变化也使地图学理论从单纯的地图传输理论、地图语言理论以及地图认知理论转变为在仿真虚拟地理环境中，模拟人在自然地理环境中（包括地下、地面、空中）进行地理认知、空间地理分析应用的理论研究。所以，仿真技术在地图学上的应用贯穿了传统的制图和利用地图进行分析应用的全过程。

　　仿真三维地图模型可分为建筑模型、交通设施模型、地表模型和其他模型，如图6-12所示。

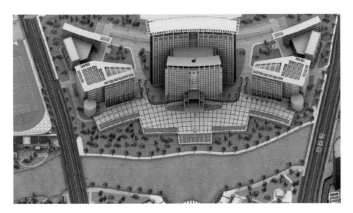

图6-12　仿真三维地图

（4）激光点云数据

激光点云也称为"点云"，利用激光在同一空间参考系下获取物体表面每个采样点的空间坐标，得到一系列表达目标空间分布和目标表面特性的海量点的集合，这个点集合就称为"点云"（Point Cloud，图6-13）。

机载LiDAR（Light Detection And Ranging）是快速获取高精度地形信息的全新手段。与传统的航空摄影测量相比，其优点在于能够部分穿透植被遮挡，直接获取真实地面点的三维高精度信息。但LiDAR采集数据具有无拓扑盲目性，因此原始点云数据中还包括建筑物、植被等非地面信息，须进一步采取一定算法对激光点云数据进行分类。点云数据自动分类是利用激光点云数据处理的相关软件运行各种算法进行自动分类，具体流程图如图6-14所示。

图6-13　城市立面激光点云

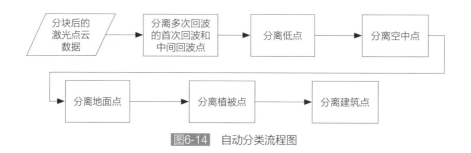

图6-14　自动分类流程图

GNSS和惯性导航组合技术的发展带动了倾斜摄影测量技术（Oblique Photography Technique）的飞速发展。倾斜摄影测量技术是新一代基于多角度观测的摄影测量技术。它主要包括倾斜摄影数据获取技术和数据处理技术。倾斜摄影数据获取部分一般由4个倾斜摄影相机和1个垂直摄影相机构成，与

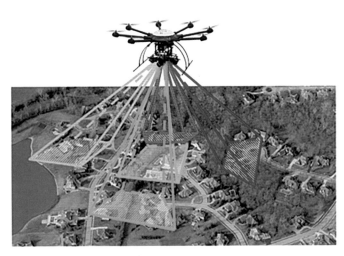

图6-15　倾斜摄影拍摄原理

GNSS接收机、高精度IMU进行高度集成。摄影相机用来提供影像信息，而GNSS、IMU则分别提供位置和状态信息。基于倾斜摄影测量获取的影像能从空中进行地物测量、浏览与标注；能从正下方、前、后、左、右五个不同角度获取地物正面和侧面的真实纹理，能够真实地反映地物情况，高精度地获取物方纹理信息，如图6-15所示。倾斜摄影测量技术还可通过先进的定位、融合、建模等技术，生成真实的城市三维模型，大大降低了城市三维建模的成本。倾斜摄影技术的出现给城市三维模型建设带来了新的契机。

倾斜摄影技术在数据获取完成后，首先要对获取的影像进行质量检查，对不合格的区域进行补飞，直到获取的影像质量满足要求。飞行过程中存在时间和空间上的差异，影像之间会存在色偏，这就需要进行匀光匀色处理。进一步进行几何校正、同名点匹配、区域网联合平差，最后将平差后的数据（三个坐标信息及三个方向角信息）赋予每张倾斜影像，使得它们具有在虚拟三维空间中的位置和姿态数据，至此倾斜影像即可进行实时量测，每张斜片上的每个像素对应真实的地理坐标位置。

非单体化的模型成果数据，后面简称倾斜模型，这种模型采用全自动化的生产方式，模型生产周期短、成本低，获得倾斜影像后，经过匀光匀色处理等步骤，通过专业的自动化建模软件生成三维模型，这种工艺流程一般会经过多视角影像的几何校正、联合平差等处理流程，可运算生成基于影像的超高密度点云，点云构建TIN模型，并以此生成基于影像纹理的高分辨率倾斜摄影三维模型。如图6-16所示。

图6-16   高分辨率倾斜摄影三维模型

（5）高光谱数据

高光谱成像技术突破了传统成像能力，能够对不同物质成分的光谱特征进行识别，谱段数可由几十到几百个，光谱分辨率可以达到纳米级，从而使得在光谱域内进行遥感定量分析和研究细微特性成为可能。例如：通过光谱遥感，我们可以分辨出农田里种的是土豆还是红薯，分辨出同样颜色不同品种的水稻，分析全球的农林作物植被分布和长势信息，甚至进一步估计全球粮食产量（图6-17）。

（6）360度街景数据

360度街景数据不是一种经过修饰、裁剪的测绘产品，而是以高清晰度、高分辨率影像的方式来直接反映制图物体以及自然环境的原貌，它既包含了所要量测的目标地物信息，又包括了与之有着物理相关关系的各种自然和社会化信息。对于专业用户而言，既可从数字实景影像中提取所需要的业务要素，又可进行数据的挖掘，更好地满足管理与决策上的高级应用。对于公众而言，影像是客观世界最直观和最真实的写照，最易理解的"数字城市"，可直接回答公众有关城市地理信息方面的问题（图6-18）。

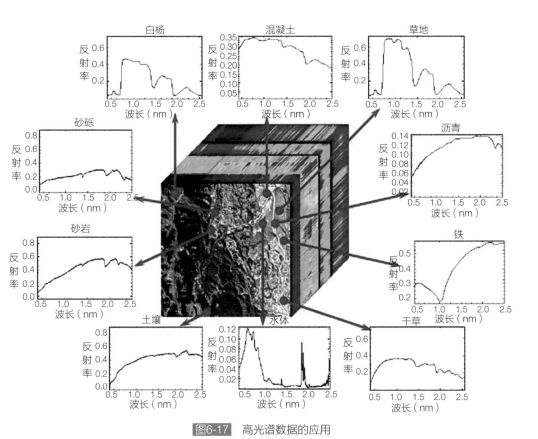

图6-17　高光谱数据的应用

图6-18　全景拍摄技术示意图

在全景相机拍摄全景图片过程中，GNSS同步测量和记录了所拍全景图片的地理坐标，坐标信息与全景图片的帧号一一对应。图片坐标处理主要包括数据入库、点位抽稀、地图展点、点位补漏等。该数据处理流程如图6-19所示。

（7）室内三维模型

室内三维模型可分层、分户制作，其制作方法与室外三维模型制作方法类似，目前主要有基于工程测量图的三维建模和基于三维激光扫描的三维建模两种方法。基于工程测量图的室内三维建模是利用已有的工程测量档案数据，并辅助外业拍照资料，采用三维建模软件进行模型制作。工程测量档案数据包括建筑规划设计档案、竣工验收档案、房产登记档案等。

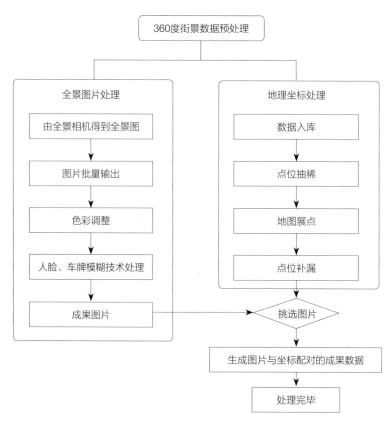

图6-19　360度街景数据处理流程图

6.3　城市信息模型的存储与管理

6.3.1　模型数据存储

新型智慧城市关注的不仅是数字化程度，更是信息繁荣程度，即用信息资源重现城市管理的场景。新型智慧城市信息建模不仅包括基础测绘、地理国情普查（监测）和数字（智慧）城市数据成果，还将对接交通、统计、环保、规划、水利、旅游、教育、文化、国土、气象等政府部门的行业信息资源，从而提升平台的综合时空信息服务能力。

（1）分区汇聚

时空信息资源蕴含时空信息的汇聚、整理、管理，实现其获取、分类、编码、编辑、浏览、查询、统计、分析、表达、输出、更新等管理、维护与分发功能的软件以及支撑环境等。时空信息数据库建设是采用目前主流成熟的技术，汇聚并处理跨部门、跨行业的数据资源，实现时空信息数据的实时更新，并通过数据分析与挖掘技术，为不同层次用户提供面向应用的地理信息服务。

时空信息资源库建设具体的逻辑架构如图6-20所示。时空信息资源库建设过程中涉及的物联网节点实时数据，可与各部门物联网进行对接，以机器自动化或者半自动化的形式完成现有专业数据库的对接，通过空间挂接和地名解析匹配技术，进行文本信息的空间化。

（2）汇聚区

汇聚区通过离线拷贝及在线对接的方式汇聚城市运行服务各方面的资源。汇聚区在时空信息资源建设中提供时空信息数据的汇聚和时空标识，主要完成结构化数据、半结构化数据和非结构化数据的采集，包括时空信息基础数据等时空信息数据，并以分布式文件管理方式和分布式数据库管理方式进行存储。时空信息资源的汇聚包括静态数据汇聚、动态数据汇聚。

汇聚区需对时空信息数据赋予时间属性，矢量数据要逐要素、影像数据要针对分库、三维数据要逐模型、地名地址数据要逐条、其他新型产品数据要按类型增添时间信息，具体步骤包括：①选择现势性较好的基础地理信息数据，按照数据类型分别添加时间属性。②建立地理实体时间属性的更新机制，通过各政府部门日常业务办理对地理实

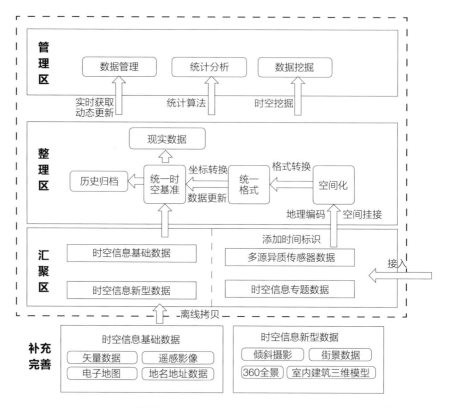

图6-20 时空信息资源建设逻辑架构

体发生重大变化的时间节点进行记录，并实现动态更新，通过每年开展的修补进行补充更新。

6.3.2 存储基本策略

空间数据库引擎为结构化的空间数据提供了存储及管理基础，但时空大数据平台中不仅包括结构化的空间数据，还包括海量的半结构化、非结构化（文本图像视频等格式数据）的时空大数据，这些都是智慧城市建设中重要的数据资源。因此，云平台将建立时空大数据引擎，以支持结构化、半结构化和非结构化时空大数据的融合存储和一体化管理，并克服时空大数据存在的存储与访问效率低下的问题，满足高并发、大数据量下的实时性要求（图6-21）。

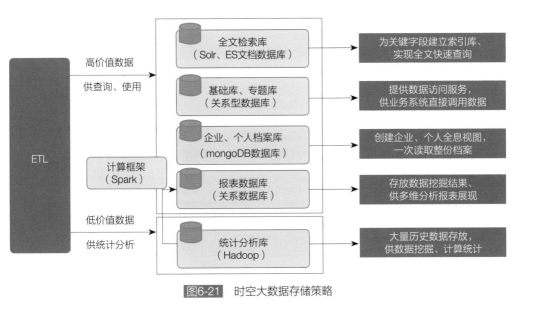

图6-21　时空大数据存储策略

（1）静态时空数据

既有结构化数据也有非结构化数据。结构化数据包括矢量数据、影像数据、格网数据、建（构）筑物数据、地名地址类数据（地理编码）以及业务表格等，主要以"空间数据引擎+关系型数据库"存储，其中地名地址类数据（地理编码）存储需要严格依据标准，对数据的组织，按行政区域地名、街巷（道路）名、门牌号、小区名、标志物名、兴趣点名和门（楼）址等进行存储。非结构化数据包括切片数据、影像数据、三维模型、激光点云、倾斜摄影、360度街景数据以及其他新型产品数据等，主要以集中存储NAS或分布式文件存储HDFS进行储存。

（2）动态时空数据

既有结构化数据，如转换解析后的动态运行数据、传感器数据、媒体数据，以及历史地理信息数据、远景规划地理信息数据，可采用"空间数据引擎 + 关系型数据库"存储，又存在大量与传统地理空间数据完全不同且实时变化的传感器数据、移动对象轨迹、文本数据、图片、视频等数据，这些数据可采用集中存储NAS或分布式文件存储HDFS进行存储。

各子库的数据录入时都要录入元数据信息，以提高查询检索效率，元数据统一存储在关系型数据库中。存储设计如图6-22所示。

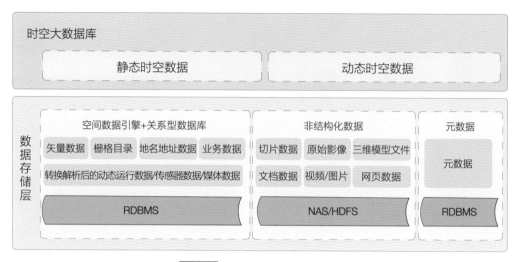

图6-22   时空大数据库存储设计

（3）基于Hadoop和Spark的信息模型数据存储与计算

1）HDFS分布式文件系统

HDFS（Hadoop分布式文件系统）是运行在通用硬件上的分布式文件系统，平台可采用基于HDFS2.2的大数据存储和在线服务系统，兼容现有Hadoop2.0稳定版本，支持文件数据、流数据、互联网数据的分布式存储与计算，同时支持Erasure Code以及HDFS文件加密。HDFS提供了一个高度容错性和高吞吐量的海量数据存储解决方案。HDFS已经在各种大型在线服务和大型存储系统中得到广泛应用，已经成为海量数据存储的事实标准。

HDFS通过一个高效的分布式算法，将数据的访问和存储分布在大量服务器之中，在可靠地多备份存储的同时，还能将访问分布在集群中的各个服务器之上，是传统存储架构的一个颠覆性的发展。NameNode管理元数据，包括文件目录树，文件→块映射，块→数据服务器映射表等；DataNode负责存储数据以及响应数据读写请求；客户端与NameNode交互进行文件创建/删除/寻址等操作，之后直接与DataNodes交互进行文件I/O。

采用NameNode HA方案保证HDFS的高可靠性，始终有一个NameNode做热备，防止出现单点故障问题。采用QJM的方式实现HA，文件系统元数据存储在高可靠的由

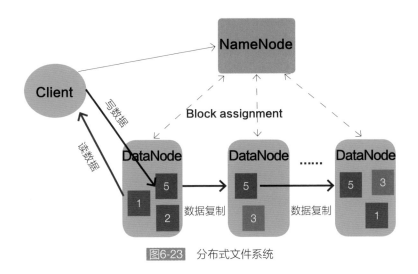

图6-23 分布式文件系统

JournalNode组成的集群上。同时当数据量太大导致单个NameNode达到处理瓶颈时，提供HDFS Federation功能，不同的NameService（由NameNode组成）处理挂载在HDFS上不同目录下的文件。

HDFS通过副本机制保证数据的存储安全与高可靠性，如图6-23所示。默认配置为3个副本，每个数据块分布在不同机架的一组服务器上，在用户访问时，HDFS将会计算使用网络最近的和访问量最小的服务器为用户提供访问。由于数据块的每个复制拷贝都能提供给用户访问，而不是仅从数据源读取，HDFS对于单数据块的访问性能将是传统存储方案的数倍。HDFS支持文件的创建、删除、读取与追加，对于一个较大的文件，HDFS将文件的不同部分存放于不同服务器上。在访问大型文件时，系统可以从服务器阵列中的多个服务器并行读入，增加了大文件读入的访问带宽。由此实现了HDFS通过分布式计算的算法，将数据访问均摊到服务器阵列中的每个服务器的多个数据拷贝之上，单个硬盘或服务器的吞吐量限制都可以被数倍甚至数百倍的突破，提供了极高的数据吞吐量。

HDFS将文件的数据块分配信息存放在NameNode服务器上，文件数据块的信息分布存放在DataNode服务器上。当整个系统容量需要扩充时，只需要增加DataNode的数量，系统会自动地实时将新的服务器匹配进整体阵列之中。之后，文件的分布算法会将数据块搬迁到新的DataNode之中，不需任何系统宕机维护或人工干预。通过以上实现，HDFS可以做到在不停止服务的情况下实时加入新的服务器实现分布式文件系统的容量升级，不需要人工干预文件的重新分布。

2）信息模型数据存储

综合关系型数据库和非关系型数据库的存储优势，经ETL处理基于Spark计算框架建立信息模型数据的全文检索库、基础空间数据库、专题空间数据库、企业法人档案库、报表数据库、统计分析库等，为城市信息模型数据挖掘应用提供存储服务。

3）信息模型数据高并发读写

建成的城市信息模型数据引擎将为信息模型数据提供高并发、高吞吐的数据访问能力，以支撑地理事件及大数据分析；信息模型数据存储可以部署分布式城市信息模型数据、数集群，达到数据安全高可用的目的。同时数据库集群节点可以根据实际需要增加、移除节点，且对数据的使用没有任何影响。

4）信息模型数据的实时、高效分析处理

城市信息模型数据引擎支持信息模型数据的实时、高效分析处理，即可支持海量实时观察的数据并支持高性能、可伸缩高、数据存储集群的存储方式。信息模型数据引擎将搭建时空GIS支撑框架，该框架采用基于Elasticsearch的分布式高效存储和检索机制提供对信息模型数据的高效存储能力。此外数据引擎还建立了应对实时数据流的地理事件处理器，该处理器不仅能支持实时数据源的接入、处理和输出，还可以直接实现对实时大数据的高效接入、分析处理、可视化和实时历史大数据的挖掘分析。地理事件处理器还提供了基于Spark框架的大数据分析工具，可以更快地得到分析结果，这使得时空大数据平台能更好地支持实时大数据的高效分析处理。

6.3.3　信息模型数据管理

（1）数据源管理

数据源管理支持时空数据源的管理和连接。数据源管理包括导入数据源、连接数据源和数据源逻辑组织。导入数据源，即将数据源导入到系统数据库中。连接数据源，即设置连接参数，获取图层数据。数据源逻辑组织，即将物理数据源的任意子集抽象为虚拟的逻辑数据源，并将逻辑数据源以服务的形式分发给终端用户，实现面向不同部门、不同用户群体的定制化数据内容的封装与分发。

（2）动态数据获取

物联网智能感知设备采集的流式数据，种类繁多、数量庞大，源数据存放在专业部门。为促进传感器观测数据集成共享，将传感器信息分为元数据摘要、采样摘要、统计摘要、过滤摘要和语义摘要等多个层次。结合信息处理和网络传输手段，实行分层次管理，而生成的多层次摘要数据主动推送相应节点，这些节点不仅能够接收，而且可动态积累，逐渐形成不同传感器、不同行业、不同空间、不同时相的基于物联网城市信息模型的数据。

通过物联网智能感知设备接收到的种类繁多的海量动态数据，可用于数据挖掘和分析。在数据挖掘与分析过程中，可及时利用动态积累的物联网智能感知设备推送的摘要数据，确有必要，可以通过有线或无线网络调取相应的原始流式数据。

（3）时态管理

系统支持地理实体数据、影像数据、地名地址数据的时态管理。

1）地理实体数据

对每个地理实体数据添加【产生】和【消亡】标志，实现对地理实体的快照，以列表的方式记录地理实体发生变化那一刻的空间信息和属性信息。一个地理实体从产生到消亡可以有多个快照，快照表中含有合并、分裂的字段。如果一个地理实体合并到另一个实体中，则合并记录其目的地理实体的快速ID号。如果一个地理实体分裂成多个地理实体，则记录分裂后形成的多个实体快照ID号。系统提供地理实体数据根据快照ID进行历史回溯、趋势分析，提供按时间或按区域查询地理实体数据。

2）影像数据

影像数据采用连续的时间快照模型进行数据重组，将同一分辨率的不同时相影像，构建影像时间序列，形成客观的连续快照；对具体一个快照，采用紧缩金字塔模型进行空间组织。

3）地名地址数据

对每条地名地址数据添加【入库时间】【采集时间】【命名时间】【失效时间】标识。系统提供根据时间或区域查询地名地址数据服务，当地名地址数据发生更新或失效时，系统将原地名地址数据标识为历史数据。

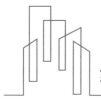

第7章　新型智慧城市时空大数据

7.1　新型智慧城市数据增强更新

7.1.1　城市三维空间数据增强

随着新型测绘技术不断创新与发展，各种新类型的智慧城市三维空间数据产品不断涌现出来，当前智慧城市三维空间数据最有代表性的几种数据分别为：三维地形数据、倾斜摄影三维模型数据、人工精细建模数据、激光点云数据。这几种智慧城市三维空间数据代表了三维空间信息获取和建模技术发展与应用的成果，它们能够支持城市地理空间不同细节程度的表达和展示。三维地形由数字高程模型（DEM）和数字正射影像（DOM）两者叠加进行地形的模拟表达。利用人们对实际地形采样工作获取的数据，根据插值算法对采集数据进行补充，然后将所有高程点剖分成连续的多源面元构建DEM，在此基础上利用数字正射影像图（DOM）对三维地形表面进行纹理映射，构建真实的三维地形效果。该数据适用于整个城市范围的地形场景，对城市地理空间的地形进行表达。倾斜摄影技术是从五个不同方向进行地物影像的同步采集，获取城市地理实体丰富全面的高分辨率影像。将采集到的影像数据与外方位元素相结合进行空三测量、联合平差等处理，通过运算将多角度影像数据转换成高密度点云数据，再进行点云构TIN制作三维模型所需的基本框架，最后将采集的三维模型纹理数据映射到三维模型框架表面，生成城市的实景三维模型。倾斜摄影三维建模的主要优势为：数据采集快，三维建模速度快，可处理大范围的智慧城市三维空间数据，能够较好地对大范围城市地理场景进行快速三维实景建模。人工建模数据是利用专业的三维建模工具，如 3DMAX、SketchUp 等人工生成三维模型数据，根据人们需求生产不同精细程度的三维模型数据，适用于小范围的城市场景表达。

在同一空间参考坐标系中，利用激光照射物体所反射的激光信息进行物体表面采样点坐标的采集，以此获取目标物体表面的大量激光点集合，生成点云数据。激光点云数据主要的获取方式有：车载激光、机载激光以及地面激光扫描。三维激光点云数据能够实现对城市小场景或单个地理实体的精细三维表达，适用于城市小场景和局部实体的可视化表达和分析。

在城市地理空间范围内，新型智慧城市三维空间数据代表了不同细节程度的城市三维场景。将同一城市地理空间范围内支持对城市地理场景多空间尺度表达的新型智慧城市三维空间数据称为城市高场景空间数据。利用地理格网对城市地理空间进行划分，将格网单元作为空间数据组织基准，每个基准格网单元中可组织不同来源、不同空间尺度的智慧城市三维空间数据，即城市高场景空间数据。根据新型智慧城市三维空间数据所表达细节程度和对格网分辨率需求的不同，在基准格网单元的基础上继续进行细分格网剖分，选择合适格网分辨率的细分格网单元作为不同智慧城市三维空间数据的组织单元。

随着科技和社会的不断发展，人类所获取的空间数据以几何级数增长，但是在实际的空间数据变化中，人类难以实时地跟踪发现，不能对发生变化的空间数据进行及时更新，导致数据的现势性得不到很好体现，所以越来越多的国家和城市都将空间数据库的更新和应用作为工作的重点内容。以现行国家标准《地理格网》GB/T 12409 中的经纬坐标分格网作为智慧城市三维空间数据的基准格网，根据智慧城市三维空间数据表达尺度的不同，利用四叉树剖分方式对基准格网继续进行格网细分，以满足多源多尺度智慧城市三维空间数据在基准格网模型中的统一组织。

基准格网模型是智慧城市三维空间数据组织与更新的关键技术，它将城市地理空间以经、纬差为 1′ 的格网分辨率进行地理空间划分，形成多个空间连续的基准格网单元，每个基准格网单元相互连接又构成整个城市地理空间。基准格网模型中的每个基准格网单元可包含一系列的智慧城市三维空间数据，如倾斜摄影三维模型数据、三维激光点云数据、人工软件建模数据等。根据不同智慧城市三维空间数据表达空间尺度的不同，按照三维空间数据不同的格网分辨率要求，将智慧城市三维空间数据组织到基准格网模型不同层次的细分格网单元中。将不同空间数据尺度的智慧城市三维空间数据作为高场景空间数据，利用"地理块"（即格网单元）对高场景空间数据的支持，进行新型智慧城市三维空间数据的组织。将高场景空间数据定义为同一地理空间范围内不同空间数据尺度的多源异构空间数据。将DEM+DOM的城市三维地形数据作为城市高场景空间数据中的大尺度数据，一般被组织到基准格网中；倾斜摄影三维模型数据作为城市高场景空间数据中的中尺度数据；人工软件建模数据作为城市高场景空间数据中的中小尺度数据；激光三维点云数据作为城市高场景空间数据中的小尺度数据；后三种三维空间数据根据实际的数据尺度被组织到基准格网模型的不同细分格网中，如图7-1所示。

对空间实体进行有效的编码工作是空间数据组织的关键，也是空间数据信息查询、检索和数据挖掘的基础。地理格网编码是对每个地理格网单元赋予一个唯一标识ID，该标识ID在系统中具有唯一性和稳定性。基准格网模型以经纬坐标分格网为基准格网，其格网单元本身具有位置属性，利用该特性进行地理格网编码能够较好地表达地理格网的位置和坐标信息，有助于提高智慧城市三维空间数据在数据查询和渲染时的速度。地理格网单元具有离散型、嵌套性、面域性、球面-平面-体性等特征，是多源异构智慧城市

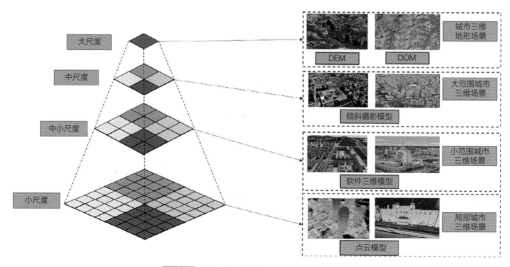

图7-1 基准网格模型的不同细分网格

三维空间数据组织的基础，也是人们对城市地理空间进行多尺度直观认知、交流和描述的基础。基准格网模型由经纬坐标格网和四叉树剖分模型相结合进行构建，经纬坐标格网将城市地理空间划分为多个空间连续的格网单元。

从广义上讲，每个格网单元可作为城市地理空间中的一个"地理块"，它是城市多尺度地理空间中的一个客观存在的地理区域。地理块中包含一系列的地理要素，如地形、道路、河流、建筑物、人工设施等，在GIS中，这些要素分别对应空间数据中的栅格数据或TIN数据、矢量数据、三维空间数据等。依据"地理块"对高场景空间数据的支持以及其在空间上的连续性，进行新型智慧城市三维空间数据的组织。

根据不同智慧城市三维空间数据的数据分辨率、空间范围等情况，将智慧城市三维空间数据划分为大尺度数据、中尺度数据、中小尺度数据和小尺度数据四种，分别对应DEM+DOM、倾斜摄影三维模型数据、人工软件建模数据和三维激光点云数据，以支持对城市地理空间多源多尺度的三维空间数据组织。基准地理格网模型的每一区域中会有地理范围不同、数据尺度不同的多个智慧城市三维空间数据，这些不同尺度的三维空间数据分别在基准格网模型的各级细分格网单元中组织。基准格网模型中的每个格网单元主要包含该空间范围内一系列智慧城市三维空间数据及其元数据信息，通过格网单元纵向进行该地理空间范围内新型智慧城市三维空间数据的集成组织。不同格网单元通过空间位置无缝拼接，组成完整的城市地理场景，实现新型智慧城市三维空间数据的横向组织（图7-2）。

新型智慧城市三维空间数据的关联设计，是智慧城市三维空间数据增量更新中的重要研究内容。基准地理格网模型可对不同数据格式、不同数据分辨率、不同数据地理范围的多源异构智慧城市三维空间数据进行组织与更新。一个地理格网单元中的多种智慧城市三维空间数据在数据格式、数据结构等方面存在差异性，但是它们同属一个地理格网单元，是对该空间范围内不同尺度的城市三维场景表达。当格网单元中的一种智慧城市三维空间数据需要进行更新时，表示该格网单元所对应的城市地理空间范围内的某些地理实体或现象发生了变化，则同属一个格网单元的新型智慧城市三维空间数据均需进行更新。

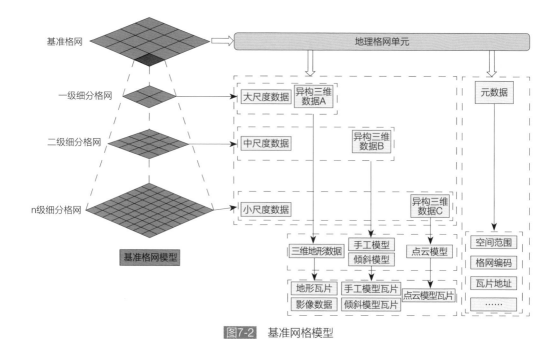

图7-2　基准网格模型

7.1.2　智慧城市三维空间数据库发展

随着测绘技术的不断发展和人们对空间数据需求的不断增加，空间数据库更新问题越来越被人们所关注。智慧城市三维空间数据库的增量更新技术不仅能够降低数据的更新成本，还可使得智慧城市三维空间数据在时间上保持连续性成为可能。当前传统的空间数据库只对最新状态的空间数据进行记录，当地理实体或现象发生变化时，空间数据库也会随之更新，用新的空间数据替换旧的空间数据，并删除历史数据。而时空数据库在对地理实体的现势数据进行更新的同时，也将地理实体过去一切状态的历史数据进行了组织存储，人们可根据需要对不同历史时期的空间数据进行查询检索和回溯。时空数据库在宏观方面主要有以下两个特性：①动态性。传统空间数据库对空间数据进行静态或准静态层面上的管理，即当数据进行更新时用新数据替换全部旧数据，未对历史数据进行保存。而时空数据库在更新空间数据的同时也对历史数据进行了保存，保证了空间数据的连续性，能够反映现实世界的动态变化过程。②全面性。时空数据库包含了地理实体或现象生命周期中所有的空间数据，支持任何时刻或时间段的空间数据查询与检索，这是传统的数据库所不能实现的。时空数据库不仅保持了空间数据在时间维度上的连续性，也为预测预报系统、决策支持系统和其他分析系统服务提供了丰富的历史数据和现势数据。

智慧城市三维空间数据库主要用于新型智慧城市三维空间数据的一体化组织与更新，由现势数据库、历史数据库和缓存数据库三部分组成。现势数据库用于存储当前时期的智慧城市三维空间数据；历史数据库用于存储智慧城市三维空间数据增量更新后的历史数据，存在多个版本的历史基态，是构建时空智慧城市三维空间数据库的重要组成部分，可根据需要对历史数据库中的历史数据进行查询与检索，完成智慧城市三维空间数据的历史回溯；缓存数据库主要用于智慧城市三维空间数据在增量更新过程中，为保证现势数据不被永久性修改或删除，将需要更新的智慧城市三维空间数据暂时存放到缓存数据库中，当智慧城市三维空间数据增量更新完成时，再将存于缓存数据库中的智慧城市三维空间数据进行删除。缓存数据库的结构映射现势数据库结构，与现势数据库结构保持一致（图7-3）。

智慧城市三维空间数据库增量更新的数据模型选用改进的基态修正模型进行设计，原始的基态修正模型只存在一个基态，即历史数据库初始化时数据库状态，之后均以基态数据+差文件的形式完成不同时期的历史数据检索查询。改进的基态修正模型在时空

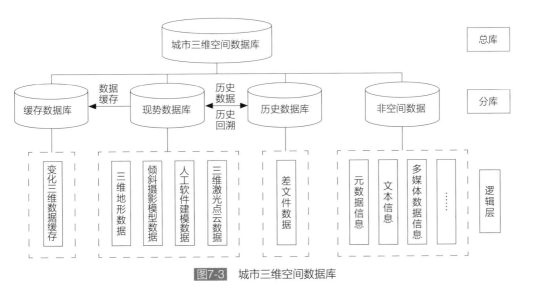

图7-3　城市三维空间数据库

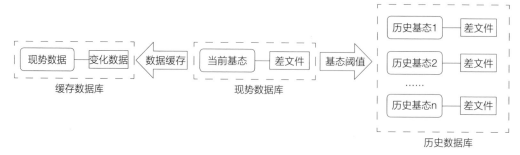

图7-4　数据库更新方式

数据库中通过设定合理的基态阈值建立多个基态。在用户进行查询或检索时，根据当前检索的数据范围，查找与之最近的基态，然后继续查找该基态之后的差文件，不需从历史数据库的开始阶段进行依次叠加查找差文件，很大程度上提高了历史数据的检索和查询速度。根据空间数据库更新的时间跨度、更新内容等方面存在的差异，将空间数据库更新划分为三种模式：定期更新、固定变化程度的更新和增量更新。智慧城市三维空间数据库属于空间数据库的一种，其更新方式与空间数据库更新方式相同（图7-4）。

　　时空数据库是指对空间数据进行空间和时间维度上的数据组织，不仅对现势数据状态进行存储，也包含对历史数据状态的存储。时空智慧城市三维空间数据库将当前智慧城市三维空间数据和历史数据进行分开组织与存放，即分别建立现势空间数据库和历史数据库。现势数据库作为最新数据状态的基态，历史数据库存放不同时期的历史数据（即差文件），包含多个历史基态。以格网单元为基本组织单元，将智慧城市三维空间数据的增量数据组织存放到现势数据库中，完成增量数据的更新。历史数据库是时空数据库建设的重要组成部分，它与现势数据库设计结构相同，同样将格网单元作为历史数据的基本组织单元，为每个格网单元中不同历史时期的差文件添加时间字段。在整个时空数据库中，格网单元是数据组织的基本单位，数据库中的多源三维空间数据都以格网编码ID进行关联。现势数据库中存放当前状态的智慧城市三维空间数据，是当前最新版本基态，而历史数据库中存放不同历史时期的智慧城市三维空间数据，按照时间序列动态组织历史数据。在历史数据库中，以基准格网模型中的基准格网单元为基本单位进行历史数据的组织。当用户根据需求进行历史数据检索时，可根据查询的空间

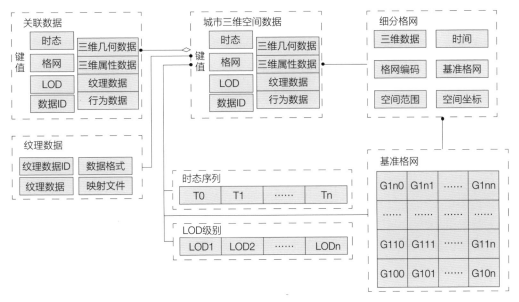

智慧城市三维空间数据库抽象表达

范围和数据类型确定该历史数据所在的基准格网单元和细分格网单元，然后再根据时间信息在细分格网单元中查询对应时期和类型的历史数据，完成历史数据的查询检索工作。

　　图7-5对智慧城市三维空间数据库中各种表关系进行了抽象表达，基准格网作为新型智慧城市三维空间数据的组织基础，每个基准格网单元中包含了其对应的多级细分格网单元。细分格网单元主要用于三维空间数据的组织，通过细分格网单元表中的空间数据ID集合对多源多时期的智慧城市三维空间数据进行外接关联。每个细分格网单元与智慧城市三维空间数据存在一对一、一对多的关联关系。智慧城市三维空间数据对应多个历史时期，以时间序列对格网单元内的智慧城市三维空间数据进行了组织与存储，实现了空间数据库的现势性。

7.1.3　新型智慧城市空间大数据更新

　　当城市地理空间某一区域的地理实体或现象发生变化时，根据发生变化的地理实体或现象的空间位置查找与之相对应的基准格网单元，并对该基准格网单元中所包含的新型智慧城市三维空间数据进行增量更新操作。若基准格网单元中的某一数据类型的智慧城市三维空间数据没有实际的增量数据，可不进行实际的更新操作，但需要建立一个增量信息说明文件，在此增量信息文件中记录该时期发生数据变化情况及相关信息。将增量信息更新到现势数据库后，完成现势数据库的更新。以差文件的形式对历史数据进行组织与存储，将新型智慧城市三维空间数据的差文件存储到历史数据库所对应的格网单元表中。当差文件不断累积达到设定的基态阈值时合并差文件，建立多级差文件索引，并构建新的基态，将更新前的基态作为历史基态，从而完成智慧城市三维空间数据的增量更新（图7-6）。

　　增量信息是智慧城市三维空间数据库增量更新过程中的重要组成部分，它是增量数据的一种数据承载体。增量信息包含了城市地理空间中新旧地理目标的变化内容，是衔接外业变化数据采集和内业数据更新的关键信息载体。增量信息包含了基于现势智慧城市三维空间数据发生变化的数据信息以及时空化的语义即更新操作信息，它是智慧城市三维空间数据进行增量更新的数据信息载体。城市地理场景中地理实体的空间数据或非

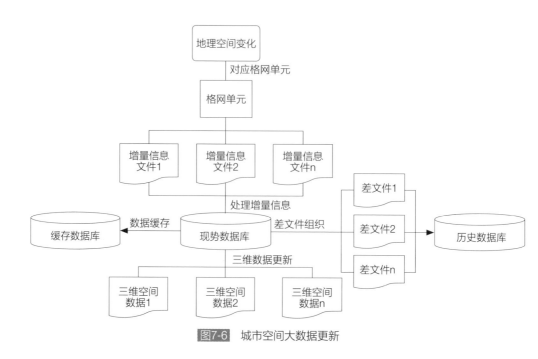

图7-6　城市空间大数据更新

空间数据发生变化时产生的变化数据，需要设计一个信息载体对这些发生变化的地理实体或现象进行数据描述，而这个信息载体称为增量信息。增量信息中应当是对智慧城市三维空间数据变化的快照差、地理事件类型及相关时空语义的描述文件。地理事件是导致地理目标或现象发生变化的原因，地理事件类型可包括"出现""消亡""分割"等。增量信息中应该描述地理事件类型和变化数据，其中变化数据是由于此地理事件而造成的。

传统的序列快照模型是当空间数据变化时，利用最新的数据快照替换历史数据快照，这样的时空数据组织方式重复记录了大量数据特征，随着时间的推移会造成空间数据库严重的数据冗余问题。基态修正模型的初始基态（J_0）为用户选定的某一时刻地理数据的状态，通过获取相对于初始基态的变化数据（∇J_i），利用增量信息进行基态的数据修正，以实现该区域空间数据的增量更新，空间变化的过程可用公式$J_i = J_0 + \nabla J_i$表示。基态修正模型每次只存储发生变化的数据并进行数据更新，减少了数据冗余，能够最大程度地表现地物变化现象，但是随着时间的推移，空间数据变化次数的频繁增加，造成基态修正模型在时空分析和历史数据查询等方面的不足。当用户需要回溯到某一时期的历史数据时，需要从空间数据库中最开始的基态数据进行历史数据的叠加操作，很大程度上降低了历史数据的查询、回溯等操作效率。

智慧城市三维空间数据的区域性变化频率较高，且注重对现势数据的管理和历史数据的可视化，为保证智慧城市三维空间数据的增量更新及历史表达的管理和可视化效率要求，采用基于多基态多级差文件的基态修正模型扩展方法进行智慧城市三维空间数据的增量组织和更新。以现势智慧城市三维空间数据作为最新基态，在时间轴上根据数据使用频率设置部分节点作为历史基态。智慧城市三维空间数据变化部分以差文件的形式进行组织更新，当差文件数量累积到所设定的阈值时，系统进行差文件的合并处理，并为合并的差文件设置索引，构建差文件多级索引模式。

差文件是智慧城市三维空间数据增量更新的关键组成部分，主要用于对智慧城市三维空间数据库更新前后产生变化的三维空间数据进行组织和存储。差文件是时空数据组织中的具有时间属性的数据，通过差文件的组织实现对历史数据在时间维度上的管理，通过调用基态数据和差文件完成对历史数据的查询检索工作。基态修正模型扩展模型通过对差文件的多级合并，建立多级索引，为每一级的差文件添加一个记录变更时间的字段，保证每一级差文件在时间上是连续和无重叠的，通过对多级差文件的索引和逐级遍历获取所需的历史数据。差文件主要是对历史数据的组织与管理，智慧城市三维空间数据以格网单元的形式进行数据组织，故在空间数据变化时同样以格网单元的形式进行增量数据的组织。差文件中的增量数据主要包括以格网单元为单位的智慧城市三维空间数据的几何数据和属性数据。

智慧城市三维空间数据组织方法以格网单元的形式进行智慧城市三维空间数据的组织与更新，基准格网模型中的每一格网单元中可存放一种或多种智慧城市三维空间数据。当基于格网单元的智慧城市三维空间数据进行增量更新时，每一格网单元中会进行多种智慧城市三维空间数据同时更新。上文对新型智慧城市三维空间数据进行了关联设计，每个格网单元中的不同智慧城市三维空间数据都有自己的关联ID，位于同一格网单元内的不同智慧城市三维空间数据具有相同的关联ID，即当前格网单元所对应的格网编码。当某一格网单元中出现一种智慧城市三维空间数据发生增量更新操作时，可获取当前进行增量更新的三维空间数据关联ID，根据该ID查询与之对应的不同层级细分格网单元中的智慧城市三维空间数据，从而实现同一格网单元的多级智慧城市三维空间数据的增量更新（图7-7）。

根据多级智慧城市三维空间数据的关联关系和更新的依赖性特点，对多级智慧城市三维空间数据的增量更新操作进行分析，其具体的更新流程如下：①获取增量信息文件。②从获取的增量信息文件中获取该变化数据在基准格网模型中所属的格网单元，通过该格网单元获取变化数据的关联ID。然后通过该变化数据的关联ID，查找不同细分格网单元中所组织的其他几种智慧城市三维空间数据。③在确定该基准格网单元中所对应的多级智慧城市三维空间数据之后，通过再次获取多级智慧城市三维空间数据所对应的增量信息

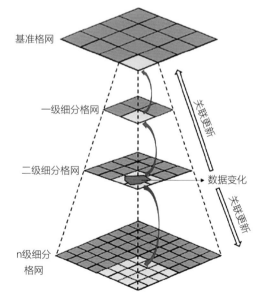

图7-7　数据增量更新示意图

文件，以格网单元为基本单位，格网编码ID为更新信息，对不同智慧城市三维空间数据的增量信息进行更新操作。④当对格网单元中的全部新型智慧城市三维空间数据进行增量信息更新后，再对这些新型智慧城市三维空间数据的历史数据进行处理，分别以差文件的形式组织到历史数据库中。

历史数据是时空智慧城市三维空间数据库中最为重要的一部分，正是因为历史数据的存在，使得智慧城市三维空间数据在时间维度上保持了连续性，能够通过对历史数据的组织叠加实现智慧城市三维空间数据的历史查询和回溯功能。当增量信息文件在数据库中更新完毕后，还需生成相应的差文件数据。当智慧城市三维空间数据增量更新完成后，用户可根据需要对现势数据和历史数据进行综合查询和检索。

7.2　新型智慧城市时空系统

7.2.1　城市时空权利

中国近年来的城镇化进程在有力促进中国经济持续快速增长的同时，也产生了包括城乡二元结构、"城中村"等一系列深层次矛盾。在城市公共物品、共享资源越来越紧缺的情况下，一部分权势阶层不断通过行政垄断或者高价付费的方式获得城市中更多排他性的权利，政府也通过商品化手段不断拔高土地出让价格从中获利，无形之中使得更多的城市居民无法应对高昂的地价和房价而不得不放弃本应该获得的共享资源；更为严重的是在城市结构转型过程中出现的对城市居民身份合法性的质疑，一部分城市居民由于没有取得当地户口或者没有当地固定资产而无法享受当地的公共服务，甚至失去临时居住资格。

在城市社会语境下，行为权和接受权共同支撑着人们从城市中获得排他性力量，由此决定城市居民能否在城市居住、生活、接受教育以及获得社会保障和发展机遇等。城市变迁的过程，不论其涉及空间转向还是社会生态变化，其核心均为城市不同利益者通过其行动权和接受权获得城市利益的过程（或者从城市受损的过程），在权利排他性实践中，具备冲突利益的群体的博弈就可能导致城市表征的问题。因此，城市生产的内在矛盾意味着在城市空间发生生产的过程也是城市居民追求城市的权利的过程。从经济学视角，按照交易成本理论，城市通过聚集效用降低交易成本，保障了生产的效率，因此城市相对于其他形态是更具备持续生产优势的经济体。从政治治理角度，学者们倾向于认可城市科层治理，保证指令的有效性。从经济地理学视角，学者们认为城市是由点及线及面的空间结构，通过"核心—边缘"的有机连接能够在有限的空间距离内获得更多资源的可达性。从哲学角度，城市居民被赋予更多的接触资源、实现个体价值的机会，以保障个体的"空间正义"。

城市变迁实质是一部城市居民为获得这类空间中的一席之地的奋斗与探索史。与所有生态种群一样，人类一直在寻找最合适的生态位，以满足自身生存与发展的需要。作为最基本生存需要的生态位就意味着从空间获得为其生存与发展提供营养结构与庇护结构的其他种群及自然场所。城市以其异质性资源优势，为新进个体以更高的效率、更大的可能性寻找生态位提供了平台，天然形成了城市的磁力。这种资源结构不仅保证了个体生存所必要的条件，同时由于人类特有的思维能力，由此衍生的包括职业、教育、信仰等更高层认知体系也在城市中更好地按照生态系统的演进规则不断形成与发展，从而突破了生态系统的结构体系进而构成了城市的社会系统和经济系统。从组织生产的角度，城市也具备效率和效果优势。在城市出现之前，简单的农业生产主要依附于土地、劳动力以及种植业所需要的营养结构，在这种生产模式下，产品的生产函数主要依靠与自然界的重复试错，因此农业生产往往产品较为单一，并且其自然禀赋特征显著（包括对大片土地和合适的气候条件的要求），严重限制了异质性产品生产的开发。但城市改变了传统的空间和自然的限制，依托更多精炼化的基础性资源的聚集，各类新的生产函数被创造出来，同时优势数量的人口提供了产品的市场，使得城市在相对农村更小的范围内实现了更高的生产能力和生产效率。

但随着城市的进一步扩张，如何在有限的空间内集聚更多的居民逐步成为城市中遇到的难题。空间资源的有限性、空间不断堵塞等带来的交易成本上升等问题，使得局部空间生态位恶化，生产的边际收益下降。在这种情况下，一种通过"时间换空间"的方式在延续着城市的优势，即使人们不生活在集中区域，只要有足够畅快便捷的流通手段，也能实现城市的聚集优势。其中最为典型的方式是在特定的区位建立城市中心、社区，并利用网络平均路径短的优势，通过便利的交通网络、物流网络和信息网络大大节省了交流的时间，降低了运输成本、通勤成本和信息收集成本。只要成本和信息能满足新的生产函数，城市就能以高的效率组织生产循环，同样能保证在有限空间内获得的城市优势。时间换空间使得城市的边界被不断突破，人们不再仅仅依靠在少数几个资源集中的中心地带生活也能获取城市带来的各种优势。在各类网络快速发展的基础上，一大批新的城市形态随之产生，其中以卫星城、城市群等具备网络化特征的城市系统越来越广泛地得到运用。总之，相对于别的经济体而言，城市要么通过本身区位空间优势，要么通过良好的城市布局获得时间优势，或者两者兼而有之，为其赢得了更高的生产生活效率和多样化生活模式，其时空统一的优势构成了城市本质的特征。

时空优势构成了城市本质的特征，但其优势必须通过身处其中的城市居民发挥与体现。个体利用自身的感知能力和资源拼凑能力寻找最适应自己的生态位，进而搜索着生产函数为城市产品的不断生产服务，但前提是个体要么本身就具备足够的空间利用权利，或者个体通过城市的网络构建以时间优势体现出城市的优势。然而，存在一个这样不能忽略的事实，人们在城市中所引以为豪的利用时空获得更优质生活与发展机会的事实，却不断让位于基于商品利益交换的时空变迁。

纵观世界城市进化史，其中不论是占据主导地位的大都市还是城镇化进程中推行的城市群主体形态，其隐义都是在反映人们对城市的向往，有一种机制让城市规模扩大的同时保障城市居民的利益，其实现的核心就在于将城市的空间和时间统一起来，在遵循集体进入的城市选择模式下，新进的哪怕是最弱势群体也能充分享受到其认可的集体享受到的空间优势，并且这种优势是无法在现有的交换体系中被侵犯和剥夺的。在认可城市不断扩张的历史条件下，在空间能够满足城市居民的权利诉求时，空间权利的保证是基础；而当已有空间不能满足居民权利诉求时，那么让其分散分布（包括穿插在城市的社交网络），但能以同样的时间效率接受城市的优势也能保证居民在城市中享受到该权利。也就是说，城市不管采用何种形态，其实践的基础要义必须是时间权利和空间权利的统一，且这种权利不能被交换。

实现时空权利的统一不仅能保证城市居民生态位构建，获得充分的生存与发展机会，同时也是城市其他权利如城市参与权利实现的保证。当个体被赋予时空权利的时候，时空的优势与个体的发展休戚相关。同时，其权利所隐含的语义决定了其参与到整个城市的社会公共事务成为可能：一方面，群体决策视角下的城市治理需要各权利主体按照特定的规则行使其权利，使个体参与社会管理具备了合法性条件；另一方面，过度利用个体权利的排他特征也往往会使其陷入孤立，无法借助其他群体的合作与制约完成自身生态位构建，也就是说，权利主体也有愿望与要求参与到城市治理体系中来。

时空权利最大程度上保证了城市居民选择的权威性和自由性，这种权威性奠定了居民安全、持续地构建其满意的城市生态的基础，而权利的自由又突出了他们为生存和发展以动态的视角结合并集结新的发展空间的要求。当区域内居民能够通过权利的合法性保证其在城市中获得比其他区域更大的优势时，权利统一性和排他性就物化为一种促进居民更深刻地感受城市磁性的机制。另外，时空权利以更加灵活的权利体系应对了城市中由于空间物理隔离造成的选择困难。在空间拥挤、空间权利暂时不能得到保障时，以时间换空间同样能获得城市带来的利益，两者相辅相成，为更广泛地将权利覆盖城市居民提供了选择。时空权利的辩证统一为城市的形态构建提供了一条这样的思路：因为在时间和空间上存在互换的可能，城市应该按照无差异原则进行整体的布局，即城市中居民均应该获得这样一种权利，他们在城市中任何一个节点或区域对于自由流动的个体应该无显著差异。

对于居民个人而言，被承认获得城市的时空权利意味着拥有在城市空间内自由探索与创造的权利，也就意味着在群体中获得了对自身权利的认同，体会到城市对个人权益的保障。对于城市发展而言，承认城市居民的时空权利相当于将城市视为整体，给予城市每个居民合法行动的身份，从而保证城市居民为保证权利的持续而主动承担城市发展的责任。当各城市发展水平都不高且差距不大时，地理区位及行政优势会促使部分城市成为局部优化发展的首选地。而随着地区间差距扩大，区域内的不平衡就会制约整个区域经济的发展，由此要将中心城市的优势向其他城市转移，优势城市就需要通过行政补偿、产业转移、交通网络重置等手段实现区域内城市群协调发展。在城市的时空协调上，为了完善城市体系，通过创新城市郊区化、卫星城模式，以及引导新建城市解决中心城市商业过于密集、资源过分集中的问题；通过对接交通网络、信息网络等手段，向周边城市传输产业发展资源；在公共服务均等配置的前提下，提升周边城市的产业承载功能，部分承接中心城市产业，并引导人口流动。

在本小节撰写过程中，笔者特意选择性参考和摘录了以上内容，感谢那些为城市建设艰苦付出而无法直接享受城市生活的人们，他们以切身行动换来了城市的蓬勃发展和社会的安定幸福。

7.2.2　时空系统构建

　　我国的智慧城市建设已经从概念上的探索，逐渐发展到具体的实践和运用，许多城市开始规划实施智慧城市战略，但从现实情况看，智慧城市的建设发展总体上仍处于摸索和谨慎实施阶段，对于智慧城市的认识还需要进一步深化，实践经验还需要进一步积累，实施方法还需要进一步优化。2016年之后，国家提出新型智慧城市概念，强调以数据为驱动，以人为本、统筹集约、注重实效，重点技术包括Nb-IoT、5G、大数据、人工智能、区块链、智慧城市平台和操作系统等，信息系统向横纵联合大系统方向演变，信息共享方式从运动式向依职能共享转变。推进方式上逐步形成政府指导、市场主导的格局，政府方面25个国家部委全面统筹，市场方面电信运营商、软件商、集成商、互联网企业各聚生态。

　　基于新型智慧城市的时空系统是从基础地理信息数据库到地理空间框架的不断演化而来的，是以全覆盖精细的各时刻的地理信息为基础，与物联网实时感知相联系，智能化地服务整个新型智慧城市的建设与运行。新型智慧城市时空系统及其平台是一门新兴的学科，其建设工程具有系统性，极其复杂，管理过程中涉及面广、触及面深，实施难度大。但空间信息技术（全球导航卫星系统GNSS、遥感RS、地理信息系统GIS等）以及物联网、云计算等新一代信息技术在城市经济发展各个领域的深度应用，一方面有助于拓展地理信息行业发展的新领域和新业态，壮大城市地理信息产业，从而有效地促进城市生产组织方式集约和创新、推动产业结构调整和优化。另一方面，将大幅促进城市信息资源的网络化汇聚、协作化开发和高效化利用，有利于增强城市聚集经济、人口的能力和辐射带动能力，优化产业布局，拓展产业发展的新领域和新业态，是促进城市生产组织方式集约和创新、推动产业结构调整和优化的重要推手。

　　中国科学院、中国工程院院士李德仁教授认为智慧城市就是在数字城市基础之上加入云计算、物联网形成的，通过各类传感器实时动态展现和云计算技术的深度应用，使得城市的运营管理水平达到智能化的程度。智慧城市包括城市信息资源、数据基础设施、网络化信息管理平台以及综合决策支撑平台。时空系统及其平台是以直观表达的全覆盖精细地理信息和时相地理信息为基础，面向泛在应用环境按需提供地理信息、物联网节点定位、功能软件和开发接口的服务，智能化地服务整个智慧城市的建设与运行，是智慧城市运行的智能化时空载体,由时空信息数据服务、物联网节点定位服务、云服务系统和云计算服务中心四部分构成。时空系统及其平台中最为基础的工作就是如何利用云计算处理收集到的城市大数据,进而为智慧交通、智慧教育、智慧医疗等服务。由于用户地域的分散性和物理集中规模上的一些限制,资源是物理上分散,而云计算服务本身在逻辑上是集中的。

随着物联网和云计算等技术的发展,基础地理信息数据库上升为时空信息数据库,地理信息公共平台上升为时空系统及其平台。时空系统及其平台需要考虑两点:①丰富多时相的基础地理信息数据和全景影像、点云等新型产品数据,针对实体化对象数据添加时间属性,形成时空信息数据集;获取并规范物联网节点的名称和位置,并统一分类与编码,形成IP地址、二维码等静态和动态两类物联网节点地址数据集,构建时空信息数据库。②在完善权威、唯一、通用的地理信息公共平台基础上,新增按需提供的个性化平台,扩充物联网节点定位功能与传感设备接口,增强时空分析能力。

时空系统通过广泛的网络条件、智能化的实时监测传感器,以及大型的计算统计软件等先进技术集成到新型智慧城市时空系统及其平台中,依托城市专用的政务云存储和云计算资源,形成更加智能的地理信息公共平台,城市各个部门提供的时空信息资源(硬件、数据、功能、软件等)都要进行统一的存储、管理和对外发布,云平台的构建就能够凭借以上功能,实现全市时空信息的高效整合、互相通信、互相调用。

服务资源池是在时空大数据基础上对各种数据进行处理、融合、资源池化,汇集成一系列的服务资源,包括数据资源、功能资源、应用框架资源、调用接口资源等。地名地址引擎可以实现大数据在空间上的精准定位,支持正向匹配、逆向匹配、模糊匹配及批量匹配等,帮助用户完成专题数据在线空间化。业务流引擎可以实现按需自动搭建地理信息应用系统,分别实现数据集合、功能集合、界面资源集合,实现应用系统的服务配置与管理、功能配置与管理、界面配置与管理,从而实现应用管理集中化。实现从服务对接,发展到知识引擎、按需服务,帮助用户完成业务定制可视化。时空大数据挖掘引擎(知识化引擎)可以实现基于时空大数据的各种机器学习、数据挖掘,并应用于各行业的时空信息预测,帮助用户完成在线大数据分析。云服务系统实现时空大数据与云平台各种资源的发布、查询、申请、获取、审核、监控、二次开发服务,平台运行的云计算资源、应用宿主环境及云安全的管理。

7.2.3　时空系统主要内容

1. 基础数据库

（1）地理信息库

基础地理空间库主要包括三维仿真地图、二维矢量地图、影像地图。在三维仿真地图方面，对于弱GIS领域，三维仿真地图以其直观、美化、可视化效果强的优势深受广大用户的好评。三维仿真地图生产技术要求具有一套标准的、行业领先的制造流程和工艺标准，生产出来的三维仿真地图除具有常规特点外，还具备高度仿真、画质美感强、费用低、性价比高等特点。将三维仿真地图应用到指挥中心，可直观展示全县/区的建筑三维信息，点击任一建筑物都可查看该建筑物中具有的单元、房屋、住户等信息，实现人、房、空间信息的关联，实现"以房管人""以人找房"等功能，增强网格化管理的精细化与可视化。

在二维矢量地图和影像地图方面，二维矢量地图本着节约资源的原则，可根据GIS技术直接调用百度API或天地图发布的OGC标准的二维电子地图和影像地图，也可协调当地的测绘部门，充分利用已有的地图数据。

（2）人口库

以人口库为基础，结合各业务条线内人口数据库的相关要求，统一规范标准，统一数据格式，通过集中导入、清洗及过滤，形成统一的综合人口数据库，实现人口信息在各个职能部门之间的实时高效共享。优化社区分散采集和更新维护，应用网格化管理思路强化数据动态管理，与上级人口数据库及各条线数据库保持定期同步并及时更新。人口基础数据是经济社会发展中各部门应用系统的重要基础，对劳动就业、税收征管、个人信用、社会保障、人口普查、计划生育、打击犯罪等系统的建设具有重要意义。

根据人口基础信息的应用目的、范围和个人隐私敏感程度的不同，人口基础信息率可分为基本信息层、扩充信息层和应用共享信息层。基本信息层：存储公民最基础的，相对变化频率较小，使用范围广泛，且个人隐私敏感度较低的信息。包括公民身份号码、姓名、性别、出生年月日、出生地、民族等。扩充信息层：存储应用共享需求较为普遍，有一定的个人隐私敏感度的信息。主要包括公民的户籍住址、照片、居民身份证签发信息、婚姻状况等。应用共享信息层：存储部门间由特定的共享应用需求和个人隐私敏感度较高的信息。包括公民现居住地、户成员信息、工作单位、职业等。

指挥中心制定实有人口目录，凡纳入人口基础信息的数据字段，由指定部门负责审核；通过整合各职能部门数据，形成人口数据库。主要管控常住人口、流动人口、特殊人群等信息，实现人口基础信息的采集、查询、统计、共享，以及相关监管、帮教等管理工作。根据人口数据库建设的综合需求，设计符合本指挥中心综合需求的人口数据库；对已经建设的人口数据库进行数据迁移；对人口数据进行空间化网格化，创建本指挥中心的人口信息管理工作机制、满足人口信息资源库的动态更新要求的数据共享机制。人口库中的数据主要有三种来源：①数据迁移，将旧系统中的数据迁移到新系统中，为新系统所用。旧系统通过长期的运行，积累了长期的人口数据，这些数据包括基础信息与扩充信息，并且具有真实性、可用性的特点。②采集补充，网格员在网格日常巡查过程中，可对人口数据进行普查，发现遗漏的数据可增加、发现错误的数据可修改、发现已故人员的数据可删除，从而保证数据库的动态更新，保证数据血液的鲜活。但这其中网格员采集数据时，要有人口采集表的支撑。③共享交换，对于分散在各个部门、各个行业来源不同、结构不同的人口数据采用数据交换的方式，进行采集更新，从而建成统一规范、统一标准下的不同专题数据库，不仅为政府提供所需数据的服务接口也为本指挥中心提供数据支撑。

人口信息通过建筑物进行关联，具体为：建筑物中包含单元，单元中包含房屋，房屋中包含人口，建筑物具有空间信息，人口通过房屋与建筑物关联后，就具有空间信息，能够实现"以人找房"和"以房找人"的效果。

（3）法人库

法人信息包含法人基础信息和扩展信息两个层次。法人基础信息是标识法人不可或缺的基本元素，是使用最频繁、最基础和最重要的信息。扩展信息是补充说明法人的附加信息。法人数据库建设工作包括调研拥有人口基础数据及其相关数据部门的数据现状，形成详细数据建设方案，根据方案进行法人信息数据收集、比对工具开发、整理、补采、融合、建库、空间化、数据挖掘、交换通道建设。遵照"唯一数据产生源"的基本原则，制定法人基础信息数据标准、数据交换标准，建立法人基础信息交换机制，对已经建设的法人数据库进行数据移植，对法人数据进行空间化网格化，制定法人数据采集更新机制。

（4）建筑物库

建筑物数据库是本地建筑物属性信息、空间信息、业务数据和服务数据的集合，是平台的重要支撑数据，是网格化管理和服务的定位基础。建筑物数据包括建筑名称、门牌地址、平面位置、建造年代、建筑状态、使用年限、主要用途、结构类型、建筑层数、建筑高度、总建筑面积等信息，以及基础设施、安监情况、环保设施情况等数据。

（5）宏观经济库

获取财政、统计部门数据以及某市宏观经济库进行宏观经济数据库建设，主要包含经济社会统计专题数据、与经济统计、区域规划相关的各类文档资料数据。

（6）业务数据库

业务数据指城市治理业务过程中产生的数据，主要包括以下几类：①事件库；②图片库；③文件库；④音频库。

（7）主题数据库

主要包括：①监测预警库；②知识库；③救援物资数据库；④案例库。

（8）物联设备数据库

主要包括：①视频监控数据。通过视频监控系统可极大地加强对事务处理等全过程的监控管理，接入社区监控、治安监控、公安监控等尽可能的监控系统做到统一监控、资源共享、减少投资，构建平安城市。视频监控系统是一个数字化、网络化、智能化视频监控系统，利用运营商的光纤和因特网宽带，将分散、独立的图像采集点进行联网，实现跨地域、全范围内的统一监控、统一存储、统一管理、资源共享，是中心了解全县/区安全、环卫、治安、城管等状况的重要窗口。能及时准确地掌握所有监视路口、路段周围的情况等，为城市管理决策者提供一种全新、直观的管理工具，提供工作效率。②实时位置数据。实时位置数据库整合来源于各 GNSS 终端的 GNSS 数据，如手持终端、车载终端，其中手持终端包括巡查网格员、城市管理者等，车载终端包括执法车辆、应急车辆、客货运输车辆、危货车辆、校车、救护车等，也包括电子围栏，如监督每个管理对象设定区域活动范围，使得管理对象处于有效的控制之中，从而减少管理中的漏洞，降低工作量，提高工作效率与管理质量。③市政设施物联数据。以"全面感知"为目标，市政设施物联数据库整合了市政领域的基础设施数据，市政设施物联数据库基于物联网技术，实时提供来自井盖、路灯、地下管网等相关设施基础信息、运行状态、预警信号等，提高市政设施的智能化水平。借助地理信息服务，也可以提供山体倾斜监测、液位监测、气体监测，提前预防城市隐患，有助于提前进行治理力量调配。④影像数据压缩管理。随着卫星遥感和航空摄影技术的发展，通过遥感获得的地理信息越来越多，特别是小卫星高分辨率遥感图像的商业化，遥感影像成为地理信息系统一个非常重要的信息源。但由于影像的数据量大，对海量数据的及时存储与传输提出了很高的要求。特别是在互联网上，由于受到网络带宽的制约，海量数据的传输更是成为动态和实时发布GIS信息的瓶颈。多尺度分解的小波分析，自适应标量矢量混合量化编码、稀疏编码等方法均能有效地将影像压缩、处理和分析。

2. 数据管理分析

（1）数据汇聚融合

数据汇聚系统主要解决在数据中心建设中各委办局政务数据的分布式、多节点汇交和订阅式自动分发同步问题，通过前置交换机系统实现对基础地理信息数据、基础数据、专题数据、元数据等信息资源的异步汇聚融合，平台数据整合服务系统对数据进行清洗加工、整合变换、映射关联等处理，生产出面向专题服务的应用数据，构建面向政务应用的共享服务数据库；通过目录驱动的订阅模式，解决多节点的数据分发同步问题，提升数据价值和政府办公效能。

（2）数据融合系统

地名地址匹配引擎主要解决具备空间属性的政务资源数据的空间化问题，也就是将空间数据落到地图上的过程。地址匹配是将文字性的描述地址与其空间的地理位置坐标建立起对应关系的过程。地址匹配服务按照特定的步骤为地址查找匹配对象。首先要将地址标准化；然后服务器搜索地址匹配参考数据，查找潜在的位置；根据与地址的接近程度为每个候选位置指定分值，最后用分值最高的来匹配这个地址。

（3）数据空间化引擎

数据空间化引擎基于ETL技术，主要完成对政务资源数据中具备空间属性的数据进行抽取、转换、装载等一些数据处理，将空间化政务数据进行重组，为地名地址匹配提供支撑。

（4）数据管理系统

在数据集成中心建设过程中，需要通过信息资源目录工具，来梳理各业务单位的业务信息资源；通过共享交换工具，采集各业务数据到集成中心；通过数据管理工具，进行数据清洗、比对，并处理问题数据；通过数据查询工具，查看处理完成后的数据。

提供数据实时上传、批量导入及数据查询等功能。各职能部门相关操作员可根据自己的需求选择录入方式，通过批量导入，可以实现快速采集数据功能。数据文件需符合一定的格式和数据质量要求，并尽量保证数据的完整性和有效性，以保障顺利导入平台中。

提供多种统计分析方法，内置丰富的挖掘算法，包括遗传算法、回归算法、聚类算法、关联规则等，支持大量数据计算和交互式的可视化图形展现。

提供方便、及时的数据访问，在数据挖掘过程中无需考虑数据源及数据所在平台。并具备对多种格式的数据进行处理的能力，能够从多种类型的文件（如数据库、可变长度记录、CSV文件、Excel、Hive等）读取任何格式的数据。

据统计，数据挖掘过程中数据的质量、数量等各种问题使得该过程平均有70%以上的时间花费在数据预处理阶段，模块应提供多种数据处理节点，分析人员可以通过拖拉的方式实现数据的预处理，而无需精通数据库语言。

提供多种图形化技术和输出报告，帮助理解数据间的关键性联系，并指导以最便捷的途径找到问题的最终解决办法。

融合可视化技术来处理多维数据，使得数据所表现出的特征、模式和关联性等信息一目了然，可以生成散点图、条形图、直方图、堆积图、地图等。模块的输出包括数据表格、交叉列联表、数据审核报告、统计报告和质量报告等。

（5）数据挖掘算法

提供一系列的数据挖掘技术，它可以满足任何数据挖掘要求。可以从多种算法中选择来进行预测、聚类、关联、分类等。数据挖掘过程中通常包括上百个甚至上千个变量，在模型建模过程中大量的时间和精力都被消耗在检验模型中包括哪些变量。"特征选择"节点能够帮助减少对决策影响不大的不必要变量，创建一组更容易管理的、对决策直接相关的模型属性集合；"主成分分析"算法也提供了强有力的数据简化技术，来简化数据的复杂度。决策树模型允许开发分类系统，此分类系统可以基于一组决策规则来预测或分类未来的观测值。如果将数据分成关注的类别（例如，高风险和低风险贷款、会员和非会员、投票人和非投票人），则可以使用自己的数据来构建规则，借此对新案例或旧案例进行准确性最大的分类。例如，可以基于年龄和其他因素构建对信用风险或购买意向进行分类的树。提供多种算法支持决策树分类。

神经网络是功能强大的一般函数预测器，可用于分类建模。"最近相邻元素分析（KNN）"是根据观测值与其他观测值的类似程度分类观测值的方法，既可以用于类别目标也可用于连续变量的分类。聚类模型主要用来确定相似记录的组并根据它们所属的组为记录添加标签。不需事先了解组信息及组特征即可完成该操作，事实上，甚至无法确切知道要查找多少个组。可以通过关联规则算法发现关联规则。除了自带的时间序列算法外，还集成了R的时间序列算法。提供"专家模式超节点"，标准化的时间序列预测建模过程。还提供线性回归、逻辑回归、模糊规则、支持向量机、贝叶斯网络等多种算法。

（6）模型评估

提供的评估方法包括交叉验证、评估、ROC曲线、改进曲线等。评估图表还可以被累积，累积图表通常可以使模型的整体运行状态变得更佳。此外，还可以利用交叉表、统计等节点输出表格、统计量等对模型进行评估。

（7）数据导出

可以导出的格式有与JDBC兼容的相关数据源、文本文件、Excel文件等，方便对结果数据的使用。

3. 大联动中心

由于同一事件存在重复上报的情况，为提高工作效率，在事件正式流转前，需进行业务预处理。建立预处理机制，依照各部门现有事项划分体系，对业务实现分类预处理，按各部门权责划分，将事件与主办部门绑定并派发至该部门，并建立经典案例库和处置预案库。通过云数据中心与各职能部门进行业务对接、流程再造，实现横向到边、纵向到底、全面覆盖、互联互通的智慧治理体系，同时，通过督办、催办、过程考核等手段，提高部门间的联动和办事效率。

4. 应急指挥中心

（1）应急值守子系统

突发公共事件处置的第一要素是快速响应，及时有效地上报信息是快速响应的保障。应急值守子系统包括日常信息和紧急信息两部分。平时，可实现日常信息管理、应急通知、节假日值班等日常业务处理。在发生突发公共事件时，下级部门可及时有效地上报紧急信息，系统支持网络、电话、传真等上报方式。通过网络上报方式，专业部门可以直接填写信息的内容，上报到指挥中心值守部门，指挥中心值守人员可以查看信息，对信息进行处理。对于电话、传真等方式上报的突发事件信息，指挥中心值守人员可以通过系统登记事件基本信息，如事件类型、发生时间、发生地点、上报单位、上报人、事件描述以及已经采取的措施等。对于事件地点，可以通过应急地理信息系统进行定位。系统能够实现紧急信息接报、续报、跟踪、反馈、汇总等，可以接收多个紧急信息报送部门对同一突发事件的多次续报。

（2）指挥调度子系统

指挥调度子系统以突发事件为主线，实现对启动预案、生成事件、情况汇总、任务下达、综合协调的整个应急处置过程的跟踪和处理。该系统以预案为核心，可集成视频监控、地理信息系统、应急通信调度等提供接口的外部系统，组建应急指挥小组、制定调度策略、下达任务，进行资源和即时信息共享，实现应急资源的统一指挥调度和有效调度，使应急指挥与决策过程更加科学化、规范化、制度化。

指挥调度子系统可实现便捷的任务下发和反馈功能，使得应急指挥中心能够快速向现场指挥部等各参与救援机构传达应急救援任务，并跟踪各执行机构的任务执行情况，以及获得各项任务的反馈和处理。

指挥调度子系统可实现现场情况的快速汇总，在处置过程中，现场指挥部可通过该模块向应急指挥中心报告事态发展、应急救援进展等情况，应急指挥中心汇总各渠道获得信息后，将最新情况通过任务方式下达；处置结束后，现场指挥部、相关部门向应急指挥中心报告整个事件的处置情况。

指挥调度子系统支持多渠道的发布手段。根据平台的网络环境和终端设备的情况，系统可将任务、反馈、报告等信息通过3G/4G/5G网络快速传送到各相关专业部门或者人员的终端设备，实现协调指挥、有序调度和有效监督，提高应急指挥效率。

指挥中心负责通知、协调、组织各项工作开展，各大专项职能部门根据自身的职责范围生成事件、启动预案，成立指挥中心，其他职能部门协助主办单位开展工作。应急中心接到信息上报后，通过平台查看信息记录、调用视频监控查看现场情况，若判定为突发公共事件，立即与上报单位联系，协调事件处置，指定主办单位（该事件的牵头单位），通知各职能单位或部门组建指挥中心。主办单位启动预案，按照其预案或操作手册的要求组建指挥小组，并通知小组成员到位。通过指挥调度子系统，主办单位可进行综合研判、下达任务，协调各部门工作，实现更合理的资源调度、更快速的响应，尽可能减少生命、财产损失。如图7-8所示。

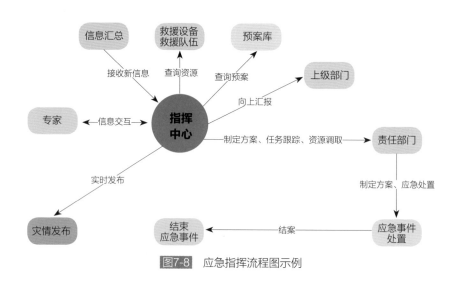

图7-8　应急指挥流程图示例

5. 综合数据库子系统

综合数据库子系统建设的关键是要建立和完善相应的采集、更新、运行、共享交换和使用管理制度，按照统一建设标准和条块结合、属地为主的原则，安排各地各部门依据各自责任范围收集整理相关信息和静态、动态数据。应急指挥中心数据库包括预案库、专家库、案例库、知识库、危险源库、重点防护目标库、应急救援力量库等八大库。应急指挥中心数据库依托县/区应急指挥中心和部门应急指挥中心建设，采用集中

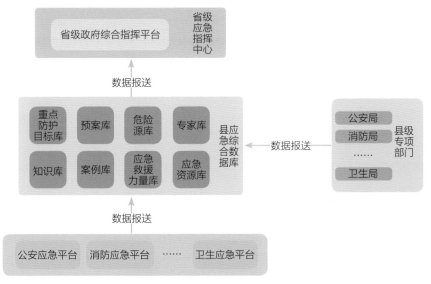

图7-9　应急指挥中心的层级关系图

和分步相结合的方式存储，所有数据存储于县/区应急指挥中心，由县/区和有关单位负责维护和更新，并按照统一建设标准和条块结合、属地为主的原则，安排各地各部门依据各自责任范围收集整理相关信息和静态、动态数据（图7-9）。

（1）专家库

专家库存储有处理不同应急事件需要咨询的相关行业专家的个人信息。数据来源于各个专项部门上报的各个专业领域的具体有丰富经验及知识或技能的人员。从专家库中选取各领域的领衔者，成立县/区应急专家组。专家信息主要由专家基本信息、工作简历、应急事件咨询记录等信息组成。专家库信息的增加、修改、删除由各部门自行负责维护。当信息发生变更时，必须及时上报，确保信息的准确性和有效性。县/区应急专家组成员由县/区指挥中心从专家库中选取，定期更新维护。

（2）知识库

知识库是结构化、易操作、易利用、全面的、有组织的、互相联系的知识集合。在应急指挥中心体系中，知识库是各级应急机构在处置突发公共事件中总结的与该领域相关的基本概念、理论知识、事实数据，以及所获得的规律、常识性认识、启发式规则和经验教训的集合。

知识库存储与应急有关的常识类信息、累积知识和策略知识等。知识库的更新包括对知识内容的增加、修改和删除。县/区级相关部门可在应急指挥中心中对自身范围或专业领域内的知识进行维护和更新。

（3）危险源库

危险源库存储有长期的或临时的生产、搬运、使用或储存危险物品的单元（包括场所和设施）的分布情况。可满足重大危险源、危险品运输车、高危工厂企业、特种设备等方面的管理需要。危险源库的数据实体主要由重大危险源等实体组成，危险源类型众多，数据复杂，包括地质灾害、危化企业、危化品车辆、疫情等。危险源库的更新维护包括危险源数据的增加、修改和删除。县/区级各专项部门维护自身范围内的危险源数据，必须及时上报更新，确保信息的准确性和有效性。危险源数据与地理信息空间数据紧密相关，应采用统一的地理编码、坐标系统、分类编码等，与空间信息进行整合。

（4）重点防护目标库

重点防护目标，是指城市内的各类关键、重要的基础设施。做好重点目标的防护工作，能有效地减轻经济损失，保护人民的生命财产安全并保证城市功能的正常运转，维护正常的社会秩序。平时能有效地促进重点目标单位的防灾和突发事故的处理，对提高安全防范意识，促进工作的正常开展和生产的正常运行等具有重要意义。重点防护目标库的数据实体主要由城市党政机关、广播电视系统，交通、通信枢纽，重要的工矿企业、科研基地、桥梁、江河湖泊堤坝、水库、仓库、电站和供水、供电、供气工程等城市内关键基础设施组成。重点防护目标库的更新维护包括防护目标数据的增加、修改和删除。县/区级各专项部门维护自身范围内的防护目标数据，必须及时上报更新，确保信息的准确性和有效性。重点防护目标数据与地理信息空间数据紧密相关，应采用统一的地理编码、坐标系统、分类编码等，与空间信息进行整合。

（5）应急救援力量库

应急救援力量库存储应急救援队伍信息，是指由公安消防、特警、武警、解放军、预备役部队和民兵等力量组成的骨干应急救援队伍，以及各级政府、相关部门、村居（社区）、学校、企事业单位和群众自治组织利用各种力量组成，负责处置本地区、本单位突发公共事件的各类专职或兼职应急队伍。应急救援力量库的更新维护包括队伍数据的增加、修改和删除。县/区级各专项部门维护自身范围内的救援队伍数据，必须及时上报更新，确保信息的准确性和有效性。部分救援队伍数据与地理信息空间数据紧密相关，应采用统一的地理编码、坐标系统、分类编码等，与空间信息进行整合。

还有物质装备库等，这里不再赘述。

6. 统计分析子系统

应用数理统计与数据分析技术，对指挥中心的日常业务数据和突发公共事件处置数据进行自动挖掘、汇总、统计、分析，提供基于图形、报表等可视化结果展现，能够及时、全面地掌握和分析应急管理工作的现状和水平以及各部门、应急处置人员的日常工作情况。

统计报表是按统一规定的表格形式、统一的报送程序和报表时间，自下而上提供的基础统计资料，是一种具有法律性质的报表，所有的统计结果都可以以报表的形式导出。同时，在动态抽取统计基础数据的基础上，支持钻取统计方式，钻取的结果可以被快捷地查看。

7. 运行监测中心

指运用空间网格技术、地理编码技术、嵌入式地理信息引擎技术，以社会创新管理业务为依托建设而成的平台。在GIS地图上，实现对区域内人、地、事、物、情、组织信息的直观管理，以及相对应的深入应用，包括视频监控调用、应急指挥、事件分类及提示、人员定位、统计分析（人员密集度分析、交通拥挤度分析等）等应用。通过多元化的信息手段，能更好地提升政府社会管理及服务能力，维护辖区内社会稳定，改善老百姓居住环境，构建和谐、美好的智慧城市。

7.3 时空大数据平台

7.3.1 平台设计原则

时空大数据平台围绕"面向区域未来、面向智慧城市、面向有效应用"进行设计，采用系统化思维。设计主要包含一个时空信息数据库、一个服务平台和一个支撑平台运行的基础设施。时空大数据库面向智慧城市五大库之一的空间地理信息库设计；时空大数据平台是智慧城市共享、共建、共用的交换平台，以市、县一体化建设为原则，将采用一套软件、多套数据方式进行建设。平台建设的预期效果包括：①"一图全面感知"——建立全市一张图，全面感知城市的过去、现状、未来，建立时、地、空、网多维的感知网络体系；②"一键可知全局"——建成基于地理信息大数据、其他行业专题数据资源信息共享的时空大数据中心，获取所需的来自全市各部门、各系统的"地理信息+专题数据"，提供各类定制化决策支撑；③"一体运行联动"——在领导辅助决策、城市运行管理的各领域，通过地理信息特有的时空属性建成反应快速、决策科学、综合协调的一体化城市时空云平台，实现市、区、县联动及部门联动。

根据新型智慧城市建设的要求，时空大数据平台建设的总体目标是在数字城市建设成果基础上，构建智慧时空基础设施、建立时空基准、夯实城市建设定位基础、汇聚时空大数据、挖掘城市数据价值、构建时空大数据平台、提升共享服务能力、创新平台示范应用，全面深入助力智慧城市建设发展，实现善政、兴业、惠民。具体而言，通过基础地理信息数据库和地理信息公共平台在数据、技术、功能和效能上的新增或扩充，建成时空大数据平台，实现四方面质的飞跃：①从静态数据展示到动静结合：以往的空间数据基本都是历史的、静态的，只能反映过往某一生产时刻的地图信息，通过建立时间域的标识并接入各类实时传感器数据，可实现空间数据的历史演变展示，以及反映当前时刻的最新状态信息。②从固定服务能力到按需弹性分配：以往的空间信息服务能力完全依赖于已申请好的服务器硬件与网络速度，不能自如地根据实际情况进行便捷的调整，易导致硬件计算资源闲置或者不足。通过利用按需的、弹性的服务管理技术手段，根据用户需要动态地分配和回收软硬件计算资源，实现集约化的计算资源管理，从而达到最好的经济效益。③从数据孤岛到各部门共享互通：以往各部门、各行业的数据都在自己的单位内部使用和更新，易产生"重复建设、无法分享自己的成果、无法获取外部成果"的局面，之前的地理信息公共服务平台也只是测绘主管部门单向共享基础的地理空间框架数据的平台。通过建立时空大数据平台，并依靠政务云计算环境，从软件平台与硬件平台两个方面协力打通各部门数据共享的高速通道，实现各部门信息化建设的最大化共享，促进各行业间的高效协同发展，产生更大的经济效益。④从地理信息查询分析到时空大数据决策研判：以往各部门对地理信息的应用，主要是在线调用电子地图和地名地址服务，实现基本的一张图展现和查询分析。基于时空大数据平台提供的知识服务（通用算法、地理算法和遥感影像算法），能将各部门对地理信息的应用从事务型上升到决策型应用水平，充分发挥时空信息的可视化决策研判能力，提升政府的精细化管理能力与决策水平。

《智慧城市时空大数据平台建设技术大纲（2019版）》中对时空信息云平台的建设目标的描述：在数字城市地理空间框架的基础上，依托城市云支撑环境，实现向智慧城市时空大数据平台的提升，开发智慧专题应用系统，为智慧城市时空大数据平台的全面应用积累经验。凝练智慧城市时空大数据平台建设管理模式、技术体系、运行机制、应用服务模式和标准规范及政策法规，为推动全国数字城市地理空间框架建设向智慧城市时空大数据平台的升级转型奠定基础。建设内容涵盖五部分：①统一时空基准，时空基准是指时间和地理空间维度上的基本参考依据和度量的起算数据。时空基准是经济建设、国防建设和社会发展的重要基础设施，是时空大数据在时间和空间维度上的基本依据。时间基准中日期应采用公历纪元，时间应采用北京时间。空间定位基础采用2000国家大地坐标系和1985国家高程基准。②丰富时空大数据，时空大数据主要包括时序化的基础时空数据、公共专题数据、物联网实时感知数据、互联网在线抓取数据和根据本地特色扩展数据，构成智慧城市建设所需的地上地下、室内室外、虚实一体化的、开放的、鲜活的时空数据资源。③构建云平台，面向两种不同应用场景，构建桌面平台和移动平台。通过时空大数据池化、服务化，形成服务资源池，内容包括数据服务、接口服务、功能服务、计算存储服务、知识服务；扩充地理实体、感知定位、接入解译及模拟推演API接口，形成应用接口；新增地名地址引擎、业务流引擎、知识引擎、服务引擎。在此基础上，开发任务解析模块、物联网实时感知模块、互联网在线抓取模块、可共享接口聚合模块，创建开放的、具有自学习能力的智能化技术系统。④搭建云支撑环境，基于政务云平台，建成全市统一、共用的云支撑环境；在具备条件的区（县），分布式建设该级时空信息云平台；对不具备条件的区（县），通过访问市级时空信息云平台，形成云服务能力。⑤开展智慧应用，基于时空大数据平台，根据各城市的特点和需求，本着急用先建的原则，开展智慧应用示范。实施过程中，在城市人民政府统筹领导下，以应用部门为主，自然资源部门做好数据与技术支撑，在原有部门信息化成果基础上，突出实时数据接入、时空大数据分析和智能化处置等功能，鼓励采用多元化的投融资模式，开展深入应用。

7.3.2　云服务引擎

（1）街景服务引擎

提供街景数据展示能力，包括：支持海量三维街景的360度在线浏览；三维街景前进后退漫游交互；支持全景自定义标注，标注坐标可以转换实际地理坐标在二维地图展示定位查看。

（2）互联网服务引擎

互联网服务引擎是以在线方式提供互联网抓取信息服务，支持使用常用开发语言构建基于服务的应用系统。引擎的核心是运行在平台后端的服务应用程序，通过服务开发接口远程访问，获取互联网抓取的数据，实现业务功能应用。服务用REST风格的Web服务，通过标准的Web协议提供服务，保证不同平台的应用服务可以互操作，满足服务用户运行环境需要。服务访问用户通过多种方式调用互联网数据服务，主要采用HTTP协议，它们是与远程服务进行通信所使用的与平台无关的协议。作为面向服务的架构范式的一部分，客户机使用HTTP协议与远程服务进行交互，而不用了解它们底层的平台实现，服务的功能完全是由它请求和收到的消息描述来实现的。

（3）地名地址服务引擎

地名地址服务引擎是时空云平台的重要组成部分，目的在于实现多源数据在全空间信息模型上的精确定位，实现非空间信息与空间信息的集成与融合，同时也可以根据具体的定位坐标值反推出当前所在的小区、街道、政区等位置描述，具有广泛的用途。

地名地址批量匹配过程，通常会涉及自动匹配和人工纠错两个环节，目前的主流匹配引擎都是遵照匹配率排序的方式给出匹配结果，导致的问题就是不管匹配率高低，只要不是100%，都不是完全可信的，避免不了人工纠错的过程，难以实现全过程的自动化。因此地址匹配引擎中需要明确区分完全匹配和非完全匹配的概念，对于完全匹配的情况，不再需要人工纠正过程，只有非完全匹配才需要人工纠正；同时引入ID关联模式，在后继对更新后数据的批量匹配过程中，就可以只匹配变化后的数据，而对前期已经匹配好的数据直接通过关联ID得到结果，进一步减少匹配工作量和人工介入。

（4）业务流引擎

业务流引擎用于平台中流程相关处理。平台中的业务流引擎不必是统一的流程引擎，可以分散于各个相关模块中。服务申请过程的审批流程处理以及ETL处理过程的可视化流程配置和任务执行都用到业务流引擎。对服务申请、审批等流程提供基础支撑。支持ETL处理过程的可视化流程配置，以及流程的执行。

（5）时空知识/挖掘分析引擎

主要包括：空间算法库，实现空间大数据分析算法；指标模型库，即支持自定义指标模型库，每类模型由一系列指标组成；知识模板库，即知识模板以应用场景为单位，每个模板都包含一系列的数据源，并支持对各个数据源的一系列操作。每个知识模板的各数据源均定义标准的数据结构。只要数据结构满足要求，就可以使用此知识模板。

由于知识模板是对场景的抽象，包含一系列的服务和操作，难以进行通用化定制，因此采取定制开发的方式，然后将模板内置在平台中供外部使用。系统内置学校选址和环保网格两个知识模板。①学校选址分析模板：各小区适龄人口统计（需要小区与学龄人口数据、小区矢量图层）；各学校学区范围和容量汇总（学校与学区范围数据、学区矢量图层）；各学区（区县/乡镇）范围入学压力分析，包括近三年情况与后三年预测。②环保格网监测模板：网格划分；各类环保监测值网格插值；各网格内AQI指数、首要污染物等的计算；各网格指数的时态推演。

（6）空间模拟推演引擎

结合应用场景，提供空间模拟推演功能。

（7）仿真三维地图引擎

仿真三维地图引擎用于2.5维仿真三维数据的数据发布、展示与应用，同时提供二次开发SDK，支持在业务应用系统中应用仿真三维数据。主要包括：①前端应用系统，包括仿真三维地图数据显示、地图控件、图层管理、便签纠错等功能；②后台管理系统，包括热区管理、图层管理、便签纠错管理、个人管理、系统管理与配置等；③地图切片工具，用于将仿真三维数据切成地图瓦片，地图瓦片采用金字塔模式；除了传统地图的正南正北模式的正射视角外，也可按倾斜视角切片，在切片时可根据需要调整水平和垂直视角；④数据服务，包括仿真三维瓦片服务、热区服务等；热区与地图切片配套，不同的视角对应不同的热区数据；⑤二次开发SDK，提供Javascript SDK，包括仿真三维数据调用及通用地图操作，也支持用户叠加自身图层到仿真三维地图上。

（8）IOC可视化地图引擎

IOC可视化引擎用于主题数据的可视化以及大屏可视化，采用WebGL技术，可实现多种可视化效果，并提供基于Javascript的二次开发SDK，支持用户在自身的应用开发中实现空间可视化能力。

（9）精细场景真三维可视化引擎

精细场景真三维可视化引擎主要针对园区、社区、工厂等精细化场景，提供室内外一体化且涵盖地上地下的真三维应用支持。精细场景真三维可视化引擎提供Javascript SDK，支持用户二次开发，在自身的应用系统中集成室内外一体化的真三维地图能力。基于WebGL技术，兼容主流浏览器，支持在PC端、移动端平台上运行。

第8章 新型智慧城市时空运营

8.1 时空大数据全息化

8.1.1 建设理念

本章采用广州中海达卫星导航技术股份有限公司、广州都市圈网络科技有限公司和深圳市斯维尔科技股份有限公司等提供的新型智慧城市运营解决方案。案例呈现的技术效果主要为：

（1）以数据展示效果为导向，实现跨平台的可视化体系

构建并逐步丰富全息综合展示门户的业务形态，以多维、多样的数据表现形式，将分散的业务数据转化为智能化的综合报表，以可视化效果说明数据价值，呈现城市运行状态和政策执行效果，并加速推进各部门间的数据汇聚与共享。

（2）设立多种业务主题，从多角度对城市进行监控

根据各行业的运行规律，分别设置经济、社会保障、交通运输、教育、医疗等多个主题，每个主题都应支持不同颗粒度的业务数据展示，同时支持高精度的空间分析和时间分析，从而对社会运行各方面的现状与发展趋势加以掌控。

（3）综合先进理念和当前现状，制定统一的指标体系

在新型智慧城市时空大数据平台的建设中，应充分参考国内外先进的城市规划理论，并将本地的现状与发展方向进行有机结合，本着先进性、开放性和可实施性的原则，制定出一套量化体系，以便对城市的运行情况进行持续性评定监督。

（4）采用数据分析挖掘技术，建立常态化的城市评价机制

对城市运行、市民生活、企业经营的相关信息进行统计汇总，然后基于统一的指标体系，以大数据分析技术对信息进行抽取和挖掘，从而得出宏观层面的城市评价。评价分析体系可以为下一轮的城市规划的编制和研究提供动态反馈信息，以持续改进规划的科学性、合理性。

（5）关注数据逻辑融合，建立智能评价与分析平台

对城市运行关键领域进行信息整合与展现，提高政府管理对于城市资源与运行情况的了解度，辅助城市提升管理、应急和服务的响应速度，逐步实现由被动式管理向主动式响应的转型。提升城市管理和服务的水平，从而不断向"智慧化"城市运营管理的目标迈进，帮助城市实现人口合理分布，交通合理安排，经济发展，社会进步，环境保护，资源可持续利用等城市愿景。

8.1.2　功能模块

（1）人口统筹

人口概况模块包括户籍人口、暂住人口、流动人口数量等指标的展示。可进行全市人口集中分布分析、年增长分析、集中增长高峰期分析以及人口增长预期等分析（图8-1）。

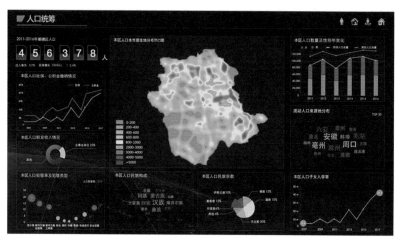

图8-1　人口概况展示

（2）经济投资分析

对政府宏观经济指标进行梳理，提供指标清单。提供宏观经济指标、税收指标、居民消费能力、经济转型指数、企业创新类指数等方面的展示（图8-2）。

（3）环保监测

对全市的空气、水体、固体废物、生活垃圾等监控指标进行实时接入与展示，从生态环境整体对全市的环境状况进行可视化监控与展示（图8-3）。

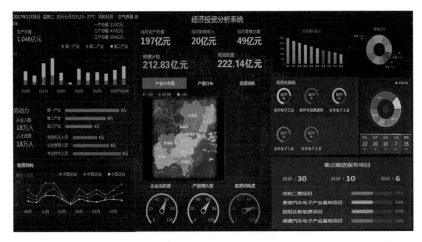

图8-2　经济指标展示

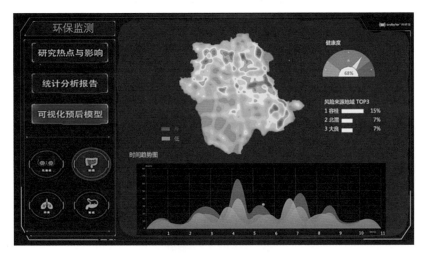

图8-3　环境状况监测

（4）建筑物实体监测

通过接入"地理实体普查""四标四实"等工作收集到的详细不动产信息，挂接建筑的类型、使用年限、房屋安全、住户等信息进行全市范围的建筑监管（图8-4）。

（5）交通概况

对全市的交通设施负载、出行偏好、公共交通设施分布、交通事件等多项交通指标进行整体监控、预警与展示（图8-5）。

（6）城市体征

城市体征模块，是对城市的人口、教育、环境、交通等各领域的专题数据进行时空大数据挖掘与分析，形成各领域的运行分析报告，并以空间可视化的手段进行展示，从时空领域发掘城市的发展状态（图8-6~图8-8）。

图8-4　不动产分布与指标监控

图8-5　全市交通状况监控

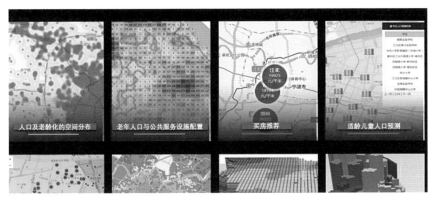

图8-6　城市体征分析模型目录

图8-7　模型简介

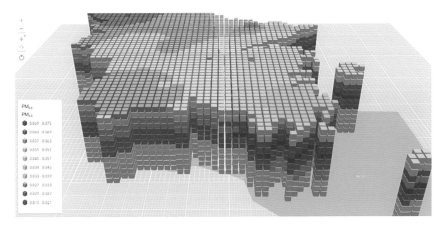

图8-8　空气污染程度分析

8.2 时空大数据挖掘

8.2.1 建设理念

时空大数据应用门户集成于云平台，主要针对云平台时空大数据提供多种可视化分析与应用服务功能，用户可通过此门户实现静态分析、时空过程模拟、空间探索分析、制图模板、仪表盘工具及时空大数据分析与挖掘等。

静态分析满足对多种静态数据提供多种可视化表达方式，如分色专题地图、统计图表专题地图。支持叠加多种静态数据类型，如WMS、WMTS、自定义瓦片服务；支持修改数据的图例样式。时空过程模拟针对时空信息时空特征，模拟某一种事物或现象的动态演变过程，或者某种流状态变量随时间和空间变化的分布规律及其与控制变量间的关系，从而实现对现有系统的再现和对未来系统行为的预先把握。支持展示带有时间属性的地图服务和要素服务，通过时间滑块动态展示数据的演变过程。探索通过大数据分析和GIS分析建模工具，通过一定的空间统计分析手段，实现展示针对某种现象的分布热力图。制图模板提供多种在线制图模板，并可实现灵活的、可配置的在线可视化制图功能，用户无需编写任何代码即可在线定制具备复杂GIS服务和复杂符号的制图功能，并可发布应用。仪表盘提供监控型的数据仪表盘展示方式，支持展示实时变化的数据值。

时空大数据分析与挖掘可以使用自己的数据库，如企业数据仓库、ArcGIS数据、地理数据库、电子表格、大数据和实时数据流等，快速创建图形、图表，获取态势感知，探索不同的应用场景，使用户可以探索和挖掘时空大数据背后隐藏的秘密。

8.2.2 静态表达模块

（1）折线（面积）图（图8-9）

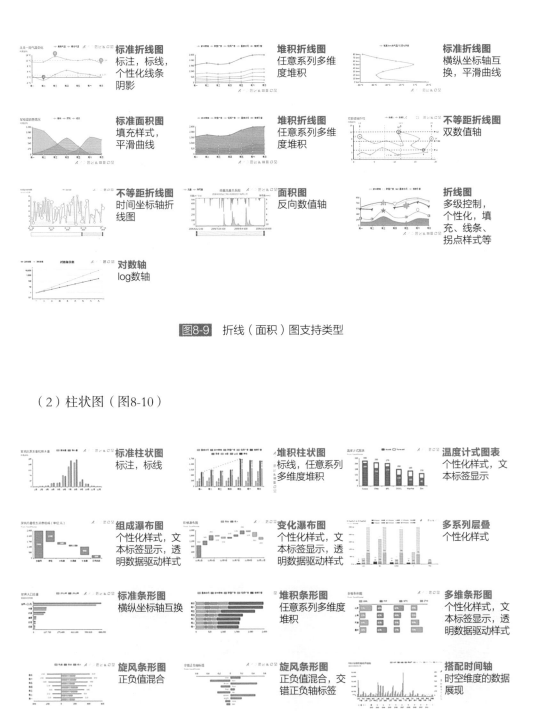

图8-9 折线（面积）图支持类型

（2）柱状图（图8-10）

图8-10 柱状图支持类型

（3）饼状图（图8-11）

 **标准饼图**
中心，半径设置

 标准环形图
中心，半径
设置，文本
标签显示

 嵌套饼图
多个饼图，中
心，半径设置，
文本标签显示

 南丁格尔玫瑰图
半径、面积玫瑰
图样式

 **环形图**
信息图样式，
文本标签技巧

 环形图
信息图样式，额
外内容添加，文
本标签技巧

 **搭配时间轴**
时空维度数据
展现

图8-11　饼状图支持类型

（4）雷达图（图8-12）

 **标准雷达图**
极坐标设置

 标准填充雷达图
极坐标设置，
填充样式

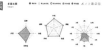 **多雷达图**
多个极坐标

 虫洞
多层嵌套
雷达图

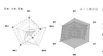 **雷达图**
多级控制，个
性化线条，拐
点，填充样式

图8-12　雷达图支持类型

（5）散点（气泡）图（图8-13）

 标准散点图
标注，标线

 标准气泡图
气泡大小计算

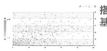 **搭配值域漫游**
基本使用

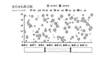 **类目散点图**
搭配数据区域
缩放

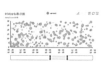 **时间坐标**
时间坐标轴

 搭配时间轴
时空维度数据
展现，
Gapminder

图8-13　散点（气泡）图支持类型

（6）和弦图（图8-14）

 标准和弦图
数据格式，
排序

 多系列和弦图
多维图例选择

 标准和弦图
数据格式，
排序

 非缎带和弦图
数据格式，
排序

 复杂关系网络
WebKit内核
依赖

图8-14　和弦图支持类型

（7）力导向布局图（图8-15）

 简单关系网络
数据格式

 树状关系网络
数据格式

 树状关系网络
数据格式

 复杂关系网络
WeKit内核
依赖

 力导向布局
个性化，节点样
式，线条样式

图8-15　力导向布局图支持类型

（8）仪表盘图（图8-16）

 标准仪表盘
个性化

 标准仪表盘
个性化

 标准仪表盘
个性化

 **多仪表盘**
个性化

 **多仪表盘**
个性化

 标准仪表盘
个性化

图8-16　仪表盘图支持类型

（9）漏斗图（图8-17）

图8-17　漏斗图支持类型

（10）树图（图8-18）

图8-18　树图支持类型

（11）字符云（图8-19）

图8-19　字符云支持类型

（12）混搭图（图8-20）

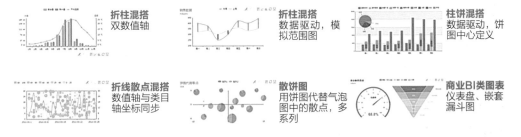

折柱混搭
双数值轴

折柱混搭
数据驱动，模
拟范围图

柱饼混搭
数据驱动，饼
图中心定义

折线散点混搭
数值轴与类目
轴坐标同步

散饼图
用饼图代替气泡
图中的散点，多
系列

商业BI类图表
仪表盘、嵌套
漏斗图

图8-20　混搭图支持类型

8.2.3　动态表达模块

（1）流向图

适用于人口流动、资金流动、数据流动等场景（图8-21）。

（2）散点图

适用于展现事件、POI、人口、单位、设施等点位置的场景（图8-22）。

（3）点分级图

适用于展现点位所代表的数量级与权重区别的场景（图8-23）。

（4）点分类图

适用于展现POI类型区别的场景（图8-24）。

（5）面分级图

适用于展现行政区划权重区别的场景（图8-25）。

（6）面分类图

适用于展现行政区划统计事项类型区别的场景（图8-26）。

（7）路网流量图

适用于需精确标绘出交通路线、方向和流量的场景（图8-27）。

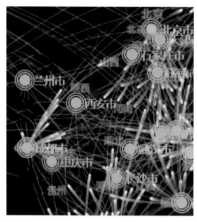

图8-21　流向图

图8-23　点分级图

图8-22　散点图

图8-24　点分类图

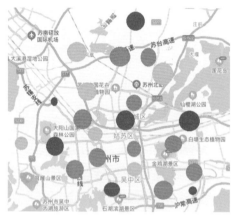

图8-25　3D面分级图

图8-26　面分类图

图8-27　路网流量图

（8）热力图

适用于展现密集程度、热门程度、拥挤程度的场景（图8-28）。

（9）格网图

适用于展现网格信息的场景（图8-29）。

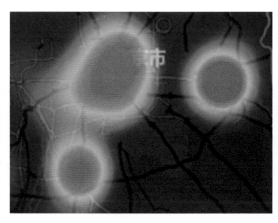

图8-28　热力图

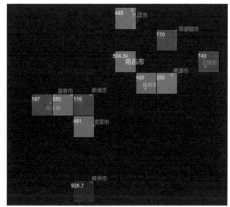

图8-29　格网统计图

（10）聚合图

适用于展现邻近区域POI数量的场景（图8-30）。

（11）3D柱状图

适用于展现各区域事件发生频率的场景（图8-31、图8-32）。

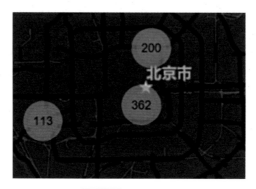

图8-30   点聚合图

图8-31   3D柱状图

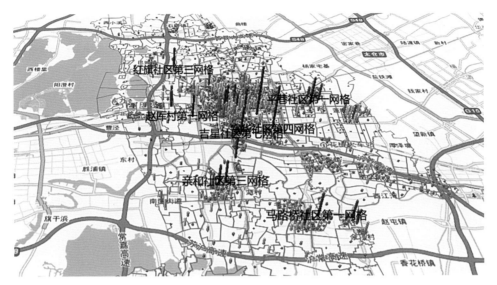

图8-32　3D统计图

（12）建筑实体单位统计

统计建筑自身的各种参数，或以建筑为单位，统计相关联信息数量（图8-33）。

图8-33　建筑实体单位统计

8.2.4　城市时空功能

　　为业务用户提供在线的影像提取分析功能，支持多业务领域应用，如城市规划、环境保护等。系统提供一系列变化检测分析功能，如植被覆盖度分析、城市土地覆盖分析等，以及变化信息提取功能。应用以时空大数据平台的影像相关服务为支撑，实现硬质地表变化、水体变化、建筑物变化和城市绿地变化信息的在线检测和提取功能。提供的在线变化检测模型，可以基于时空大数据平台的业务建模引擎提供的算法、模型以及业务流模型构建，也可以利用ENVI Services Engine提供的强大的图像分析服务构建。

　　（1）硬质地表动态监测

　　硬质地表动态监测通过两个时相遥感影像的对比分析得到土地表面两个时间段内的硬地变化信息。

　　功能设计：通过对比两个时相的波段差异得到差异图像，通过对差异进行图像密度分割得到硬地变化信息。用于计算差异的波段是通过近红外、红、绿波段得到的合成波段，合成波段对硬地变化比较敏感。密度分割的阈值可选择自动阈值分割或者手动输入分割阈值。为了得到更合理的结果，可以选择基于数字表面模型（DSM）数据去除建筑物的影响。输出监测结果为索引色单波段图像文件，也可以同时输出Shapefile矢量文件。硬质地表动态监测采用流程化操作方式，引导用户完成所需的工作。功能流程如图8-34所示。

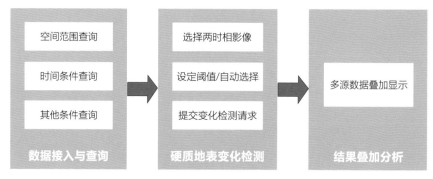

图8-34　硬质地表动态监测功能流程图

通过"数据接入与查询"工具得到影像列表，从列表中选择前一时相与后一时相影像，提交硬质地表变化检测请求。之后用后一期影像中的某一个波段减去前一期影像对应的波段，从而得到差值图像，然后为差值图像设定一个阈值，将差值图像中的变化信息分离出来，结合影像数据分析得到硬质地表变化信息，与影像数据叠加显示。

（2）建筑物专题动态监测

建筑物专题动态监测使用面向对象图像分类方法从多源数据中提取建筑物轮廓。

功能设计：先计算两个时相的数字表面模型（DSM）差值，之后设置变化阈值，利用阈值从DSM差值图像上获取两个时间内建筑物的变化信息。为了获得更精确的建筑物变化信息，可以设置去除植被和水体的影像；可设置最小建筑物监测面积，为了让变化图斑更平滑，可设置平滑处理。输出监测结果为索引色单波段图像文件，也可以同时输出Shapefile矢量文件。建筑物专题动态监测采用流程化操作方式，引导用户完成所需的工作。功能流程如图8-35所示。

（3）城市绿地专题动态监测

城市绿地专题动态监测的主要任务是实现动态监测城市绿地变化信息。

功能设计：首先计算两个时相数据的NDVI波段差值，之后采用自动阈值或者手动设置变化阈值，利用阈值从NDVI波段差值图像上获取两个时间内绿地的变化信息，可设置最小绿地监测面积，为了让绿地变化图斑更平滑，可设置平滑处理。城市绿地专题动态监测采用流程化操作方式，逐步引导用户完成所需的工作。功能流程如图8-36所示。

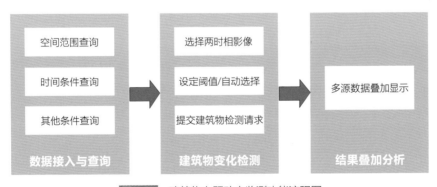

图8-35　建筑物专题动态监测功能流程图

图8-36 绿地动态监测功能流程图

通过"数据接入与查询"工具得到影像列表，从列表中选择前一时相与后一时相影像，提交绿地变化检测请求。用户在系统面板中选择监测范围，支持行政区划、当前视图、用户自定义三种方式进行选择，其中用户自定义可以手动绘制和上传Shapefile确定范围；然后单击下一步进入数据选择界面，在此步骤中，需要选择前一时相和后一时相的遥感数据，面板下方会自动显示所选范围和时间的数据情况；然后单击下一步进入参数设置面板，设置完成后单击提交按钮，即可向服务器发送处理请求。监测完成后自动将结果传回客户端，供用户浏览和使用。

（4）水体动态监测

水体动态监测提供指数法和阈值法两种方法从两个时相影像监测水体的变化信息。

功能设计：指数法是通过计算两个时相影像的水指数差，通过对水指数差值图像密度分割得到水体变化信息。密度分割的阈值可选择自动阈值分割或者手动输入分割阈值；阈值法是分别通过设定阈值从每个时相影像上提取水体信息，之后分析得到两个时相的水体信息从而得到水体变化信息。水体提取阈值根据选择监测区域的土地利用类型（城市、郊区、农村），提供三套经验值，也可以对经验阈值进行修改。输出监测结果为索引色单波段图像文件，也可以同时输出Shapefile矢量文件。水体动态监测采用流程化操作方式，逐步引导用户完成所需的工作。功能流程如图8-37所示。

通过"数据接入与查询"工具得到影像列表，从列表中选择前一时相与后一时相影像，提交水体变化检测请求。之后用后一期影像中的某一个波段减去前一期影像对应的波段，从而得到差值图像，然后为差值图像设定一个阈值，将差值图像中的变化信息分离出来，结合影像数据分析得到水体变化信息，与影像数据叠加显示。

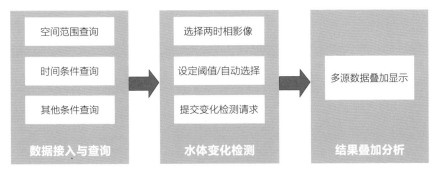

图8-37　水体动态监测功能流程图

8.3　城市时空运营

8.3.1　建设理念

　　构建基于新型智慧城市时空大数据的时空运营平台，即时空大数据一张图、时空统计一张图和时空事件一张图三者联动实现全局分析，实现宏观把控，用数据说话。为用户提供一个支持动态多维分析的时空运营平台，对各种信息进行自定义分析、统计，并以表格、图形等多种形式直观展现结果，提供趋势分析功能，为领导做决策提供参考依据。

　　对时空大数据进行复杂的分析之后得出一系列规律的动态过程。时空大数据思维是对数量巨大的数据做统计性的搜索、比较、聚类、分类等分析归纳，用支持度、可信度、兴趣度等参数发掘数据间的相关性或规律性，找出数据集里隐藏的相互关系网（关联网）。通过掌握、引导、传递和管理事关社会的海量时空大数据，准确反映与把握社会现状，才能有助于实现社会治理的现代化与系统化。良好的政府治理理念是提高政府效率的基础，是成功地建立新型智慧城市的关键因素。

8.3.2　功能模块

　　（1）时空大数据一张图

　　地图区划按照颜色深浅表示人口密度程度，并且地图具有交互功能，可支持逐级钻取，实现市级、区县、街镇、社区村、网格几大级别的分级展示及数据（如：总人口、人口密度、特殊人群、网格员、视频监控等）总体情况（图8-38）。

（2）时空统计一张图

根据时空大数据一张图的行政区划选择，统计比较该区划级别内的数据情况，如选择市一张图，那么比对市下面的各个镇数据，如总人口数据，通过比较一目了然知道哪个镇人口多哪个镇人口少（图8-39）。

图8-38   时空大数据一张图

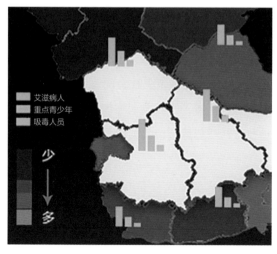

图8-39   时空统计一张图

（3）时空事件一张图

根据时空数据一张图的行政区划选择，显示本行政区划内发生的事件情况，既有宏观统计又能微观监督各个事件处理的具体细节，如选市级，那么统计市下属的各个镇发生的事件情况，并且地图支持逐级钻取功能，实现市级、镇级的事件统计和列表展示（图8-40）。

图8-40   时空事件一张图

8.3.3 运营平台应用

（1）一张全域时空网格

以所辖区域为时空网格基础范围，将网格划分为基础网格及专属网格，展示网格各项属性；对网格事件从各种维度进行分类统计（图8-41）。

（2）一支网格运营队伍

系统展示运营网格员总数、分类型网格长数量、专业网格员分类数量；实时显示在线网格员人数、正在巡查人数、手机登录人数（图8-42）。

（3）一份运营职责清单

为保障本辖区治安稳定，制定各项责任清单，消除安全隐患，将矛盾纠纷在源头化解（图8-43）。

（4）一个运营流转机制

从全市宏观角度对网格化系统内事件总数（月、季度、年）、事件平均数（事件总量平均、网格员平均）、事件办结率、合格率等考核要素进行全面展示（图8-44）。

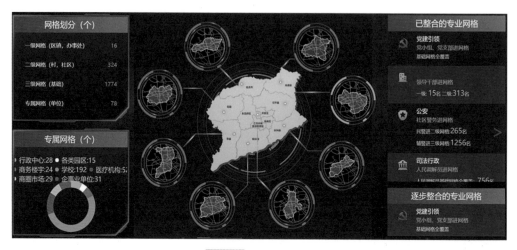

图8-41　全市一张图

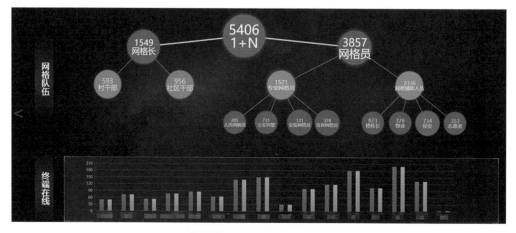

图8-42　一支网格运营队伍

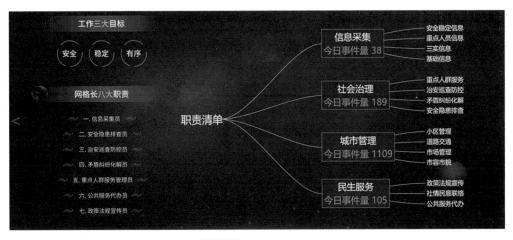

图8-43　一份职责清单

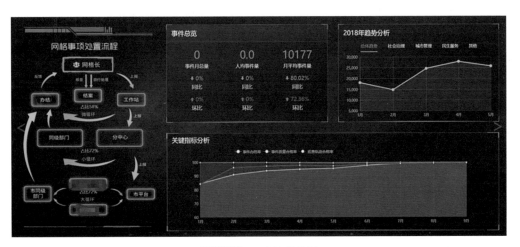

图8-44　一个流转机制

（5）一套运营考核方法

根据考核标准，对区县、街镇/办事处工作绩效进行排名；根据采集率、确认率、合格率、满意度等对网格长进行绩效排名（图8-45）。

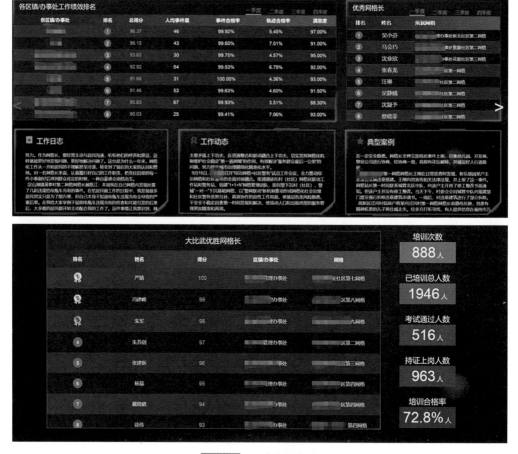

图8-45　一套考核方法

（6）一个运营时空大数据平台

通过运营时空大数据，对全市房屋、人口、基础设施进行分类统计。展示形式主要有数值型、柱状图、饼状图等（图8-46）。

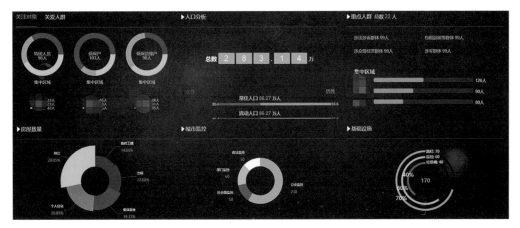

图8-46　大数据平台

8.3.4　城市智慧运营职能

（1）警情预警

展示新型智慧城市辖区内平安指数的预警状况，并可结合辖区违法犯罪警情、消防火灾警情、交通事故警情、民事案件受案数等变化，对较大变动将触发预警提示，以便宏观分析（图8-47）。

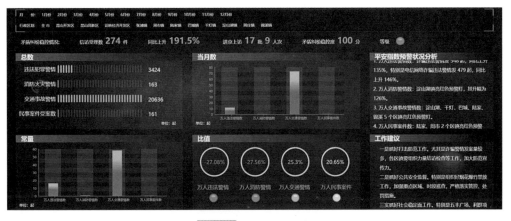

图8-47　分析研判预警

（2）社会治理

将新型智慧城市辖区的社会治理工作的成效和创新点进行大屏展示，以便向上级进行工作汇报（图8-48）。

（3）重点人群管控

能够直观展示本辖区重点人群分布情况，将重点人群在地图上以不同点状符号进行定位，点击点符号可查看该人员的详情，包括重点人员姓名、采集人姓名、预警等级、走访日期、走访结果及所属网格长等。从而全面掌握重点人群的基本情况（图8-49）。

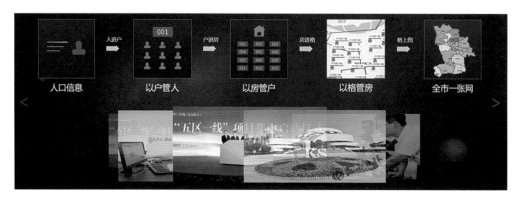

图8-48　社会治理创新

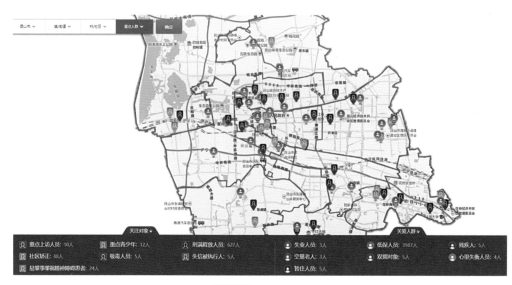

图8-49　一图管控

通过视频智能分析、人脸匹配技术锁定重点人员，生成人员行动轨迹（图8-50）。

将长期待业人员、劳教人员、劳改人员、不良行为青少年、劳教解救人员、吸毒人员、刑满释放人员、艾滋病人等特殊人群活动范围形成热区分析，作为网格员重点巡防区域。同时通过电子围栏限定活动范围，当越过活动范围时系统预警并将消息推送至相应网格员（图8-51）。

图8-50　重点人员行动轨迹

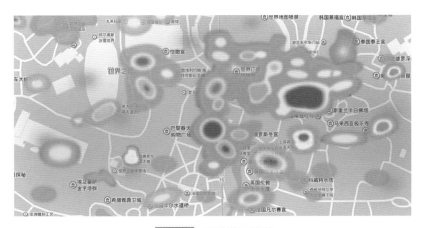

图8-51　活动范围监测

针对社区存在的犯罪前科人员、矫正人员、吸毒人员、精神病人员、上访人员在进出入社区时，通过人脸抓拍系统、车辆抓拍系统等手段进行多维预警，可实时掌握上述人员的活动去向。一旦发生异常情况，民警可第一时间调出数据进行查看确认和追踪，为案件提供基础线索数据（图8-52）。

图8-52　重点人群布控

（4）治安态势时空分析

每个事件的发生地点是有坐标与时间属性的，所以可以基于地图做时空挖掘分析，将本辖区治安事件、刑事案件、涉及经济犯罪案件、黄赌案件、交通肇事、"两抢一盗"案件等通过热力图进行展示，直观展示事件高发地区，结合时间轴，事件类型随着时间轴的变化而变化，能够直观看到不同时间段、不同地点发生的类型趋势变化情况。针对高发时间及高发地点加派警力，提升警力的高效性。还可以持续查看加派警力一段时间后事件态势情况，是否有所缓解（图8-53）。

（5）矛盾态势时空分析

每个事件的发生地点都是有坐标与时间属性的，所以可以基于地图做时空挖掘分析，将本辖区矛盾纠纷事件通过热力图进行展示，直观展示事件高发地区，结合时间轴，事件类型随着时间轴的变化而变化，能够直观看到不同时间段、不同地点发生的类型趋势变化情况（图8-54）。

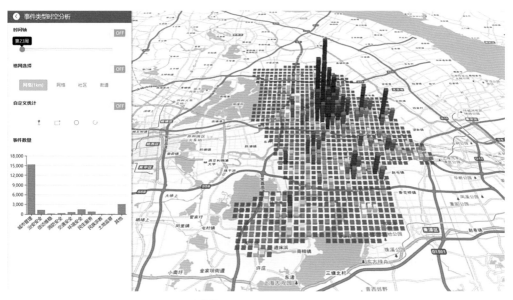

图8-53　治安态势时空分析

图8-54　矛盾态势时空分析

第三篇
新型智慧城市治理

- 城市治理现状与发展
- 大数据辅助治理
- 新型智慧城市治理公众参与
- 新型智慧城市社会治理应用

第9章 城市治理现状与发展

9.1 城市治理理论兴起与发展

9.1.1 城市治理理论兴起

20世纪90年代以来，"治理"逐渐进入政治学、行政学和管理学等学科领域，与之相关的讨论逐渐兴起，甚至成为这些学科的讨论热点。城市不再仅仅是一个生产生活空间，而逐渐演化成更多要素聚集的场所，尤其现代交通和信息技术的发展，改变了过去人们对于时间和距离的感知，让城市变得更加丰富、立体，形成一个前所未有的多维复杂系统。随着城市的发展和功能"进化"，城市治理成为现代国家治理的重要落脚点。

全球治理委员会（Commission on Global Governance）将治理定义为各种公共的或私人的个人和机构管理共同事务的诸多方式的总和，它是使相互冲突或不同的利益得以调和并且采取联合行动的持续过程。在治理理念的指导下，学者开始从不同层次、不同领域展开对治理的讨论，如全球治理、国家治理、区域治理、城市治理、社区治理等。学者对城市治理研究的侧重不同导致其对城市治理内涵的概括略有差别，但总体上都包含了城市多元主体、主体间互动与协同、城市持续稳定发展和城市公共利益实现等方面。

有学者认为，城市治理是指实现多元主体决策的制度机制。也有学者认为，城市治理是指政府、私营部门、非营利组织在相互依赖中，通过沟通、协商、合作的机制，解决城市公共问题，提供公共服务，增进公共利益。总之，城市治理是在城市经济社会发展的新时代背景下而发展起来的城市管理方式，城市治理在一定程度上体现了对传统城市管理方式的扬弃，希望通过纳入更多的利益主体，并促进其相互协调互动，最终达到联合行动，实现公共利益和公共价值的目的。

随着城市的现代化发展，社区治理和区域治理被认为是城市治理的"内"和"外"两个方面，并逐渐发展成为城市治理的重要内容。随着资源要素在城市间流动越来越频繁，城市与城市之间关系的研究开始受到重视。2014年政府工作报告中提出"京津冀一体化"方案以后，围绕着该区域的讨论逐渐增多。随着《长江三角洲区域一体化发展规划纲要》的审议通过，可预期关于该区域的研究会逐渐增多。近年来随着"城市群"概念的提出和空间格局的逐渐成形，围绕着"城市群"治理的研究越来越多，但目前多集中于城市规划等领域。

国外研究较为统一地认可了皮埃尔对主要西方国家的治理体系的归纳及内涵阐述，即管理型城市治理、社团型城市治理、支持增长型城市治理和福利型城市治理。管理型主要以政府为主导，强调提高政府解决公共问题、提供公共服务、处理公共事务的效率。社团型强调多元主体中的各利益集团以利益为导向参与城市治理。支持增长型主张以城市经济增长为目标，刺激治理的有效性和主动性，这是西方大多数新兴城市采取的治理体系。福利型则以国家投资为主导，保证居民的高福利。

在对城市治理体系现代化实现途径的研究上，学者Francesca对意大利20世纪末以来智慧城市政府角色定位的变化进行了统计和分析，他发现随着政治经济体系的变化，各级政府间协调合作、各利益行动主体介入城市决策过程，能够强化治理结构中的多元关系，达到多元主体的利益平衡，从实质上解决城市发展面临的难题，从而提高城市的竞争力和凝聚力。这种治理体系上的变化逐渐取代新公共管理主张的效率行政，受到广泛关注，形成了新的平衡行政体系，并在英国、新西兰等西方国家得到应用。学者Antonio提出城市治理空间的开放有助于推动公民自治性，从而提高地方机构的效率、透明度和合法性。也有学者将关注点放在了发展中国家，对其复杂多变城市治理案例进行研究，得出市民参与治理的程度与城市治理成效之间的正向作用关系。学者Marit则对德国柏林的市民参与案例进行分析，提出西方新自由主义城市转型中城市治理现代化与市民参与民主化之间的关系发生了实质上的变化，从而推进了治理效率的提高。Bailey将20世纪末在城市分权危机下普遍出现于欧洲的中央和地方各级表现出共同协调指导、共同生产、合作管理等方面的创新归纳为"伙伴制"，主要指为重整一个特定区域而制定和监督一个共同的战略所结成的利益联盟。其本质为城市借助于伙伴制的方式将权力赋予工会、社团组织、非政府组织、私营经济组织及地方当局等，从而优化权力当事人所能发挥的作用效果。学者Geddes认为伙伴制比传统的城市治理体系具有更大的灵活性，更能打破行业的界限。

在城市治理体系现代化的评价指标体系建立上，学者Beetham从合法性、合理性及全体一致性三个概念出发，构建了城市治理体系价值系统。其后，Buster为该系统补充了民主责任性这一评价维度，并检验了民主责任性对治理核心价值的影响，发现民主责任性能够提高对争议的实际控制。学者Hendriks通过构建治理价值评价体系将城市治理现代化研究扩展到了更精确、更具框架性的领域，最终构建了这样一个二维坐标体系，即依据决策制定者类型构建纵坐标，依据决策类型构建横坐标。作为衡量一个城市是否善治的标准，将城市治理体系细化为城市政体、城市信任、城市市场及城市平台，并从响应（如开放性及参与型）、有效（如营利性及价值增量）、程序正义（如合法性及公平性）、恢复（如可持续性及多样性）、平衡（如可控性及相互制约性）五个评价维度进行定位。

在城市治理能力的研究上，西方国家可以说是政府治理及城市治理研究的先导者，其研究成果主要集中于对城市治理能力的精确化、标准化评估。1898年，世界银行首次构建了一个较为完备的评价体系——"世界治理指标"，该指标体系囊括了政府效力、反馈与问责、规制质量、政治稳定、法律规则和腐败控制六个维度。这一评价指标体系在世界范围内产生了较为广泛而深远的影响。美国政府于1993年提出的《政府绩效与结果法案》，实现了对治理能力评价指标的进一步探索，聚焦政府治理绩效，通过多方共同参与得出对治理成果的客观且综合的评价，这些参与评价的主体包括第三方评价机构、来自于高等院校的研究机构、地方政府内的评价部门及联盟团体。除此之外，澳大利亚也在研究政府治理绩效及公共服务评价的路径中，事实上构建了一个治理能力的评价指标体系，由公共服务委员会APSC（Australian Public Service Commission）最终设立了一个涉及教育、社会保障、医疗卫生服务等多维度的治理评价体系，此后将治理能力评价指标作为一个标杆对城市治理成效进行评价，并依据评价反馈来制定、调整城市决策，成为具有代表性的治理环节。

中国国内治理理论的研究始于2000年后，晚于欧美发达国家，受西方城市治理理论的影响较大。学者俞可平提出，"城市治理"概念本身是把治理、善治这些概念引入城市建设和城市管理的过程中，将城市政治（urban politics）和城市管理（urban administration）两个学科整合、打通和贯穿。也有诸多学者对城市治理的内涵分别提出了相应的界定，这些界定的角度虽然不尽相同，但在核心内容上均达成了共识。城市治理的主体不仅包括智慧城市政府，还包括城市居民、非营利组织以及企业。治理客体为具有公共利益或共同利益属性的公共事务，治理方式为参与、沟通、协商、合作。治理机制为制度或非制度安排，主要是一种内生于群体的控制机制。

9.1.2　城市治理理论发展

学者谢援认为，城市治理体系是一种基于城市治理的制度基础和组织架构，是参与治理的各主体之间的权责配置及相互关系。对于治理体系的内涵，国内学者的观点较大程度地倾向于从内部和外部治理来剖析，这一观点的代表人物有顾培亮、踪家峰、徐静等。他们认为城市治理体系中的内部治理的核心为市民、政府与非政府组织，外部治理的核心为智慧城市政府、其他利益相关城市、城市所在的多级政府体系、跨国组织等。学者金南顺认为城市治理体系应由日常治理、临时治理与专项治理组成。学者王徊利按照利益相关者的归类，以利益为分析工具对各类主体的定位及相互关系和作用进行了研究。学者计永超、焦德武认为城市治理体系包括塑造共同价值、美化城市形象、提升城市效率、促进经济发展、完善社会保障五方面内容。近年来国内学术界也进行了一系列关于城市治理体系现代化的探索。

通过讨论治理体系的构建内容及实现方式，寻找当下城市治理体系特别是在方法途径方面的缺陷与不足，得出多中心治理、开放式治理、网络化治理及智慧治理等研究成果。学者王志峰提出应在满足治理主体间利益博弈诉求均衡的基础上实现城市治理体系现代化，对此，他选取了城市治理体系中的部分关键因子，在制度上进行挖掘创新，主张形成一种长效机制而非短期规避机制，在承认利益多元的前提下构建治理体系中的利益均衡机制。

对于城市治理能力，国内现有研究分别从综合和局部两个大方向进行分析，以全面反映城市治理能力的现代化水平。

（1）综合治理能力

学者俞可平从综合治理的角度提出了一个具有中国特色的治理能力架构，包括党内民主、法治、社会公正、公民参与、政务公开、人权与公民权、合法性、行政效益、社会稳定、政府责任、公共服务和廉政等方面，并将其命名为"中国治理评价框架"。学者过勇、程文浩以治理能力为评判基础，提出了一个含有七个指标的治理能力评价体系，包括了参与、有效、公正、法治、管制、透明和廉洁，并以这一评价体系为理论依据，选取了我国五个中心城市进行横向的对比研究。学者张红樱、张诗雨提出的治理能力评价体系则选取了不同的维度，从城市经济发展的程度及可持续性进行了治理能力的度量，并开始关注治理主体的主观评价。学者何增科认为，城市治理能力现代化有四条标准，即民主化、法治化、文明化、科学化，并据此提出了民主治理的过程、智慧城市政府的质量、城市治理的绩效、公众的满意度评价四个维度。学者王蹯、夏宏武从城市治理的不同领域构建了治理能力的评价体系，包括基础设施、医疗卫生、文化教育等。学者顾辉利用层次分析法提出体制机制、过程监督、治理绩效和公众满意度四个评价维度，且明确指出是对城市治理能力现代化程度的评价指标。

（2）局部治理能力

学者张亚明等从大数据、物联网角度出发，将"数字城市"作为评价核心，建立了一个包含20个指标的城市治理能力评价体系，其指标来源于基础环境层和政府保障层，并对我国31个省（自治区、直辖市）的数字城市进行了实证分析。学者邬文帅、寇纲专门针对环境治理领域构建了一个包含九个维度的治理能力评价体系，其中包括工业固体废物综合利用率、工业废水排放达标率、生活垃圾无害化处理率等。学者余敏江所建构的评价指标体系主要着眼于生态治理，包括四个维度，即生态治理的运作效能、生态治理的观念强度、生态治理过程的绩效、生态治理的制度与组织完善程度，但未进行实证应用。学者张国玉、余斌构建的评价指标体系主要包含五个维度，分别是经济总量发展能力、城乡统筹发展能力、社会服务发展能力、内涵提高发展能力及生态改善发展能力。可见，这一评价体系的核心标准在于科学的、可持续的治理，最终二者以该评价指标为依据，进一步选取了37个城市的相关数据，采用因子分析法对其进行了实证研究。

9.2　城市治理国际现状

9.2.1　治理主体现状

通过对各国新型智慧城市治理主体的作用比较分析，可以清晰地看到，不同国家新型智慧城市治理主体在城市治理过程中所扮演的角色、发挥的作用有很大的差别。目前国际上部分发展较成熟的智慧城市其治理主体在城市治理过程中一般发挥如下作用：

首先，从智慧城市政府的作用看，智慧城市政府在城市治理中一般是承担着宏观的管理，主要表现在城市统筹发展和城市协调发展方面。

其次，从非政府组织的作用看，智慧城市的非政府组织在城市治理中所承担的任务不仅涉及的面广，而且扮演着重要的角色。

再次，从企业所发挥的作用上看，部分国家在城市治理领域理论和实践已比较成熟，企业在城市治理中承担着越来越多的任务，企业与政府成了伙伴关系。

最后，从基层组织和市民的作用看，新型智慧城市的社区基本上就相当于一个独立的小社会，除了一些特别事务，社区基本上处于完全自治的状态，这极大地激发了社区居民的积极性。

通过以上的分析，我们可以看出发展较成熟的新型智慧城市各治理主体之间形成了一个结构体系。在这一结构体系下，参与城市治理的各主体之间是一种相互作用的协同关系。智慧城市政府制定政策，鼓励、引导其他治理主体的出现、成长，非政府组织与社区自治之间是一种相互促进的关系，政府组织与企业是一种朋友关系，其他主体与政府一起分担责任。由于多元主体参与城市治理以及治理主体之间形成了和谐共生的关系，所以新型智慧城市内部具有形形色色的城市治理组织，为智慧城市政府分担了大量的城市治理任务。智慧城市政府在城市治理过程中侧重于宏观上政策制定和实施指导，很少参与到具体的治理工作中去，在这种情况下城市治理的其他组织不仅是城市治理主要参与者，而且也保证了自身的参与权利。

因此，智慧城市政府在城市治理的谋篇布局上拥有更多的精力，推动城市治理更加完善、精细，智慧城市政府为城市治理的其他组织服务，希望其他治理组织能更好地参与到城市治理中来，推动城市治理走向深处，同时，城市治理其他组织的深入参与也为智慧城市政府更好地服务城市治理大局做了充分的准备。因此，城市治理主体之间形成了良性的循环。

9.2.2   治理客体现状

从新型智慧城市公共事务治理客体的维度来看，发展较成熟的新型智慧城市在公共事务治理范畴结构上呈现出一种分散的、多元的形态。具体表现在：智慧城市政府在公共事务治理中的范畴非常有限，主要职能是宏观领域的公共事务治理，其市政职能主要体现在治安、公共工程、公共卫生和环境保护、公共教育、社会福利、公用事业和城市规划七大领域，是有限政府。非政府组织和营利组织在新型智慧城市公共事务治理中治理范畴相对比较宽泛，一方面是新型智慧城市政府治理范畴权限以及参与主体积极的参与意识所导致，另一方面是新型智慧城市政府对非营利组织和营利组织在公共事务治理方面提供大力支持、营造良好的参与环境所致。同时，城市社区在城市公共事务治理中的角色不容忽视，城市社区在社区内部成立了各种各样的公共事务治理组织，可以说形成了集养老、保健、帮扶、就业、治安等为一体的社区公共事务治理体系。另外，从智慧城市公民参与城市公共事务治理的角度看，不论是市民参与公共事务治理意识还是参与公共事务治理的渠道、程序都比较健全和成熟。

从城市公共事务治理理论的研究和探索角度看，发展较成熟的新型智慧城市较早地对城市公共事务治理理论进行了研究和实践，并较早地在城市公共事务治理的具体实践过程中进行了探索，所以其城市公共事务治理相对比较成熟。

从国家对居民参与城市公共事务治理的保障意识和重视程度上看，发展较成熟的新型智慧城市不论是在城市立法上还是在具体参与治理项目上都给予了具体的法律依据，从而使得智慧城市政府和居民在公共事务治理的过程中都有法可依，强化城市居民对公共事务治理参与的保障。如：在法律中明文规定智慧城市政府的公共事务治理权限，以及确定哪些领域公共事务需要非政府组织来治理，哪些公共事务可以交给营利组织来治理；在法律中明文规定新型智慧城市社区在社区公共事务治理中具有哪些自治权，新型智慧城市政府在社区治理中具有哪些权力；市民在参与城市公共事务治理权力以及途径、程序都具有法律保障。

9.2.3　治理工具现状

国内外学者从不同的视角对城市治理工具进行了划分，如国外学者从权力、能力和命令、契约等的角度进行城市治理工具划分，国内学者从管制、财政和沟通等角度进行城市治理工具的划分。从上述城市治理工具的划分来看，目前分类缺乏统一的标准且还不够全面。

随着城市规模的不断扩大、城市政府财政压力越来越沉重及城市病的到来，部分新型智慧城市率先进行了城市治理工具的探索，根据城市背景、发展水平创立了不同形式的城市治理工具，其中比较典型的有企业化城市治理工具、解制型城市治理工具和顾客导向型城市治理工具。城市治理工具是部分新型智慧城市率先进入城市现代化及快速、高效发展的充分条件。

城市治理工具是城市对其进行管理的手段或方式，各个国家或者每个城市对于其城市治理工具的选择具有多样性。通过对各国新型智慧城市治理工具的比较发现，发展较成熟的新型智慧城市所选择的城市治理工具在形式上具有多样化。新型智慧城市政府在城市治理的过程中强调权力的收缩，减少对市场过多的不必要的管理，更多地是采取诱导、激励的城市治理手段，善于运用市场机制，在公共物品和公共服务的生产和提供上较多地运用市场化工具，城市政府与私人部门建立了友好的合作共赢的关系，尊重其他主体的参与、自主治理，城市政府注重帮助、培养和扶持非政府组织，充分利用其在城市治理中的作用，而且新型智慧城市政府还很好地利用城市社区治理这个城市治理工具，给予城市社区独立的自治权力，让它们成为自给自足的治理主体。

9.2.4　治理的行政管理

由于新型智慧城市的行政区划和管理体制建立在各国国情的基础之上，所以各国新型智慧城市的行政区划和管理体制也存在显著差异。智慧城市政区的划分以及治理层级的设置是在新型智慧城市政权长期的历史更替中逐渐形成的，当然这其中也离不开新型智慧城市的经济、文化背景以及公民的参与程度。从智慧城市政区的划分以及治理层级的设置演进来看，其形成并非一蹴而就、一成不变，而是在不同的经济发展程度、文化背景及国际环境的变化基础上不断地探索、改革的进程中逐渐演变，从这个视角看新型智慧城市的政区划分及治理层级设置是一个动态的过程。目前，部分国外发展较成熟的智慧城市的政区区划及治理层级设置具有以下特点：

首先，智慧城市的政区划分存在着一定的平衡原则，不论是在政区面积的划分上还是在政区人口的分布上都具有一定的均衡性，即使是核心政区其面积、人口与其他政区相比也不会有很大的差距。

其次，智慧城市的政区一旦划分之后具有绝对的独立自治权，其每个新型智慧城市政区就像一个独立的城市一样在财政权、事务权上都具有一定的自治性，即使是新型智慧城市基层社区组织也具有很强的自治性。

再次，智慧城市的治理层级一般是从市级政府到区级政府再到基层社区组织。治理层级不仅比较简化、有利于节约行政成本，而且具有独立的自治性。

最后，智慧城市不仅具有行政属性的政区，而且还有一些非行政属性的政区。一种是不按照行政区域划分的特殊性服务政区，这些政区是按照每个区域居民对特定的服务需求而设置的、具有很强的专业性，这在一定程度上体现了以人为本的政区划分理念；另一种是为了解决特定区域面临的共同问题而跨行政区设置的区域合作治理组织，它们有的具有一定的行政属性，有的仅仅是非政府性合作组织。这些区域性合作组织的设置不仅有利于解决各个政区可能遇到的挑战，而且有利于增进政区之间的日常感情，促进在其他领域的合作。

9.3　新型智慧城市治理策略

9.3.1　健全治理主体

城市治理机制是城市治理的路线图、方向标，其为城市治理提供了指引和方向。城市治理机制的确立、发展、稳定离不开契约治理，契约治理是治理机制的制度保障、法律基础。智慧城市在城市公共事务治理的过程中应逐步建立明确的治理机制，城市治理机制明确了各治理主体在城市公共事务生产与提供过程中的角色以及程序。智慧城市可以通过颁布城市治理法，以法律的形式来确保各城市治理主体参与治理的权力。契约治理其治理权力是由各参与主体共同决定的，体现了各参与主体的平等关系。契约治理是参与城市治理的各主体对城市治理权力的重新分配，其目的是实现城市治理利益最大化。

智慧城市的契约治理有多种制度性安排形式，如某些公共物品或服务由城市政府独自提供；某些公共物品或服务由城市政府与非政府组织或营利组织通过签订合同的方式来共同提供（生产与提供分离）；某些公共物品或服务可以直接下放给非政府组织或营利组织来单独提供；某些与居民密切相关的事务交给社区组织自己提供，市民可以根据自己的偏好自主地选择公共物品或服务等。

发展多元主体参与城市治理是传统城市治理方式的转变，尤其是大力发展非政府组织、营利组织。多元治理主体共同参与城市治理是城市治理理论的核心，引入竞争机制是多元主体共同参与城市治理的核心。

国外部分智慧城市在城市治理的过程中不仅有众多的营利组织参与公共物品或服务的生产，而且还有大量的非营利组织来承担城市政府的部分职能。具体表现在有许多企业直接生产或提供公共物品或服务，有的是完全民营化的企业（铁路、航空等），有的是城市政府与企业通过签订合同的方式让其生产公共物品或服务（垃圾收集、道路维修等）。有些智慧城市在公共物品或服务提供上还有众多不同类别的非政府组织，一方面它们承接着城市政府转移出去的部分城市治理职能，如环境保护协会、水污染治理协会、动物保护协会、消费者协会等；另一方面它们也在为一些特殊群体提供特殊的公共服务，如旅游协会、慈善组织、养老协会等。这些非营利组织不仅减轻了城市政府的负担，而且满足了人们的需求、降低了社会矛盾冲突。

智慧城市社区自治是城市治理的社会基础，同时也是培育和提高居民参与意识和参与水平的有效途径。新型智慧城市政府必须完善社区自治的体制，一方面需要城市政府从制度上确保社区的自治权力，如明确社区参与关乎社区利益的城市公共政策制定以及关乎切身利益的自主治理的权力；另一方面需要城市政府为社区自治提供宏观指导而不是微观干涉。城市居民参与城市治理是城市治理的基础细胞，提高智慧城市居民参与意识和能力首先需要智慧城市政府从管理体制上作出改变，如智慧城市政府治理的程序、行为、结果透明化、公开化等；其次，需要智慧城市政府通过各种途径宣传、教育以提高居民的参与意识；再次，智慧城市政府要为居民参与治理提供各种渠道；最后，智慧城市政府需要作出回应以期让居民确保知情权及作出评价。

9.3.2 规范治理对象

由于智慧城市集聚着大量的多元的人口、拥有众多的基础设施及多样化的组织，所以智慧城市拥有更多的、复杂的公共事务。从"公共事务"类别看，按照其活动的不同领域可以划分为不同类别的公共事务，即行政公共事务、经济公共事务、文化公共事务、社会公共事务（公共事业活动）。其中社会公共事务主要包括"科教文卫体环"。从"公共事务"的属性看，纯公共事务是指生产和提供具有消费非竞争性和消费非排他性属性的物品与服务的活动；准公共事务是指生产和提供具有部分消费非竞争性和消费非排他性属性的物品与服务的活动。

公共事务治理法制化是智慧城市在城市治理过程中的基础和保障。运用法律来规定公共事务治理过程中各方的权利和义务是参与主体最直接、最有说服力的证据，是拥有参与城市治理权力的各方主体的坚强后盾，是城市治理得以稳定、持续、长久的根本之道，是部分智慧城市较早进入城市现代化、快速发展的重要保证。

公共事务治理责任分担是部分国家智慧城市在城市治理过程中非常常见的一种现象。公共事务治理责任分担体现着城市政府职能的转换、权力的转移下放。公共事务治理责任分担一方面把城市政府从沉重的公共事务压力中解脱出来，使其扮演监督者的角色来审视公共事务的生产情况，另一方面公共事务责任分担不仅能够减少城市政府轻官僚主义、官员腐败的现象，还能够降低城市政府公共事务治理的生产成本。

引入竞争机制来治理城市公共事务也是部分国家智慧城市在城市治理过程中非常常用的手段。竞争是效率的前提和基础，城市政府在公共事务治理的过程中没有竞争往往会出现只注重投入和公平、不注重成本和效率的现象。因此，在城市治理中引入竞争对象，对于城市政府和其竞争者来说都有利于提高城市治理效益。城市公众对公共事务治理结果的偏好是评价城市治理组织服务能力的标准，城市治理组织要想赢得公众的喜好，就必须在公共事务治理的过程中迎合公众的选择，努力做到所治理的公共事务符合公众的满意。具体表现在应该让非政府组织参与城市治理众多领域，由于非政府组织以政府资助和社会捐赠作为治理公共事务的运营成本，所以非政府组织不得不接受政府和社会的监督。因此，非营利组织在治理公共事务的过程中必须既要注重效率又要注重成本和公平。智慧城市政府应该与营利组织之间建立伙伴关系，智慧城市政府授权营利组织治理城市公共事务，营利组织为了能够争取到更多的业务必须做到符合公众的满意，如果公共事务治理的结果不尽人意就会失去业务，就会失去组织运作的资源。同样，城市政府也在努力履行原来的职能，如果做不好可能就会丧失自身在这一领域的治理权力。公共事务治理引入竞争机制是智慧城市治理兼顾公平、效率与成本及推动城市发展的重要一招。

9.3.3　法治治理工具

法治化城市治理工具是智慧城市治理主体参与城市治理的基础和保障，是智慧城市预防化解社会风险、快速迈入城市现代化进程及走向未来的关键一招。法治化治理工具是指治理主体依据法律规则进行客观、公正的治理，不受任何其他主体的干涉，兼顾了各方治理主体的利益，使得他们在共同的利益下各尽其能、团结起来一起促进城市的繁荣发展。

法治化城市治理工具应该是保证城市治理主体的参与权、规定各治理主体的权限以及明确治理主体参与城市治理的具体职责。具体表现在：城市政府与企业之间、城市政府与社会之间应该明确权力、责任的法律关系，如国有企业市场化、行业协会、基金组织与城市政府脱钩等；城市政府各部门的权力、责任应该法律化，避免相互之间的扯皮、权责不清；城市政府治理活动应该公开、透明，以社会监督来保证法治化治理；明确城市各级政府、街道、社区的城市治理权力和责任，同时在法律上给予街道、社区更大的自主治理权力。

经济全球化和信息技术发展的外在要求使得部分城市开始实施放松管制型城市治理工具，全球化打破了人财物的流动限制，信息技术的发展为各主体参与治理提供了技术基础。例如，英国伦敦市政府在放松管制型城市治理工具的做法为：从程序、结构和内容三个层面进行放松管制。首先，从程序上进行放松管制，包括对组织程序进行简化完善、更加透明公平。其次，着重对其组织机构、结构重新调整，包括精简组织机构、重新组合组织机构、重新分配组织机构职能和重新调整组织机构结构，使其管制更加有效率、统一。最后，强调放松管制内容，尤其是在经济、公共事业领域，城市政府与营利组织、非政府组织建立合作关系。另外，需要说明的是城市政府在放松管制的同时也加强了其他组织的社会责任，目的在于防止其他组织在城市治理过程中只注重效率，忽视了公平。

城市经营治理工具是国外发展较成熟的智慧城市最为常见的一种城市治理工具。智慧城市政府把城市当作企业来经营、管理，城市政府的任务是创造良好环境、提供优质服务，目的是吸引投资者投资城市、发展城市。智慧城市政府把自己当作企业，城市政府内部采用企业管理方法（目标、绩效、顾客管理等），智慧城市政府把部分权力转移下放给其他非政府组织，使其在竞争的环境下一起来治理智慧城市公共事务。智慧城市注重城市形象设计、城市营销，智慧城市政府根据自身的城市定位、精神、文化来设计城市形象以形成独特的吸引力，目的是吸引投资者、生产要素、顾客参与城市发展，让全球价值要素来认识城市。

公民参与型城市治理工具是国外发展较成熟智慧城市普遍采用的一种治理工具。首先，智慧城市政府对公民的满意度进行了不同层次的测算，如外部市民、跨国公司、各种组织对城市政府的满意程度；城市政府根据政府各部门的公民满意度进行不同程度的奖惩，以提升城市政府各部门的服务水平；其次，智慧城市政府进行流程再造，如以核心政府部门为试点进行流程再造的推广，城市政府把部分权力转移下放给基层社区，让其既是参与者又是监督者；最后，智慧城市政府为了更好地让公民参与城市治理，应该从参与意识、参与程序及参与渠道等方面进行服务，应该提高公民的城市治理参与意识，简化公民参与城市治理的参与程序，拓宽公民参与城市治理的参与渠道等。

9.3.4 统筹治理管理

从智慧城市行政区划来看，合理划分市辖区的面积规模、人口规模并使其均衡分布，是智慧城市行政区划的普遍做法。英国伦敦和法国巴黎的行政区划调整就是通过对原先的市辖区进行适当的合并（2—3区），目的是合理布局各市辖区规模以提高行政管理效率。

　　市辖区规模的大小直接影响到行政管理工作的效率。从国外智慧城市行政区划的调整历程看，它们都是从以前的市辖区规模差异过大逐渐调整为如今的规模适中。市辖区规模的合并扩大有利于达到一定的规模效益、节约成本、提高效率。

　　部分智慧城市在行政区划和管理体制改革的进程中还存在着众多不同类别的跨行政区的区域性机构。例如：英国伦敦、日本东京智慧城市为了提升城市的竞争力、加强统一规划管理以及促进城市的可持续发展，成立了跨区域、权威性的区域性合作组织，为城市的区域统一发展扫清了障碍。美国纽约市在区级行政政区之外又设置了众多提供专门服务的特别区（学校特别区、保健特别区等），特别区并不是按照行政区的界限来划分的，往往跨越了行政区的界限，根据居民的生活需要来设置。特别区的设置不仅在一定程度上减少了区级政区的公共服务负担，而且也降低了区级政区之间的冲突概率。另外，美国纽约、英国伦敦、日本东京、法国巴黎等智慧城市为了解决区级政区之间共同面临的一些公共事务（水污染、空气污染等），区级政区之间成立了一些处理区域性公共事务的区域合作组织，如水污染治理协会、环境保护基金会等。

第10章 大数据辅助治理

10.1   大数据城市治理现状

随着数据技术的发展和数据理念的更新，各个主体对于数据价值的重视和挖掘日益高涨，真正将数据看成一种资源，并推动实践应用的发展。美国早在2009年就发布了促进大数据研究与发展的相关倡议，并于2012年发布《大数据研究和发展计划》；欧盟在2010年将大数据纳入"欧盟2020战略"，于2014年发布的《数据驱动经济战略》标志着大数据正式成为欧盟整体战略的一部分。亚洲地区，日本、韩国和新加坡也将大数据列为国家战略，并涌现出一系列先进的应用实践。芝加哥的城市体征监测大数据平台（Smart Data）实现了城市风险的动态监测。新加坡城市关联与情境预测系统可以实现智能化发现城市问题并寻找相应解决策略。我国2015年国务院印发《促进大数据发展行动纲要》，并于十八届五中全会正式将大数据上升为国家战略，地方上相继涌现出一大批大数据机构和实践应用。

城市治理中的大数据应用是信息时代背景下一种新的治理工具，是在互联网政务服务和电子政务的相关内容基础上，更加强调数据开放与共享，以及随着数据流动所形成的业务流程优化与部门职能整合；大数据应用不仅仅是一种政府向社会传达政策、提供公共服务的线上渠道，更是为城市治理中的多元主体提供了较为弹性、灵活的意见表达与协调机制，促进社会各方在可控条件下进行对话与协商，在互动中形成集体一致的行动规则。

2018年国务院机构改革方案提出，设立应急管理部，即将国家安全生产监督管理总局的职责，国务院办公厅、公安部、民政部、国土资源部、水利部、农业部、国家林业局、中国地震局、国家防汛抗旱总指挥部、国家减灾委员会、国务院抗震救灾指挥部、国家森林防火指挥部的相应职责进行整合。省市政府在顶层设计的指导下也进行了相应的机构整合与重组。在实践中，以"河长制"为代表的跨域治理是对分属在不同部门的水治理权责的一种整合。这些制度设计是对现实行政体制中由于专业分工带来部门分隔、缺乏协同的调适，一定程度上体现了整体性治理的思路，这也印证了整体性治理的构想在我国治理实践中的适用性。

当前我国在新型智慧城市治理实践中已经建立起了发展大数据应用的顶层设计，地方政府也相继出台发展大数据应用的指导性文件，并设置数据主管机构统筹推进相关事务，许多城市已经建立起了在全国具有示范效应的大数据应用。

2014年，"大数据"的概念首次正式写入《政府工作报告》。目前，我国已经完成了大数据的战略布局，从顶层设计到落地方案，政策纷纷出台。全国各省市设立了大数据专门管理机构。2018年3月国务院机构改革方案出台，在本轮机构改革方案中增设大数据主管机构作为政府工作部门的省、市迅速增加，如在江苏省，2019年1月南京、苏州、常州、淮安等地纷纷设立大数据管理局，负责该区域内的大数据工作的统筹推进。

在中央文件的宏观指导和地方政府不断探索实践中，新型智慧城市治理中的大数据应用快速发展，这些大数据实践应用是促进新型智慧城市治理朝着整体性发展的重要技术载体。目前建成的大数据应用平台中，比较典型的模式有三种：①一站式政务服务系统，如上海市"一网通办"服务系统；②城市治理具体领域的辅助决策系统与应用，如杭州市重点车辆监管系统；③城市社区管理的信息化云平台，如南京市栖霞区"掌上云社区"。依托于这些平台，城市治理主体之间能够进行有效的互动，增强主体间合作和整体行动能力；同时这些平台也被寄希望于打破城市政府部门壁垒、破除数据孤岛，提高机构和部门之间的数据共享和联合行动。随着实践中的大数据应用深化和扩展，新型智慧城市治理拥有了新的技术工具，整体性治理理念的实现也具备了重要的技术基础。

10.2　大数据辅助治理决策

10.2.1　治理数据完整性

新型智慧城市内部空间聚集、经济结构复杂、城市构成异质、资源要素高度集中，城市作为一个整体处于变动、开放的状态，不断与城市周边和其他城市之间进行互动和资源交换。新型智慧城市的复杂性已经超越了单一主体、单个机构或部门所能应对的范围，城市治理迫切需要多元主体参与。以大数据为代表的信息技术运用能够有效地拓宽公民参与渠道，提供多元主体互动协商的平台，获取决策所需的"完整"信息，让决策部门实现有效沟通和进行方案会商。整体性治理强调多元主体的互动协调来应对复杂棘手问题，而大数据的应用为这一过程提供了具体的工具和载体。

新型智慧城市整体性运作的一个中心的、正式的目标是更有效地处理公众最关心的问题。大数据平台能够促进公民参与，为治理主体提供较为弹性、灵活的意见表达机制，促进社会各方力量在可控条件下进行利益对话与协商，发现"公众最关心的问题"，明确"公众需要"，并在互动中形成集体一致的行动规则。大数据的应用能够为公民提供更多的参与场景。例如，公民不仅可以通过常规的、制度化的方式参与公共事务，如听证会、座谈会、政府调研，还可以通过政务网站、政务微信、微博和客户端进行政务信息的获取、政策咨询、公共事务评论等。大数据时代，通过整合移动互联网和智能终端设备，能够搭建起可供公民随时随地参与的网络平台，而大数据最典型的特点是能够将这些结构化或非结构化的互动数据通过收集、清洗和计算，形成有用的决策信息，反馈给不同的治理主体，从而建立有效的互动机制而非让参与戛然而止。

基于大数据的新型智慧城市信息化云平台在很多城市兴起，如南京市栖霞区"掌上云社区"，成为该区全域治理平台。该平台依托于微信群和微信公众号，建立线上治理综合平台。平台由社区党组织领导、居委会主导，驻区单位、物业、社会组织和社区居民共同参与。截至2019年2月，建有微信群901个，覆盖该区全部119个社区，线上成员达到17万人，每月产生有效交互信息30万余条，群内智能机器人"小栖"可提供在线答疑、回复和流转工单，社区成员的心声和需求、投诉和建议通过"云社区"运行产生的大量数据反映出来，该区政府聘请专业团队对数据进行分析，辅助政府决策，提高政务服务活力。

　　在新型智慧城市中，大数据技术的运用能够拓展公民决策参与的途径，进而提升参与的实质性。大数据平台采集的数据不仅仅是来自服务器上的高价值密度的结构化统计数据，还有更多的来自传感器的涉及城市生活方方面面的文字、图片、音频、视频等非结构化统计数据。这样的数据不再是一堆抽象概括的指标，而是对城市真实运行场景的反映，如居民的交通出行轨迹数据反映了城市居民真实的行动路线，当这样的数据成为公共决策数据时，决策者的关注重心自然转移到真实公众需求上来；更重要的是，在这个过程中，公民甚至不需要有意识地主动参与，也不需要有特别的政治参与能力或者去特定的政治场合，只需要通过日常行为就能将自己的需求反映到治理决策过程中去。

　　在新型智慧城市中，典型的应用如手机信令技术，即手机用户与发射基站或微站之间的通信数据，将城市人群活动规律以及人与环境的关系通过可视化的形式展现出来，从而成为城市空间规划决策的重要依据。同济大学建筑与规划学院钮心毅教授团队运用大数据定位精度适中、时间连续、无群体差异等优点，结合传统的统计数据如房屋土地登记数据等，较为准确地反映一个区域人口分布、交通线路、土地使用等信息，并将其用于上海主城区的单元规划中，使职住平衡正式进入城市空间规划体系。时任上海市多维度信息处理重点实验室主任、上海产业技术研究院副总工程师张雷教授将计算机视觉、摄影测量与云计算等结合，利用无人机等多平台采集的数据进行专业解算，进而获得上海市虹口滨江部分区域的地表三维点云、三维纹理模型、正射影像等可精确定位、可精确量测的影像数据，相关技术成果有助于在滨江外滩全岸线贯通后的智慧应用，可以使公众进行身临其境的浏览与管理，实现多视角浸入式智慧体验。

　　新型智慧城市，尤其是特大城市和超大城市治理中的空间优化以及生活便利度一直以来都是城市治理的难题，大数据技术的应用将为这一治理难题提供新的解决思路。

　　新型智慧城市治理的一项重要工作是要合理地分配城市资源以满足城市人口、经济、社会发展的需要，而科学合理分配资源的前提是对该区域内的经济运行、人口分布、公共设施等基础数据有一个全面准确的把握。传统的统计调查由于受到人力、物力和时间的限制，难以全面、及时地反馈城市运行数据。赫伯特·西蒙指出，当受到信息获取和信息加工能力的限制时，决策者在决策过程中只能表现出有限理性。当没有足够的决策信息辅助时，决策主体倾向于依靠直觉和经验，这样的决策模式在风险小、变化慢的传统治理环境中有一定的效用，但依靠直觉和经验的决策模式不再适应当下复杂的、瞬息万变的治理环境，甚至会因为一个决策失误而产生连锁反应，在日益复杂的城市治理系统中，科学决策对信息的需求越来越大。

以大数据为代表的信息技术发展可以提供应对策略。数据技术可以通过信息采集和运算，快速抽取和集成决策所需信息，这些信息可能是政府、企业和社会组织数据库里高价值密度的结构化数据，也可能是政府网站、社交网站上的半结构化数据，更有可能来自每个个体日常行为产生的各种文档、图片、音视频"痕迹"，并且数据技术可以通过数据挖掘、机器学习和统计分析等发掘数据之间的关联，还原事物之间的潜在关联，并尽可能从多个维度展现社会事物的全貌。统一信息共享平台能够实现不同部门业务数据的有机整合和不同来源数据的相互验证，进一步保证了数据的完整性和准确性。

大数据技术可以有效地打破不同主体间信息分享的技术阻碍，也可以增强对分散的、碎片化的和非结构化数据的应用，让公共决策有的放矢。新型智慧城市管理部门可以综合运用摄像头收集到的视频影像信息、各类终端的刷卡信息、市民网络上的社交和消费信息，再结合政府机构和企业信息系统中的结构化和高价值密度信息，把握公众生活习惯与出行规律，快速识别潜藏危机和风险，为资源节约、车辆管理、预防犯罪、疾病防治、灾害预警等方面的决策制定提供有效的数据支撑。如上海浦东新区"基于大数据的疾病疫情监测与响应程序"中，建立疾病和疫情数据库，通过实时监测、模型比对，掌握疾病疫情发展动态以及可能存在的疾病疫情风险，为疾病的控制和预防提供有效的决策支持。目前全球仍在关注的新型冠状病毒感染问题，已让全世界人民切身体验到了大数据应用的魅力所在。

10.2.2　治理数据共享性

传统的城市运行中管理信息流转模式比较单一，主要是中心管理模式，即由交换中心向数据需求方转发。而大数据技术让部门共享和接入转发成为可能。接入转发模式改变了传统的城市运行管理信息流向，信息不再全部由源头部门获取后通过交换中心共享，而是根据决策需求选择由中心直接从信息源获取后转发。比如，环境监测部门对每日环境监测数据的发布，就是通过直接接入的方式获取全国367个城市的数据。这样的信息流转方式，一方面有利于提高实时信息的流转效率，另一方面有利于对跨领域信息的关联整合，提高决策支持的水平。以"云上贵州"为例，2014年起，贵州省工业、交通、旅游、环保等部门开展数据集聚与云应用，政府部门在统一的数据平台之外，不再单独建立数据库，全部使用"云上贵州"提供的数据储存和计算服务，以此实现政府各部门之间的高度数据共享和业务协同，增强部门之间的相互信任，政府决策将拥有更多更全，且可供随时调用的数据与数据计算服务。

在决策过程中，与传统的依靠文件签发和面对面沟通的会商模式不同，数据的流动可以让业务相关部门快速获得业务有关的其他部门掌握的信息，这将在很大程度上打破部门数据壁垒，让决策参与部门都能对该业务相关信息进行综合把握，进行意见交换和利益磋商，提高决策会商效率，部门之间的决策联动性增强，也让城市治理中的决策整体性得到提升，避免出现顾此失彼和"头痛医头脚痛医脚"的不良循环。

新型智慧城市基于大数据的信息化平台能够通过数据的流动打破部门、层级之间的阻隔和壁垒，降低政府内部的沟通成本，并提高政府在线协作能力。新型智慧城市政府与社会力量之间、城市政府与其他城市政府之间能够通过数据的流动实现信息共享和战略合作。整体性治理强调多元主体在政策执行过程中的整合行动，解决复杂棘手的公共问题，提高城市运行效率，并最终使一站式公共服务成为可能。而在整个过程中，大数据技术及其相关应用为行动整合提供支撑。

（1）降低政策执行中的沟通成本

传统的政府行政主要通过文件的流转来实现政务信息的上传下达，这种信息传递的方式需要花费大量的精力去解读文件精神，明确文件内容，甚至可能会造成一定程度的信息缺失。大数据平台的引入有望改善这一问题，当决策者将决策信息下达后，执行者能够借助数据平台清晰、全面地理解决策的内涵，并以此指导具体的执行工作。当决策执行需要多部门协同时，借助大数据在信息共享、数据传递、动态监控、动态分析方面的优势，能够明确各部门在政策执行中的角色和参与时序，帮助界定主体间的权责关系，促进治理主体积极地履行职责，提高整体行动效率，避免遇到难题时相互推诿，有利于消解主体博弈造成的集体行动困境。

（2）优化组织办事流程

我国目前城市治理中的政府组织模式是基于纵向层级分权和横向专业分工而形成的，这种模式是基于官僚制分工与控制的原则建立的，虽然在应对复杂问题或者需要跨领域协调问题时表现出有效性欠缺，但这种在相当长时间里形成的组织架构设计和资源配置模式依然很难改变。

当机构和部门间的数据具有统一的标准且可获得，或者有集中统一的数据平台可供使用时，部门间的数据孤岛被打破，数据流动和融通变得顺畅，数据所承载的公共事务也会进一步被理顺，减少业务重复，简化办事流程和降低运行成本。即数据流动可以实现在既有的组织架构上，在不改变部门既有职能分工基础上，优化业务流程。与此同时，数据技术还有利于在城市治理中基于"业务"快速形成新的行动组织，这样的虚拟组织可能由不同职能部门的人员构成，但不需要再另设一个领导权威来分配任务，而是基于数据计算结果形成自动的行动规则。如"云上贵州"中的"智能交通云"就是将公安、消防、医疗等部门联合起来，运用大数据技术进行监测和计算，当出现需要执勤的场景时，系统会根据客观情况的计算结果给出最优的出警方案，各部门根据方案行动，大大提高了出警效率。这是整体性治理追求部门重建所要达到的目的，而这种部门重建在大数据背景下，可以通过在线、虚拟的方式快速实现。

（3）"一站式"政务服务成为可能

整体性治理的目的是通过机构的协调与整合，最终实现行动的整合和"无缝隙"公共服务的供给。城市治理的根本目的是满足人的需要。现实生活中，城市治理上的碎片化带给城市居民、企业和社会组织的直接影响是管理与服务上的多头和无序，当它们需要与政府打交道的时候，却常常遭遇烦琐、重复的办事流程和多次提交类似的材料。大数据服务平台的建设，能够在一定程度上缓解这类现象。

理论上城市政府可以运用大数据建成单一的政府网站入口来对政府网站进行整合，但实际上的网站整合程度跟政府机构的整合程度与整合进度有关。集中受理与整合政务服务是有区别的，如果只是简单地通过集中窗口受理业务，再将业务分配到各个条口办理并不能称为整合，这样只是机械地让政府工作人员多跑腿来实现公众少跑腿的目标。真正的整合是能够实现高水平的信息共享和业务协作。2019年4月发布的《省级政府和重点城市网上政务服务能力调查评估报告（2019）》显示，截至2018年12月31日，在全国32个省级政务服务平台中，31个面向自然人和法人建构了省级统一身份认证体系，已经实现省本级1105个部门的24932项（占比59.95%）、342个地市级11325个部门的29.9万项事务的接入认证和单点登录。

上海市"一网通办"一站式政务服务系统，是新型智慧城市治理中较为先进的"一站式"政务服务平台。该系统以高效办成一件事为目标，进行办事流程重塑和优化，该系统整合了多种类型的职能部门。系统涵盖的业务可以从一个入口进行提交，并且申请人已经提交和系统内能够调取到的材料不需要申请人重复提交，通过线上协同的方式，减少了审批、流转耗费的时间，大幅度提高业务办理效率。在此基础上，通过智能推送等方式还有利于满足公民精准化、个性化的服务需求。目前该系统的移动客户端已经上线了办事服务358个，其中审批事项137个，服务事项221个，客户端下载量已经超过1000万。该系统是促进部门整合、优化业务流程，推进整合性服务的生动案例。上海市在配合实践的过程中制定了《上海市公共数据和一网通办管理办法》（地方政府规章），对政府部门的数据共享形式和共享范围以及各级数据责任单位、数据采集方式等做出了制度性的规定。

10.2.3　城市群一体化治理

21世纪以来，我国贡献了世界上速度最快、规模最大的城镇化进程。截至2018年，我国城镇化水平达到59.58%，多个机构预测中国未来30年城镇化水平将持续提升。在"中国新型城镇化理论·政策·实践论坛2018"上，国家发展改革委副主任胡祖才指出，我国基本形成"19+2"的城市群发展格局，城市群成为未来中国城镇化进程的重要模式。

（1）城市群公共事务的复杂性

学者陈亮在城市群区域治理研究时提出城市群治理的复杂性主要体现在三个边界排斥上——空间边界排斥、组织边界排斥、部门边界排斥。用三个边界排斥来阐述城市群公共事务覆盖范围广且边界模糊，治理资源分属于不同的政府组织，以及治理需要公私部门合作的特点。典型的城市群公共事务治理如大气治理、流域治理、传染病防治以及公共安全治理等。除了中央政府以外，城市群没有统一的领导机构，也没有常规化的协调机制。在治理实践中，城市之间还存在人才、投资等各种要素的竞争，不可避免地出现地方保护主义阻碍资源要素的自由流动；但市场机制也同样会带来负外部性以及要素过度集中、城市差距进一步拉大等问题，两种机制在应对城市群治理的问题上都存在一定的局限性。

（2）大数据平台辅助城市群治理

2016年10月，我国批复建立了两个跨区域类大数据综合试验区，分别是国家大数据（京津冀）综合试验区和国家大数据（珠江三角洲）综合试验区。跨区域大数据综合试验区的建设重点是落实国家区域发展战略。

在城市群的常规治理中，基于大数据的信息化平台有助于观察城市群内的要素流动方向、流动强度和流动频率，为城市之间各领域合作提供可靠的数据支持。此外，居民活动大数据，如手机信号数据、社交媒体签到数据、公交刷卡数据、城市铁路运行数据等能够反映城市间的真实联系图景，有助于城市之间的公共基础设施对接、公共资源共享，甚至医疗、社保等公共服务的统筹。统一、高效、互联互通的数据共享和数据交换体系，能够推动信息资源跨地区、跨层级、跨部门共享，优化营商环境，提升区域核心竞争力。

在专项治理中，典型的如流域治理、空气治理、传染病防治和公共安全治理等，大数据平台采集城市群区域的相关数据，并通过可视化技术清晰展现出该事务涉及的范围和强度，并根据具体情况进行各主体权责划分，制定统一行动规则，加强城市群区域的整体治理能力。2018年5月，上海、江苏、浙江、安徽四地公安机关签署了《长三角区域警务一体化框架协议》，提出公安政务服务"长三角全域通办"的规划，对于可异地办理的事项进一步简化流程、压缩办理时间；加快电子证照推广互认；需要异地公安机关或者其他政府部门协助办理和提供证明材料的事项尽力配合，强化数据共享，让办事群众尽可能少跑路甚至不跑路。

（3）城市群深度合作增多

新型智慧城市群合作，需要关注两大基础，即平等和差异。新型智慧城市发展的创新需要充分发挥其他主体的主动性和创造性，城市治理中的其他主体，如一些大企业不仅掌握了海量的数据资源，还对上下游产业有巨大的辐射作用。新型智慧城市群的各城市政府之间需要以一种更加开放的心态来对待多元主体间的合作，这就是合作的平等基础。不同的主体在创新动力、协作效率、集中统一等方面的能力又是不同的，这又为合作创造了差异基础。在信息化时代，新型智慧城市治理主体的差异性表现得更加明显，政府越来越需要借助社会的力量来强化自身能力。为了调动社会各方力量参与城市治理，政府可以通过开放城市公共数据、相关工具和数据服务，允许公众查询、下载和使用。公共数据的开放和共享可以强化社会监督，推进政府的透明化、法治化和责任政府的建设。更重要的是，社会力量可以在数据开放与共享中发挥创新性和创造力，真正使社会活力得到激发和释放，促成群体智能和多方协同的公共价值塑造。

新型智慧城市政府在建设大数据项目时，开发和运营维护往往由互联网企业承接，政府和企业之间就项目如何建设、如何运行、如何优化达成共识。项目本身就是新型智慧城市群的各城市政府与企业的共同智慧，这种合作已经超过了单纯的服务外包，各城市政府和企业之间拥有了更深刻的联结。如杭州市政府与阿里巴巴集团在2016年的战略合作会议上宣布二者合作27个重点项目，这些项目涵盖大数据、云计算、跨境电商、互联网金融产业、物流，甚至是城市诚信体系。不同于以往政府信息公开对企业形成单方面的业务指导作用，这种战略层面的合作让政府和企业之间的联结覆盖多领域，甚至包括城市治理的核心领域。2019年3月1日，浙江一网通办小程序"浙里办"在支付宝上线，市民可在该小程序上办理超百项业务，包括查询、提取公积金、电子证件、交通缴罚、个税申报、一网通办等，涵盖了诸多公民个人和城市治理的核心数据。

在新型智慧城市群里，大数据时代公共部门和社会之间的数据融通程度会越来越高，各地也在积极探索大数据交易制度，公共部门和社会力量之间的联结会更加紧密，共同致力于解决新型智慧城市群中的城市治理难题，并提供更高质量的公共服务。

（4）资源整合提高城市风险应对能力

复杂性理论认为，城市工业化和现代化水平越高，城市不确定性和城市风险性就愈发明显。与传统的风险相比，现代城市风险呈现出密集性、连锁性、叠加性和圈域性等新特点。

在城市风险治理方面，人们固守的思维认为政府是城市风险治理的唯一主体。事实上，正是这种固守的思维限制了城市风险治理水平。"我国当前风险治理行政资源条块分割，整体规划使用效率不高；社会资源结构性分散，归集整合度不够；市场资源统筹度低，链条效应尚未形成。"仅仅依靠城市政府，并不能有效应对城市风险的复杂性和不确定性，这恰恰为城市风险治理中的社会力量参与提供了制度空间。

在风险感知方面，公民和社会组织具有灵活性、广泛性等优势，能够快速收集到城市风险的规模、现象等初级信息，并将其进行反馈，缩短应急决策的过程，提高应急效率。除此之外，政府与社会之间通过数据平台进行良好的风险沟通，可以让市民实时了解风险治理进度，缓解因为危机事件带来的心理焦虑，达成风险共识。

以2020年我国春节期间发生的新型冠状病毒防控为例，大数据技术在城市群中通过追踪移动轨迹、建立个体关系图谱等方式，在精准定位疫情传播路径，防控疫情扩散方面起到了重要作用。追踪移动轨迹、建立关系图谱，在大数据技术日渐成熟的今天已不是新闻，在位置数据方面，除了航空、铁路、公路、轮渡等交通部门统计的出行数据外，在用户授权的前提下，中国移动、中国联通、中国电信三大运营商基于手机信令能够有效定位用户的手机位置，互联网企业也可以通过App授权调用用户手机位置数据。地图、打车等App提供的移动出行服务，电商、外卖平台等App内的送货地址数据，以及移动支付位置数据等，也可以作为位置数据的有效补充。而关系图谱则可通过各类社交平台、通信网络、通话记录、转账记录等数据搭建。将这些个体数据集合形成群体数据，则能够清晰显示重要疫区的人员流入及流出方向、动态及规模，如百度、腾讯等互联网企业均已基于授权数据制作此次春运期间的人口迁徙地图，可据此观察各城市的人口流入、流出状况，尤其是重点疫区人口流出方向。这些数据有利于定位疫情输出的主要区域、预测地区疫情发展态势、预测地区潜在染病人群，为疾病防控部门及地区政府分类制定春运返程计划、有针对性地出台交通管制措施等提供决策支撑。

第11章　新型智慧城市治理公众参与

11.1　公众参与的发展现状

11.1.1　基本概念与发展

实行治理的公众参与是指城市立法、制定公共政策和决定公共事务时，政府公共决策制定和监督部门通过开放性途径、多种传统与现代化手段相结合，面向居民、社会组织、企业等各类公众，获取公众信息、听取公众意见、接受公众反馈的互动行为，最终能够影响公共决策的制定和治理方案的实行。公众参与是社会公众具体参与社会治理的全阶段过程。公众参与制度注重政民之间的多方利益交流与协商互动，主体之间能够进行信息交流，也可以进行观点的驳斥，实现多方主体信息公开，及时消除沟通缺失导致的误解，在政府与公众之间建立互信互通的关系。

随着我国经济的迅速发展，智慧城市治理的影响范围不断扩大，公众参与能够保障公众正常利益诉求的表达，可以使公众的意见在超大城市诸多政策落实过程中被倾听、被采纳，有效提升了公众权利运转的开放程度，保障了城市居民的知情权。公众参与制度化不仅可以有效培养公民的政治理性和社会责任，也能够成为广纳民智的工作方法。新型智慧城市治理在面临公共事务的极度复杂问题时，利用公众参与的方式来挖掘社会宝贵资源，填补治理缺口，是解决问题、促进政府职能升级的必要内容。

11世纪左右的欧洲公民大会，是公众参与城市治理最早的适用形式，许多欧洲国家通过全体市民参加的公民大会来进行城镇治理，不仅能确定官员的选举和录用，还能制定公众参与的具体权力。20世纪60年代后，这些欧洲国家不断进入后工业社会，伴随着经济的广泛影响，其公众参与治理的多元化、社会平等思想也得到广泛传播。

自由主义和民权运动思想对社会的积极影响与单一城市管理模式出现的城市弊病，共同催生了公众参与的一系列运动。1970年欧洲兴起的多元化运动，旨在追求生态、社区、性别、环保、消费权、工人所有权、行业工会等领域的多种目标，这些运动虽在具体内容上不同，但其目标一致，均是为了在当时西方的结构化社会中，不懈追求民主参与和公众自我管理。正是依靠多元化运动的广泛影响，城市管理逐步向公众开放。之后全球第三产业的急速发展、经济的快速增长、高新科技带来的信息技术飞速提升、文化影响下的公众工作生活方式不断转变，这些因素相互作用相互影响，共同促使城市由传统封闭社会转向主体紧密联系的开放性社会。

由于城市内各种资源、各种信息高度集聚，主体范围也日益扩大，利益诉求愈加复杂的多方主体交互产生更加复杂的交往行为。根据西方学者总结的城市治理理论，现代的西方治理结构是政府与市民形成的双方"委托—代理"模式。市场经济、非政府组织这两大市民社会体系，分别代表了基础自治与法律道德调节。城市治理就是政府和市民在市场经济框架中，互相进行信息传递来共同决策城市发展管理具体事项的过程。政府公共部门的定位是服务公众自治体系的行政机构，在以市民社会为基础的现代民主政治架构中提供公共设施、公共服务等公共行为。从国外城市治理公众参与的起源和变迁过程来看，公众参与城市治理是公众权利意识表达的必须途径，是随着城市发展大趋势顺应而生的社会机制。

我国治理模式自中华人民共和国成立以来经历了极大转变，由建国初期的统治型转向管理型，再由管理型逐步转向服务型。在整体治理模式转变的背景下，公众参与按照参与规模、参与意愿和参与制度等要素的差异，大致分为三个阶段，分别为动员参与阶段、自发参与阶段和理性参与阶段：

（1）动员参与阶段

群众路线作为政策管理中公众参与理念的高度凝练，一直作为根本理念被提倡。但群众路线未能在20世纪50年代中期得到巩固和发展，公众的参与意愿低、参与知识薄弱、参与能力不足、参与范围十分狭小，多数的参与事件均是在动员和号召下发生的。

（2）自发参与阶段

改革开放之后，政府制度进行大规模改革，治理模式转向管理型，职能得到重新界定、规模进行大幅度缩减，地方自主权的提升给公众参与提供了发展空间。同时改革开放带来的经济腾飞使得公众自主意识不断萌发，参与意愿逐渐增强。决策制定者意识到了公众参与意愿的重要性，还将公众权利写入宪法，从法律层面保障了公民的基本权利。宪法修改后，公众参与意识得到更大激励、相关社会组织数量显著增长，但公众参与还存在着各地发展水平不一、效率普遍较低和仅为数量的粗增长等问题。

（3）理性参与阶段

20世纪90年代，明确的公众参与理念和机制引入我国。各项党和政府的重大报告均提到公众参与的重要性和下一步的发展目标，政府治理模式也由管理型向服务型发展。如在2004—2008年的政府工作报告中，多次提出保障公众的参与权。社会经济的飞速发展、教育和文化水平的极大提高，公众的相关参与意识和能力也显著提升，公民参与呈现多样化的态势，社会管理逐渐复杂化。政府在机制上增加公众参与保障，除了加大信访制度改革外，还设有各领域的意见箱、热线电话和微信、微博客户端等一体化网络平台，建立人民建议意见征集制度，推出多项公共事务的公开制度等。这些透明化制度大力促使公民有序参与社会事务的制定和管理，使得公众参与水平得到进一步提升。

11.1.2　公众参与现状

1. 公众参与主体及意愿

（1）参与主体

发达国家智慧城市治理参与主体主要为政府和非营利组织，这些参与主体在法律规定的范围内行使不同的权力和承担相应责任。运行模式主要是在政府指导和资金支持下，由非营利组织负责具体的活动制定和实施。霍布金斯大学通过计算各国非政府组织（NGO）的经济量占本国经济规模的比例，对全球36个国家进行NGO的社会经济结构占比分析，反映了现代社会的治理结构，进而反映出国家对于社会部门认知的理念。其中荷兰的社会部门规模达到GDP的15%，而发展中国家最差水平仅为0.3%。发达国家与发展中国家数据存在明显差异，发达国家的公民社会部门水平普遍高于发展中国家。

我国特有的社会主义体制，施行的市、区、街道"三级管理"结构等，共同使得公众参与主体越来越多元化，从人大代表、政协委员等制度性参与，逐渐扩散到专家学者、普通居民、媒体等其他主体。同时要注意到我国作为发展中国家，NGO数量较少，尤其是人均水平远低于发达国家，参与主体参与率较低，实际参与领域也较少，发挥的实际作用较弱。

（2）参与意愿

在西方国家，公共精神和民主价值的公民文化构成的公众参与基础，促进着公众参与和城市治理进程的逐步融合。其拥有较强的公众社会认同感和权利责任感、参与意识，较高的公众参与活动频率。16岁以上的美国人有1/4在NGO做志愿者，英国志愿者的比例超过1/3。

相比之下，我国智慧城市治理中的公众参与意愿表现为整体热情与冷漠并存。参与意愿的热情主要表现在公众渴望有效的诉求渠道上。信息化社会的到来尤其是大量社会化信息网络平台的出现，促进了公众权利意识的觉醒、政治民主化程度的提高，我国整体公众参与意愿变得较为强烈。公共事务管理与决策者也在治理过程中逐渐意识到公众参与意愿的重要性，有意拓宽参与范围及渠道，进而带动公众的参与热情。

但在实践中，公众参与自觉性和主动性较低，总体意愿较低，相当数量的公众参与热情不足。学者孙龙对北京居民公众参与态度行为的实证研究表明，北京城区居民参与社区居民委员会选举和业主委员会推选的比例较低，大约分别为两成和一成；大约有四成的被调查者在过去一年中曾经参与公益服务活动，但参与方式和类型都较有限，并且居民工作单位性质不同，参与比例存在明显差异。这些较为冷漠的公众，部分由于缺乏理性认识，对参与治理存在恐惧心理；部分公众存在固定意识，认为社会公共事务与个人无关；还有部分由于教育水平、经济水平的落后，相关意识不足。

2. 公众参与架构及保障

（1）组织架构

在智慧城市治理组织架构上，发达国家多采取垂直管理体制，针对不同层次的管理主体进行精细化的权责分工，各参与主体权责与参与范围相匹配。强调法律和制度框架的重要性，较为注重社会福利制度的均等化、社区公共事务的自治化。日常治理中注重强化社区居民的主人翁意识、构建良好社区家庭关系、引导居民积极进行政治意见表达、培养居民参与政治生活的能力并通过立法等措施保障社区的高度自治。

我国经过一系列研究与实践，探索出符合我国具体国情的治理结构，治理主体逐步增加了社区居委会、社区业主委员会、社区物业管理公司、社区居民理事会、社区工作站以及其他公益性服务等组织，本质为矩阵式的项目管理结构。组织架构设定中，赋予广大居民的公众参与权利较少，导致其参与能力较弱，进而使得许多社区居民对于智慧城市治理持冷漠态度，认为智慧城市建设只是政府行为，政府应当负责城市治理工作。

（2）制度保障

发达国家为了促进公众参与、保证参与成效，在实体法中明确规定了公众参与的内容和方式、程序，形成完整的法律体系，最大程度上保障了公众的利益。例如在听证程序中，规定了参与者的资格和权责，还明确听证会笔录材料为决策的依据。德国的城市规划修订必须首先经过议会、政府以及专业的委员会共同商讨提出修改报告，在报告中要明确相关的修改内容、修改原因和修改目的，之后进行广泛的公示和全面的公众意见收集。再次要根据公众意见选择公众代表参加修改报告的论证会，多方商讨规划修改方案，从诸多修改方案中确定最优。随后政府仍需要将确定的草案进行公示，邀请公众代表进行审核，此次审核则侧重于公众利益是否得到满足与平衡，若公众利益在修改方案中受到损害，则直接否定方案。最终确定的实施方案将会被上报审批，通过后再次进行公示和意见收集，无异议才可实行。德国在智慧城市治理中的"事前参与—设计规划—参与审核—方案审查"等特定法律流程，保障了智慧城市治理过程中的参与有效性，最大程度地维护了公众利益。

在我国新型智慧城市治理中，相关法律法规、规章通知等，虽多次强调公民参与的必要性，但对公民有序参与的范围、程序、工具、救济等都没有做出具体、可操作的规定。立法将公民参与作为一种纲领性和严肃性的条件，分散在各种规范性文件中，缺乏一套完整的法律制度作为保障。程序的简单和抽象削弱了公众参与听证会的热情，最终导致了公众对政府的怀疑和漠不关心。

3. 公众参与途径及范围

（1）参与途径

公众参与智慧城市治理需要特定途径，使公众能将真实想法及时传递到决策者手中。公众因年龄、文化程度、家庭背景等自身条件的差异，各方利益主体的利益关联程度也存在不同，需要通过不同的参与方式来实现参与目的。西方国家在智慧城市治理相关制度中明确了参与规则，这些规则普遍规定于《中华人民共和国行政诉讼法》和与民众生活密切相关的法律中，不仅维护公众参与权利，还保证公众对智慧城市管理过程的监督。法律法规规定的具体参与方式包括通告、回复、听证、监督等，听证是其中应用最广的参与方式。

我国公众参与的途径在现行的重大决策程序立法文本中进行了大致规定，以8个省级的重大行政决策程序立法文本为例，大部分提及了"听证会""协商会""座谈会""网上征求意见"这些参与方式，少数提及了"社区基层访谈"的参与方式，多为"自上而下"式参与。上述规定大多比较抽象、描述较为简单。除听证会外，基本上都只是简单提及公众参与的方式，对各种参与方式的适用对象、具体适用情形以及制度安排却未作详细规定。

（2）参与范围

在民主治理历史悠久的西方国家，公众参与的决策范围非常广泛，包括环境保护、城市规划、社会福利、参与机制等方面。这些领域的城市管理工作很大程度上已将决策权交给了公众，赢得了公众的支持和信任。

21世纪以来，我国的新型智慧城市治理公众参与实践领域逐步扩展，包括立法、环境评价、行政预算、城市规划、绩效评估、公共服务等。具体包括深圳施行智慧城市规划公众全过程参与、北京开展法治政府的社会评议、上海建立拆迁征询制度、广州市在城市交通整治过程中引入公众举报制度等。其中典型案例有广州番禺垃圾焚烧事件。广州市人大常委会在2002年批准的生活垃圾处理建设方案，在征地时受到当地居民的抵制。项目停滞多年，广州市政府2009年发布完成征地的消息后，又受到了众多市民的抗议，居民们通过签名、上访等方式表达对垃圾场选址的不满。经过半年反复的公众意见反馈、政府媒体通报等，停止了垃圾焚烧发电厂项目的建设。此次事件中公众意见从不被倾听到获得认可，体现了智慧城市治理决策的理性调整，使该事件成为国家权力和公众权利良性互动的标本。

11.2　公众参与评价分析

11.2.1　评价分析原则

在我国新型智慧城市治理公众参与评价中，以公众参与的程度即公众参与度为具体评价对象，通过构建较为科学全面的评价体系，来量化计算各新型智慧城市的公众参与指标数值，最终得出不同新型智慧城市的参与程度，反映公众参与的各项实际情况。

（1）科学性原则

构建指标体系要坚持科学的态度，遵循社会经济发展规律，反复论证指标选取的理论与现实依据，统筹兼顾，以确保指标的科学性。指标应层次分明且数量适度，否则将不利于做出正确评价。指标选取必须目的明确、含义清晰准确，具有较强的可比性。

（2）全面性原则

新型智慧城市治理中公众参与度评价，不仅涉及新型智慧城市治理政策的具体制定过程，还涉及前期参与的可能性及最终政策发布后公众参与的实际效度。在构建指标体系时，除了要全面考虑公众的具体参与程度、参与的可能性、参与的效度，也要考虑各层次内部指标、各层次指标之间的衔接，从而构建一个合理的新型智慧城市治理公众参与度评价体系。

（3）导向性原则

研究选取的每个具体的指标必须符合新型智慧城市治理公众参与的范畴，能够在一定程度上体现公众参与的基本特征，对新型智慧城市治理公众参与的提升具有明确导向性。

（4）可操作性原则

构建此指标体系的目的在于将其应用于实践，因此，选取的指标不仅应符合以上三个原则，还应清晰界定指标所指因素的概念、范围，且考虑指标数据的可度量性、易获取性等。

从新型智慧城市社会治理的视角，基于市民阶梯理论、有效决策模型、交往行为理论及公共选择理论，根据民主、政治、经济三大原则，认为公众应该并有权利充分了解政府关于治理的目标，在决策过程中有权要求公众代表，并且只有公众代表充分参与制定的公共决策才可反映出公众利益。因此可以从"参与的可能性、实际参与程度、最终参与效度"三个方面来衡量超大城市治理的公众参与度。

公众参与的可能性代表参与主体公众的范围，即参与人员的数量。理想状态中，所有公众都应亲身参与城市治理的全过程，以直接表决的途径来实现全民共治。古代雅典民主就是该模式的经典案例。但在现有的环境中该模式难以实现，这就需要选取一部分公众来参与决策。公众实际参与程度表示实际参与者在公众决策过程中的信息了解完善程度以及对决策实质和内容的掌握程度。由少数公众代表做出的决策存在不能满足所代表公众的普遍利益的可能，公众最终参与效度表示公众对于实际参与者制定公共政策的监督和制约程度，是判断最终公众决策是否有效的维度。按照上述理论与原则，采用文献研究法和专家咨询法，构建共五个层次的公众参与度评价指标体系，如表11-1所示，具体包括：

第一层次：目标层（一级指标）

新型智慧城市治理公众参与度。

第二层次：准则层（二级指标）

分别从参与的可能性、实际参与程度及最终参与效度三个维度进行衡量。

第三层次：要素层（三级指标）

（1）参与的可能性细分为个体参与、组织化程度、制度保障。

个体参与作为直接民主制的重要表达方式，公众并没有明确主动的组织化倾向，更多的是以个体方式介入治理活动中。即使在现实参与中表现为多人参与，但由于缺少明确的组织化意志表达，也是与组织化的公众参与有本质的不同。在现实治理活动中，个体参与能够反映出城市治理的开放性。

组织化程度是测算公众通过某些组织进行城市治理参与的可能。公众参与治理的方式和渠道多种多样，通过社会组织表达自身利益诉求参与治理是其中之一，相较于个体化的参与方式来说，具有结社化、制度化、秩序化的特征，对实现政治民主、创新治理体制意义重大。制度保障即测算公众参与治理的保障程度。

（2）实际参与程度细分为参与前、中、后。根据公众参与的全过程，按照参与阶段划分。

（3）最终参与效度细分为公众评价、制度性评价和媒体评价。按照主体不同，衡量公众对于最终政策的监督评价力度强弱。

第四层次：因子层（四级指标）

将要素层细分，每个要素划分为若干个因子，共16个因子层。

第五层次：指标层（五级指标）

通过26个具体指标，将可获得的数据指标要素进行量化分析。

公众参与度评价指标体系　　　　　　　　　　表11-1

目标层	准则层	要素层	因子层	指标层
公众参与度	参与的可能性	个体参与	专业人员数量	志愿者指数
				社会工作者指数
			专业服务数量	志愿者服务人次数
				志愿服务时间
		组织化程度	社会组织指数	社会组织数量
				优秀社会组织数量
				社会组织增长指数
			组织活跃度	党组织活跃度
				民主党派覆盖率
				住宅小区业委会组建率
		制度保障	正式制度保障	公众参与机制完善度
			非正式渠道保障	有效的监督反馈途径
	实际参与程度	参与前	创新举措	各地区创新型参与保障
			信息完善度	公众参与前信息公布的完善度
		参与中	决策完整度	公众参与决策完整度
			实际参与数	政府向公众征求意见次数
		参与后	公众意见反馈	网站反馈
				热线反馈
				微博反馈
				微信反馈
	最终参与效度	公众评价	公众满意度	城市公众满意度
				基本公共服务满意度杠杆指数
			公众舆论	公众意见量
		制度性评价	公众司法反馈	司法案件量
			民主评议	人大、政协制度性评价
		媒体评价	媒体舆论评价	媒体新闻报道评价次数

11.2.2　指标测算方法

可从年鉴中获取指标数据，如通过中国民政统计年鉴、中国社会统计年鉴、中国城市统计年鉴、中国城市建设统计年鉴、各超大城市统计年鉴和社会统计年鉴中获取。年鉴外数据则通过网站搜索、实地调研及电话访谈等方式获取。指标中的一些定性指标主观性较强，通过问卷调查获取公众认知情况并为其赋值的方式得到数据指标，如公众参与前信息公布的完善度、公众参与决策完整度等，具体数据来源方式如表11-2所示。

公众参与度评价指标体系数据来源　　　　　　表11-2

指标层	使用数据名	数据来源
志愿者指数	实名注册志愿者人数（万人）/常住人口（万人）	各地志愿者网站、国家统计局、统计年鉴
社会工作者指数	持证社工人数（个）/常住人口（万人）	社会统计年鉴、国家统计局
志愿者服务人次	志愿者服务人次数（人次）	中国民政统计年鉴
志愿服务时间	志愿服务时间（时）	中国民政统计年鉴
社会组织数量	社会组织数量（个）	中国民政统计年鉴
优秀社会组织数量	年度评估3A级以上社会组织数量（个）	社会组织管理网站
社会组织指数	社会组织数量（个）/常住人口（万人）	广东社会统计年鉴
社会组织增长指数	社会组织较上一年增长率（%）	广东社会统计年鉴
党组织活跃度	党员人数（万人）/常住人口（万人）	网络查询
民主党派覆盖率	八大民主党派总人数（人）/常住人口（万人）	官方网站
住宅小区业委会组建率	住宅小区符合成立条件的业委会组建率（%）	网络查询
公众参与机制完善度	地方政府公众参与政策数（项）	官方网站政务公开栏

续表

指标层	使用数据名	数据来源
有效的监督反馈途径	公共决策制定及执行过程中的监督渠道数（个）	官方网站
各地区创新型参与保障	各地创新式治理模式（个）	网络查询、调查问卷
公众参与前信息公布的完善度	居民认为的参与机制启动信息公告数量比重（%）	调查问卷
公众参与决策完整度	公众参与过的政策制定阶段占比（%）	调查问卷
政府向公众征求意见次数	发布征求意见公告、召开项目论证会等总数（次）	官方网站
网站反馈	网站留言数量（个）	政府网站信息年报
热线反馈	热线反馈数（万）	热线官网数据统计
微博反馈	微博数据指数	微指数
城市基本公共服务满意度	满意度调查数据	中国城市基本公共服务力评价
基本公共服务满意度杠杆指数	GDP对基本公共服务满意度杠杆指数	中国城市基本公共服务力评价
公众意见量	政府网站公众意见量（个）	政府网站信息年报
司法案件量	检察机关受理案件数（件）	城市统计年鉴
人大、政协制度性评价	议案建议、提案立案年平均数（件）	城市统计年鉴、网站报道
媒体新闻报道评价次数	关于城市治理的媒体新闻报道数量（件）	百度搜索新闻数量

　　通过文献和案例分析，借鉴各位学者对指标体系数据处理方法的选取，综合考虑了方法的可行性、客观性、科学性，因偏差值法具有最终结果为数据的客观反映，无德尔菲法和层次分析法等方法中的人为因素影响，能够将评价分解至各个层级，可翔实并立体分析新型智慧城市治理中公众参与情况等优点，最终采取其作为我国新型智慧城市治理公众参与度评价的数据处理方法。具体计算步骤包括：

（1）根据表中所列的公众参与度评价指标，通过年鉴查询、网络搜集等手段得出各个指标层具体数据。

（2）计算各个指标的偏差值，即该项数据与相对平均值的偏差数值P_i。

$$P_i=50+10\times（x_i-\overline{x_i}）/\delta_i$$

其中，x_i表示各指标数值；$\overline{x_i}$表示各指标平均值；δ_i表示指标标准差。

偏差值能够反映出新型智慧城市在所有城市中的水准顺位，规定其最大为100，最小为0。

（3）要素层数据由其包含的指标层偏差值加和计算得出，再进行偏差值计算得出下一层级的指标数据。

（4）依次计算得出准则层和目标层的指标数据及偏差值。

（5）根据新型智慧城市的最终偏差值大小进行排序。

数据查询过程中，因众多年鉴的统计层面为省级，除北京市、广东省编制了专门的社会统计年鉴外，其余省份未有各市的详细资料。因此，新型智慧城市治理公众参与度评价过程中，仅以北京、上海、广州、深圳、天津和重庆六个城市为评价对象。同时在数据搜集过程中，由于部分指标非公开、无详细市级数据、查询对象来源不一致、时效性过强等问题，如志愿者服务人次与服务时间中相同的统计标准中仅有广东省省级指标、共产党员人数部分城市数据无法公开搜集到、微信公众号各城市数量不一、微博微信公众号数据时效性过强等，针对这些数据部分采取省级数据平均值计算，部分采取该项指标数据的平均值计算，微信公众号选取当地政府官方账号为数据唯一来源、微信微博相关数据选取可获取的最早时间节点等方式进行处理。

根据统计的各项指标数据及最终计算的偏差值数值，通过新型智慧城市相互之间的横向比较及各城市内部综合评价，来分析不同新型智慧城市之间公众参与度的具体差别，以及各新型智慧城市内部不同层次的相互差异。

新型智慧城市治理政策的颁布，需要在政策问题确认、政策议程确定、政策方案设计、政策方案抉择、决策之后政策实施等各个阶段均进行意见征求。总体而言，我国新型智慧城市的征求意见次数仍较少。同时在征求公众意见过程中，还出现参与渠道不足、政府与公众信息不畅的问题，公众认为表达渠道过少，并提出了参与其中的新兴方式。

11.3　公众参与机制优化

11.3.1　公众参与机制探索

1. 参与主体选择机制

为应对新型智慧城市治理现存的参与范围、参与程度、参与效度等诸多问题，需构建符合新型智慧城市实际运行特点、全面可行的科学参与机制，来保障公众参与的实际效果。通过结合经典理论与我国实际，按照参与的可能性、实际参与程度和最终参与效度三个不同层次，分别构建公众参与主体选择机制、利益表达机制和全过程的评价机制，可以从主体到过程再到监管，形成全面的参与机制。

民主经济理论指出，对于政府的政策执行过程，由于日常运转环境充满不确定性，与模糊不清无法表述的意愿相比，政府会对能够直接观察到的意愿给予更多关注。尤其是当政府对不同政策方案的实施效果和公众影响没有把握的时候，这种倾向性会更加明显，使充分了解信息的公众对于政府的政策选择具有重大的影响力。在新型智慧城市治理的不同领域中，不同人群其利益需求各不相同，实际参与意愿也相差较大。同时，我国新型智慧城市治理的现有参与方式均为面向全体公众，缺乏具有针对性的主体参与机制，公众参与治理更多的是依靠当地政府相关创新思想、民众的主人翁意识和当地城市总体文化氛围，不同新型智慧城市差异较大，多数城市公众参与的效率不高，最终实施效果也较差。

通过利益相关分析，能够将传统城市管理中政府单一提供公共服务和公共物品的模式，转变为实际公众参与到城市日常运行中的新型智慧城市治理模式。利益相关分析虽强调利益相关者之间的利益交易过程，但更为注重挖掘实际项目中的利益相关主体，分析不同主体的利益诉求、影响范围以及行动力差异，从而识别出不同利益主体之间的利益界限，确定更具有实操性的工作方案。

对于新型智慧城市治理中的公众参与，利益相关分析方法要从公共部门与公众两方面分别定义利益相关者，两种类别的参与主体还需要按照不同的分类进行细分，比如公共部门的职能、权限，公众的性别、年龄、价值、经济情况等，进而帮助政策决定者做出更好的决策判断。利益相关分析在得到利益相关者主体的同时，也能够成为最适合公众参与的有力支撑，帮助个人、相关组织锻炼参与的能力、社会承担能力，增强整个超大城市社会自组织性，可以有效减轻新型智慧城市政府日常运营负担，减少城市治理政策执行阻力，推动新型智慧城市治理效果最大化。

在新型智慧城市治理逐步转型的过程中，通过利益相关分析确定拥有相关信息、并具备明确利益动向和行为的相关者，是新型智慧城市治理公众参与的首要任务。首先是划分主体，根据职能内容可将政府公共部门划分为政策的制定者与执行者，根据管理内容可以将政府公共部门划分为管理监督者和部门相关者，分析确定政府公共部门的不同类型，有助于更好地获取部门实际需求。可以根据不同的需求范围对公众号进行大致划分，有社会组织、企业、研究者和涉及的居民等，界定具体的实际参与人就需要在不同情况考虑对象的意向与需求。

其次，需要明确群体与具体公共物品或服务的实际相关利益关系，了解不同主体对公共物品或服务的态度及影响。对群体进行充分了解之后，才能够更具针对性地进行设计和实施。确定参与主体的具体步骤包括：

（1）明确具体问题。要根据具体问题确定利益相关者，并明确不同群体在问题内的主要利益诉求。

（2）梳理详细情况。明确群体及诉求后，应根据实际情况对其进行分类，如可分为公私、社区大众等，不同分类情况还可细分为不同性别与年龄。梳理过程中，要确定群体如何影响问题、问题如何影响群体，并且收集与主题相关的信息、知识。还要确定问题相关的具体控制与影响执行工具。

（3）确定利益地图。详细情况列表可根据不同标准和特征分类，来明确利益相关者在同一问题中的利益、能量和相关度大小，以及区分不同利益相关者之间的界限。

（4）根据不同主体的信息判断，把握具体项目中利益相关者的能力大小及利益需求。

2. 参与利益表达机制

托马斯提出的有效决策模型，明确了公民参与公共管理的平衡节点与框架，将公共决策方案划分为自主式与改良式自主、分散式与整体式、公共决策等不同类型。在此指导下，通过探索决策质量要求、信息充足性、问题结构性、公民接受的必要性、公众利益相关主体、政民目的一致性以及公众目标一致性等实际问题，来确定新型智慧城市治理引入公众参与的具体项目和阶段。在有效决策模型确定公众参与实际情况的前提下，我国新型智慧城市治理应构建完善公众参与的利益表达机制，满足公众的当下利益诉求，并影响公众的长远政治利益、经济利益和各项社会利益（图11-1）。

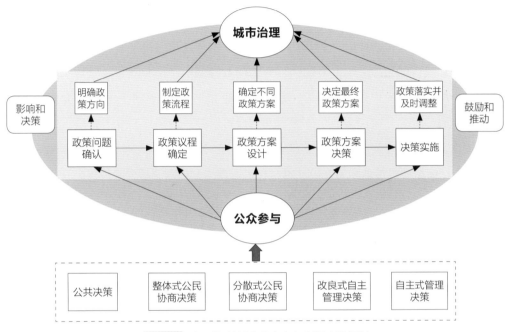

图11-1　新型智慧城市公众参与利益表达机制

　　通过利益相关分析确定公众参与主体，利用有效决策模型明确决策参与方式，基于确定的主体和方式，公众要按照新型智慧城市治理决策制定的五个阶段及顺序，依次从问题确认、议程确定、方案设计、方案决策和决策实施进行全方位利益反馈，得到每阶段的参与结果。公众参与问题确认得到符合需求的政策方向，参与议程确定得到科学合理的政策流程，参与方案设计确定不同实现路径的政策备选方案，参与方案决策确定最终的政策实施方案，参与决策实施保障方案的预期效果并根据反馈及时进行调整，全过程的参与结果综合构成城市治理的实际内容。值得注意的是，参与的每个阶段开展时必须得到上个阶段公众利益表达的合理结果，否则之后的阶段就将偏离实际公众需求，得不到有效的公众参与城市治理决策。有效的公众参与能够影响和决策城市治理，提升新型智慧城市运行效率，良好的新型智慧城市治理效果也能鼓励和推动更高程度的公众参与。

3. 参与全过程评价机制

完善的全过程评价机制能够保证公众参与新型智慧城市治理，并最终实现预期目标。如图11-2所示，评价机制应有多主体共同进行，对全过程五个阶段均有评价，并且通过决策和时间两个维度综合进行评价，得到科学全面的评价结果，保障公众参与的良好运行。主体应包含政府、公众和第三方，其中政府部门包括新型智慧城市治理政策的制定和执行部门、上级监督部门、外部的监察部门三部分，公众包括实际参与治理的各个居民、市民代表和媒体等，第三方包括专业的评价组织、相关研究机构以及高校的科研学者等。通过多个主体多方面对城市治理政策制定的五个阶段，进行单一过程或总过程、月度及年度的评价，一旦存在一方给出的公众参与评价结果未达标准值，则应反馈给城市治理相关部门，对过程进行调查和问题分析，来确保公众参与的有效性。

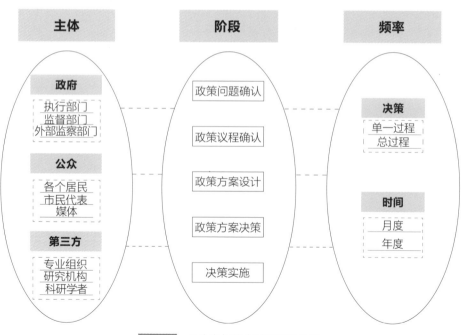

图11-2　公众参与的全过程评价机制

11.3.2　公众参与优化措施

1. 优化公众参与方式与渠道

现有政府公众参与方式多使用自上而下的传统意见征求模式。经济发展水平的提高、公民市民权利诉求愈发高涨及其主人翁意识的不断增强，使得公众整体行动能力逐渐增强，这对优化当前公众参与方式和渠道等工作提出了更多更高要求。中共中央办公厅、国务院办公厅颁布的《关于全面推进政务公开工作的意见》和各级地方政府颁布的《关于全面推进政务公开工作的实施意见》等政策文件，也在不断加强与引导政府信息公开化、透明化。同时，互联网社会和公共空间的出现与不断发展，为整个城市治理中的公众参与营造了良好环境。

与此同时，也还存在不少自下而上、由外至内的压力推动型公众参与模式。这种自下而上的公众参与方式主要包括向政府部门举报与上访、根据法律程序提出诉讼等，通过媒体等途径进行广泛的关注与报道，使得公众诉求扩大升级成为某地或某类的公共事件。这是因为公众以往提出的多数意见无法进入实际管理的政府公共部门，或没有得到应有的快速反应，不能完全被采纳为公众对于新型智慧城市治理过程中的真正意见，而是仅作为公众提供的建议和参考。即便少数公众参与的意见转化成被采纳的实操政策，也因其不可复制性而无法制度化，问卷中公众对于需求表达的更深要求也说明了这一现象。通过分析较为成功的公众参与典型案例，能够发现政策制定的前期往往缺乏足够的参与方式与渠道，才使得公众意见被迫积攒，在政策颁布之后、推进的过程中，由某些专家、团体或公众自发组织来形成利益集合，并借助媒体网络等其他助推动力多种力量共同将真正的公众诉求呈现在政府执行部门及社会公众面前。在这种公众参与方式下，政府处于极度被动的地位，所进行的常规决定和操作难以继续，反映出政府现有的参与开放性仍然不够，自上而下制定的方式渠道不适应日益增强的公众参与要求，出现了制度建设滞后。这种事件每次发生都是对我国政府形象和公信力的破坏，所以政府必须进一步开放新型智慧城市治理中的公共参与，在针对利益相关公众的基础上更加提升参与方式与渠道的多元性和先进性，才能够尽可能杜绝被迫式公众参与情况的发生。

针对我国新型智慧城市治理中的公众参与方式与渠道单一、效果差等问题，可以通过以下几种方式进行提升：

（1）利用高新科技改善现有参与方式和渠道

对于新型智慧城市治理中民意调查、网上问卷等方式带来的政民之间信息出现的壁垒与障碍，可以通过政府购买社会服务等方式，通过选取可提供微博微信发放、短信通知等服务的企业，让其进行实际操作，解决现有的政府开展而公众未知的问题。

（2）引进国外的先进公众参与方式和渠道

除了现有的利用较为广泛的公众听证会之外，国外先进的参与方式与渠道包括公众评审团、居民追踪调查群、分主题座谈会、公民会谈、公众辩论等，都是我国新型智慧城市中可以利用的富有生命力的参与方式与渠道。同时也应在实际操作过程中探索适合调动公众参与的各种新方法。

（3）建设全面的公共参与专业平台

现有的公众参与方式和渠道，由于新型智慧城市治理领域差异和项目实际管理部门不同，发布情况和实施情况都各不相同，并且增加了公众的参与成本。要实现公众广泛参与、有序参与、有效参与，就需要将所有部门的资源进行整合，打破各部门信息孤岛，进行公众参与专业平台建设。建设公众参与平台，为公众参与新型智慧城市治理提供便捷有效的途径，不仅能够提高参与效率，还能降低参与成本，更能提升城市治理公众参与的权威性。

（4）建立完善公众诉求表达统一平台

我国各新型智慧城市现有的公众反馈表达渠道建设已具备一定成效，包括各地的"市长热线""领导信箱"、网络留言问讯平台等。但渠道较为完善的同时，还存在许多问题。一是由于行政分割、部门权限等问题，公众在实际参与以及对参与效度把控的过程中，通过不同渠道反映的同一件事情，有可能出现不同处理部门的处理情况不一致，损害了公众参与的最终效果，降低了公众参与的持续热情，政府公信力也受损害。二是现有的反馈平台往往只能在建立初期发挥最大效用，一定时间之后由于反馈时间、反馈效果达不到公众的参与预期目的，作用逐渐下降。

要建立并完善公众诉求表达的统一平台，就需要在平台建立之前，健全平台规划，确定平台规则及监管权责；利用网络信息技术成立实时响应的反馈机制，分层搭建统一的诉求表达系统，明确集中交办、限时办理；建立公众参与的双向评价机制，一方面将公众评价结果直接上报给上级部门，督促平台接受处理公众反馈意见。另一方面通过

"公众诉求表达系统"，迅速将各类意见建议的处理情况信息及时反馈给群众；建设平台督查通报制度，成立单独工作组，督查平台各个负责单位的办理进度，并对未能按时办结、未能有效办结的单位和部门，利用官方渠道进行公开通报。

2. 培育公众参与组织与专业人员

专业人员及社会组织能够利用专业技能、有效经验等，在促进经济社会协调发展、维护社会和谐稳定、参与社会管理和提供服务等方面发挥较大作用，有效提高公众在新型智慧城市治理中的参与度。我国现有的专业人员包括志愿者及社会工作者、社会组织，数量和质量相比发达国家仍有较大欠缺，需要进行大力培育。

（1）简化登记与分级手续

社会组织现有的登记流程包括发起人申请并提交材料、登记机关受理并审核、发起人备案等阶段，过程中还存在许多材料提交、具体审查流程复杂等问题。我国新型智慧城市需要推动社会组织的成立与发展，首先需要简化登记手续，可学习借鉴湖南常德相关操作，包括取消社会组织登记现场勘察环节；简化登记验资程序，成立时将原有的验资报告简化为出资承诺书和银行出具的出资函证；简化注销登记程序，社会组织可以直接在民政办事窗口实现即时办结注销等。

社会组织现行管理方式是根据非竞争原则，由民政部门与主管部门同时进行管理的双重分级管理，该模式导致管理多头、权限分散、许多未达到登记条件的社会组织无法依法管理。在解决社会组织不同规模管理上，要根据《民政部关于大力培育发展社区社会组织的意见》的相关要求，实行多层级分部门的管理方式。考虑社会组织的注册规模差异，实行民政部门、街道办、社区居委会等分层级管理，来确保所有的现有社会组织都能按照不同的规模、业务范围、成员构成和服务对象实施管理。

（2）推动政府职能转变

在我国机构改革大背景下，尤其面对新型智慧城市治理事项繁多、人员需求大等问题，政府需要将有关职能进行充分转移。将管理工作中技术、协调要求较高的工作转移给社会组织，比如城市治理的微观管理工作。如果既能通过行政手段，又能利用社会自治进行管理，就要充分发挥社会组织的作用。政府通过职能转移来更好地提升不可替代工作的效率，真正实现"小政府，大社会"。

在实行职能转移的同时，要对社会组织进行针对性培育，明确现有社会组织的发展重点，加快培育生活服务类、公益慈善类和居民互助类的社会组织，重点培育服务困难群体的社会组织。采用专业人才与社会组织定岗培训的方式，鼓励支持有条件的社区社会组织吸纳社会工作专业人才，既能培养出更多优质的社会工作人才，还能培育更加优秀的社会组织。

3. 完善公众参与的全方位监督制度

公众参与利益表达机制能否最终达到预期效果，监督评价机制的完善与落实起到实质性的保障作用。若对新型智慧城市治理中的公众参与不加以严格监督与评价，决策者出于各方利益考虑，十分有可能滥用权力、违规造假等，例如环境评价项目中对公众参与情况进行造假的典型反面案例，秦皇岛西部生活垃圾焚烧项目。该项目在评审阶段提交的环评报告显示完成的100份公众调查报告结果支持率百分之百，然而在核实时发现，100份报告中15人找不到具体信息；调查进行时已死亡1人；14人常年在外工作；触犯法律现为在逃犯1人；1人重复填写调查报告；还有65位村民表示从未见过调查表。除了调查报告造假外，村民们也未看到过所谓的"环评信息两次公示"。

这种情况下，公众参与不仅不能达到预期效果，反而成为决策者压制公众利益的手段。因此，必须完善公众参与的监督制度，生态环境部颁布的新版《环境影响评价公众参与办法》中的有效做法，在城市治理其余领域中也应得到广泛推广应用，具体举措包括：制定信息公开方式的进一步细则，达到充分征求公众意见的预期目标；引入相关信用记录，若出现公众参与过程中的失信现象，主管部门需将负责单位失信情况进行详细记录；退回未充分征求公众意见的评价报告，直接认定其无效。除此之外，还可以利用新型网络技术，包括对参与调查的公众实行人脸记录，调查全过程进行视频记录及网络直播等，加强公众参与的监督力度，实现超大城市治理中的良好公众参与效果。

第12章　新型智慧城市社会治理应用

12.1　治理体系架构设计

12.1.1　技术架构

　　党的十九届四中全会提出，必须加强和创新社会治理，完善党委领导、政府负责、民主协商、社会协同、公众参与、法治保障、科技支撑的社会治理体系，建设人人有责、人人尽责、人人享有的社会治理共同体，确保人民安居乐业、社会安定有序，建设更高水平的平安中国。基于时空大数据的网格化社会治理平台建设，以政府用户痛点为导向，以服务民生为出发点，以城乡区域为载体，以新型智慧城市建设为抓手，紧扣国家政策标准，依托网格化管理理念，深入融合"互联网+"、大数据、物联网等热门技术，充分整合城乡现有资源，增强精细管理、快速反应和处置效能的同时，实现信息惠民服务。

　　针对当前政府对管理与服务的需求，社会治理建设内容总体可概括为一中心、一平台、N应用。一中心即为时空大数据中心，一平台即为网格化社会治理平台，N应用是指基于平台之上快速搭建的满足客户需求的专题应用。时空大数据中心作为整个新型智慧城市社会治理应用的血液，综合管理要素，通过采集、系统对接、人工录入等方式，按照人、地、物、事、情、组织进行梳理、融合。网格化社会治理平台建设依托地理信息技术、物联感知技术、大数据技术等，将线下烦琐业务搬到线上平台，通过信息化手段提升政府的管理与服务能力。

（1）用分层设计的框架模型

系统技术架构充分考虑系统运行稳定性、可扩展性、易维护性、操作简便等方面的要求，采用分层设计思路，层和层之间避免直接依赖，便于每一层的升级和分布式部署；支持开放技术标准，与基于不同开发技术实现的各种内外部系统互联互通，为应用系统提供基础服务和支撑。

系统完全使用B/S的结构，集中部署，只需要通过浏览器就可以访问系统的各项功能，客户端不需要下载安装任何插件。同时，系统也使用RIA（Rich Interface Application）的界面方式，使界面效果更加丰富，更加容易使用。

（2）依托面向服务的体系结构

面向服务的体系结构（Service-Oriented Architecture，SOA）是一个组件模型，它将应用程序的不同功能单元（称为服务）通过这些服务之间定义良好的接口和契约联系起来，是一种粗粒度、松耦合服务架构。服务之间通过简单、精确定义接口进行通信，不涉及底层编程接口和通信模型，它可以根据需求通过网络对松散耦合的粗粒度应用组件进行分布式部署、组合和使用，从而有效控制系统与软件代理交互的人为依赖性。能够帮助用户站在一个新的高度理解政府级架构中的各种组件的开发、部署形式，以更迅速、更可靠、更具重用性地架构整个业务系统。

（3）采用基于组件的开发路线

在系统建设的过程中，对各业务进行抽象，对应用系统进行集中、统一的规划，制定相应的技术标准，并在此基础上进行系统的开发与管理，将各类通用性较强，相对独立的业务进行封装，建立系统组件库，供各相关业务模块调用。各业务组件隐藏了具体的实现方式，只通过接口对外提供服务。这种定义良好、相对独立、可复用性极高的组件，可以作为运维管理的一些"标准件"，实现系统大部分相对通用的业务功能，在此基础上，为用户需求中极具个性化的部分提供更多的时间和资源进行分析与设计。

（4）基于J2EE的开发技术框架

系统的建设充分考虑"标准和开放"的原则，采用开放式体系结构，支持各类标准主流的软硬件接口，使系统具有较强的灵活性和扩展性，具备与多种系统互联互通的能力。有利于保持系统的向后兼容性、可集成性和可扩展性。

J2EE技术框架提供了一个基于构件的方法来设计、开发、装配和部署企业级应用程序。提供了一个多层结构的分布式的应用程序模型，该模型具有重用构件的能力、基于扩展标记语言（XML）的数据交换、统一的安全模式和灵活的事务控制，支持跨指挥中心应用。简化体系结构设计和应用开发；具有良好的可扩展性；与现有信息系统紧密集成；自由选择应用服务器、开发工具、组件。

（5）基于MVC的软件架构模式

MVC模式（Model-View-Controller）是软件工程中的一种软件架构模式，把软件系统分为模型（Model）、视图（View）和控制器（Controller）三个基本部分，强制性地使应用程序的输入、处理和输出分开，各自处理自己的任务，实现一种动态的程序设计，使后续对程序的修改和扩展简化，并且使程序某一部分的重复利用成为可能。除此之外，此模式通过简化，使程序结构更加直观。

软件系统在对自身基本部分分离的同时也赋予了各个基本部分应有的功能。控制器负责转发请求，对请求进行处理；视图提供界面便于设计人员进行图形界面设计；模型完成程序员编写程序应有的功能（实现算法等）、数据库专家进行数据管理和数据库设计。

（6）Web Service的应用技术

Web服务是一种服务导向架构的技术，通过标准的Web协议提供服务，目的是保证不同指挥中心的应用服务可以互操作，为跨部门、跨系统、跨指挥中心、跨应用的资源集成提供了一个通用机制。用以支持网络间不同机器的互动操作，网络服务通常是许多应用程序接口（API）所组成的。

Web Service技术及其相关技术体系，包括XML、SOAP、WSDL、UDDI等。Web Service是一种新的Web应用程序分支，它们是自包含、自描述、模块化的应用，可以发布、定位、通过Web调用。一旦部署以后，其他Web Service应用程序可以发现并调用它部署的服务。

12.1.2　应用特色

（1）夯实基础数据库，做到"底数清"

通过三实采集、分类比对、数据交换、双向更新，实现了人进房、房进楼、楼进格，建立了"人、地、物、情、事、组织"六大类社会管理要素相互关联的动态数据库。为了便捷、高效地采集、录入和更新基础数据，为每个网格员配备手持移动终端，网格员可以通过终端常态化地采集更新系统信息，及时将网格巡查时收集的情况分类上报处理。

（2）收集社情民意，做到"服务优"

借助本项目，建立了社情民意收集反馈机制，能够及时有效了解情况、掌握动态、解决问题，做到社情民意"早知道、早化解、早回复"，85%的问题解决在社区网格。通过多种渠道、多种方式来加强与居民群众的交流互动，及时听取居民群众的意见建议。增强工作的针对性和主动性。居民群众可以通过微信公众指挥中心、三维服务网等方式参与社会管理和监督，提出意见建议和诉求。网站、微信接收的问题将直接转入指挥中心进行受理处置，及时答复、公共反馈。

（3）优化业务流程，做到"反应快"

建立了"上报、派遣、处置、核查、归档"五步闭环业务处理流程，将每个事项都纳入五步闭环结构进行认真分析和流程重组，构建了标准化、规范化的社会服务管理信息化支撑体系。同时，将社会管理各类事务进行重新梳理，明确各职能部门工作职责和办理时限，对各相关部门和区县的业务事件的办理情况进行通报排名和实时反馈。

（4）从互联到物联，做到"智能化"

平台前端接入了大量的物联感知设备，如视频探头、楼宇门禁、电子工牌等，使得网格管理不仅仅依赖网格员巡视，智能设备可以进行24小时监测可自动化提出报警，并主动启动处理流程，推送至相关人员，使得事件发现与处理更加及时、智能。从"人防"上升到"技防"，降低政府管理维度，提升其工作的智能化。

（5）大数据挖掘分析，做到"决策准"

平台基于海量的数据资源，将分离的、无序的、看似无关的数据通过挖掘、钻取、比对、分析等一系列技术手段，形成知识图谱，提供预警、预测、指挥、风险评估等各类服务，辅助领导科学决策，提升其大数据时代的政府治理能力。

（6）数字化监管量化考评，做到"管得严"

平台对业务处理情况进行数字化监管，监察部门可实时查看业务办理情况，针对逾期补办、办理不妥、超时超限的都可实时发出催办、督办、批示等指令，并将监管结果自动纳入绩效考核中，避免以往监管不严、监管手段薄弱等弊端。平台根据项目的实际情况，对网格员、部门、区域等进行量化考核，并自动计算分值，考核全程系统处理，避免人为干预等不良情况发生，根据监管和考核结果掌握人员、部门等机构的办理情况，并做出相应的奖惩，实现严格管理，促进社会治理更好地持续发展。

（7）结合GIS可视化智能调度，做到"指挥灵"

平台将各种应急资源在地图上进行定位分布展示，借助GIS的范围分析、路径分析、路径导航等能力，以事发地点为原点，以任意距离为半径，获取事发地点附近的应急资源，并第一时间进行调度，指挥做到精准、快速，减轻事态的严重程度，将危险降到最低。

（8）整合视频资源，做到"情况明"

通过运用物联对接技术，将全镇街的视频监控系统整合进信息平台，加强对监控盲区的全覆盖和城市管理移动监控建设，实现监控联网，实时掌控。

12.2　城市治理时空数据

城市治理的核心是利用开放的城市时空大数据进行精细化建设和运营。本节根据Pix4D中国区提供的技术资料，分析城市水域、风景区、工业园区、交通设施、建筑体、矿产区等数据，合理配置城市公共资源，做出新型智慧城市的科学决策，提高城市治理效能。

12.2.1　城市水域

观测区域西起江苏省句容市大道河，东至扬中市西来桥镇，岸线长度约120公里，测区总面积超过400平方公里，如图12-1所示。观测采用无人机影像，建立长江岸线500米范围内的正射影像，含江中岛屿，地面分辨率为8厘米。

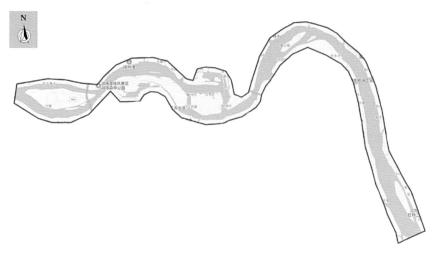

图12-1　观测区域示意图

　　为了同时兼顾精度和效率，设置航拍重叠率为航向75%，旁向70%，并且在相邻架次之间也设有一定的重叠区域。由于长江岸线实际情况较为复杂，支流湖泊较多，单纯的带状航线不能满足项目需求。因此在规划的41个架次中，带状航线占25个，普通航线占16个，如图12-2所示。

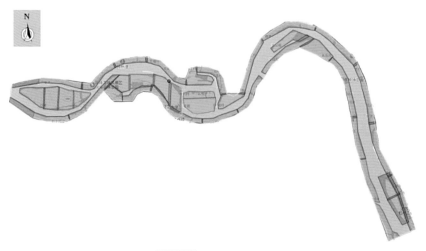

图12-2　飞行架次分布

针对较广的观测区域，控制点的规划和精准测量尤为重要。观测中160个控制点的布设原则为每2—3公里布设一个，并且在相邻架次重叠区域测量一个控制点。带状航带的控制点按锯齿型分布，不能布设在一条直线上。

（1）数据采集

针对较广的观测区域，在数据采集的过程中密切关注数据质量，以便及时发现问题。在无人机观测平台实际操作过程中，会把一天内拍摄的所有无人机影像导入Pix4Dmapper中，在"地图视图"中检查是否有漏拍错拍的区域，相邻架次之间是否有足够的重叠面积，不同架次中影像的明暗差异如何，以及控制点分布是否合理，如图12-3所示。有时还需要进行快速处理，查看质量报告以确保数据是优质可靠的。如发现不符合要求的影像与控制点，则需要进行数据的重新采集。

（2）数据处理

面对21000余张4200万像素影像，仅仅原始影像的数据量就达到几百吉字节，并且还有各种项目文件，所以务必要做好数据的管理工作。

图12-3　地图视图中检查数据采集情况

红色点为无人机影像，可直接点击红点查看具体某张影像，蓝色十字为控制点

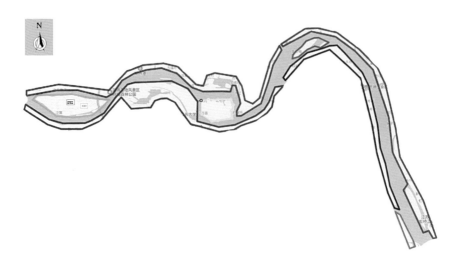

图12-4   整个项目区域被自然水体分割为8个部分

图中不同颜色代表不同区域

接下来，整个项目区域被自然水体分为8个部分，如图12-4所示：长江北岸区域以芒稻河为界分为西侧和东侧，长江南岸区域以夹江为界分为西侧和东侧，以及世业洲、江心洲、雷公咀和西来桥。这8个部分将各自独立提交正射影像成果。

Pix4Dmapper的数据处理流程总共有三步——第1步初始化处理；第2步点云加密；第3步DSM与正射影像的生成。

第1步初始化处理需要较多的人为干预，因为大型项目中往往含有多个架次，如果这些架次是同一个相机在相近时间内拍摄的，则可以同时处理所有架次影像；但在本项目中，有2架无人机在进行飞行作业，而且部分架次间的拍摄间隔较久。在这种情况下，需要先把同一相机在相近时间内拍摄的相邻架次生成单独项目，再使用软件的"合并项目"功能来合并这些小项目。

使用"合并项目"功能可以使处理流程更灵活，无需等到所有外业数据采集完成，而是可以边采集边处理，最后把相应子项目进行合并。

"刺点"在第1步完成之后进行，根据标准流程，每个控制点需在6—8张照片中刺出。为了节省时间和精力，建议使用"自动标记"功能——先手动刺出2—3张照片，再点击"自动标记"，让软件自动找出剩余照片内的控制点，最后进行手动微调。

"刺点"完成后，需要对项目进行优化，然后进行两项检查：首先在"空三射线"界面中检查第1步生成的连接点是否正常，有无分层/错位/扭曲等现象；然后再检查"质量报告"的各项指标是否存在问题。

通过上述两项检查后，即可继续第2步点云加密与第3步DSM与正射影像——这两步的自动化程度非常高，几乎不需要人为干预，软件会自动生成正射影像。

（3）数据分析

镇江市防汛物资储运站的工作人员把Pix4Dmapper生成的正射影像成果导入到"图新地球"这款三维数字地球软件中进行关键信息的标注。在成果交付时，把GeoTiff格式的正射影像转换成了"图新地球"自带的Lrp格式。Lrp是一种金字塔格式，在数据浏览时几乎没有任何卡顿感，可轻松浏览测区内的任一位置，并放大到想要的清晰度，如图12-5所示。

图12-5　焦山风景区

图12-6   高资工业区附近

客户使用这些地面分辨率为8厘米的正射影像来监测长江岸线的开发利用状况，并在正射影像上标注出一些关键地点，如工厂、码头、大型建设项目、养殖场等，如图12-6所示。如果在地图上发现开发利用不合理、效率低或未经审批的情况，则会着手进行管理和整治。这些资料还可以协助其他部门，统筹长江沿岸资源的开发利用和保护，促进长江岸线资源的科学利用、有效保护和依法管理。

12.2.2   交通设施

滑坡发生后的大量岩土堆积物和潜在的次生灾害，威胁着普通群众和现场调查人员的生命安全，此时无人机无疑是开展灾害调查分析的最好手段。

若滑坡点高差较大，要对整个滑坡点进行三维建模，需要分别对竖直方向的滑床和水平方向上的滑动堆积物进行图像采集，如图12-7所示。另外，滑坡点底部风速较小，而顶部风速达到了11米/秒，这加大了数据采集的难度。

图12-7　滑坡点堆积物示意图

　　经过4个小时的外业采集，两个工作人员使用自动航线加手动拍摄的方法共采集了438张图像，并且布置了一些地面控制点用以提高成果精度。工作人员使用Pix4Dmapper对无人机影像进行数据处理，获取了一系列成果：

　　（1）三维点云：岩土工程师可以根据三维点云（图12-8）来测量滑坡区域的几何尺寸。

图12-8　三维点云示意图

（2）正射影像镶嵌图：用于比较滑坡范围和地产边界，以界定受到损害的范围，如图12-9所示。

（3）三维纹理模型：逼真的三维模型使得人们不用亲临现场，就能对现场情况获得直观认识。

（4）数字高程模型（DEM）：与灾前DEM进行比较，计算滑坡的塌方量和堆方量。DEM还能用于计算关键点的高程、坡度、坡向等信息，预测二次坍塌造成的堆方量，判断可能形成堰塞湖的位置、面积和滞洪量。另外，DEM结合开挖深度可以预计开挖土石方，再结合施工效率可以计算施工时间，为灾后清理和搜救提供重要的数据支持。

此外，也可以将Pix4D软件用于生成的飓风过后的灾情地图与卫星图对比，如图12-10所示。Pix4D软件生成的火灾过后的正射影像图如图12-11所示。

图12-9　正射影像镶嵌图

图12-10　灾情图与卫星图对比示意

图12-11　Pix4D软件生成的火灾过后的正射影像图

12.2.3　城市建筑

　　司法宫位于意大利西西里岛第三大城市墨西拿（Messina），如今，这栋百年宫殿在外立面部分已出现明显的变色、裂痕等，需要立即采取行动进行修复，防止更严重的损坏。

作为整个修复项目的参与者之一，意大利Studio Labing公司采用无人机摄影测量技术对司法宫的外立面进行了勘测，他们使用的无人机是"大疆悟1"，并采用手动控制的方式进行外立面图像采集，以确保足够的图像重叠度和分辨率。此外，为了提高项目精度，天宝S6全站仪被用来测量地面控制点。

在数据处理阶段，无人机中的图片被导入到Pix4Dmapper软件中，先进行第1步初始化处理和第2步点云加密，然后使用"任意正射面"功能，生成建筑立面的正射影像镶嵌图。使用这个功能时，用户可以通过"盒状工具"自定义角度和覆盖范围，生成任意表面的表面模型（DSM）和正射影像镶嵌图（图12-12、图12-13）。

Pix4Dmapper生成的高分辨率正射影像镶嵌图，被导出到CAD软件中进行进一步分析。据此，墨西拿司法宫的外立面损坏情况被分为16个类型，每个损坏类型的具体位置和面积均被完整记录下来。检测发现，宫殿外立面普遍发生表面沉积和铜锈，而雄伟的多立克式主柱则出现较为严重的变色现象（图12-14、图12-15）。

图12-12　在Pix4Dmapper空三射线界面中显示相机位置和建筑立面的三维点云

图12-13　Pix4Dmapper任意正射面功能

图12-14　Pix4Dmapper生成的正射影像镶嵌图导出到CAD软件中（CADPILLAR 5.0）
用于外立面损坏的检查和分类

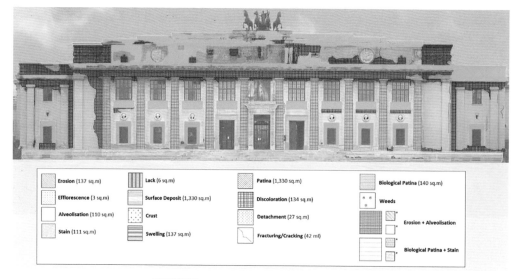

图12-15　司法宫外立面损坏分类（1∶100）

在全世界范围内有许多具有非凡历史和艺术价值的古建筑和古迹需要进行监测和保护。使用无人机拍摄高分辨率图像是最近较为流行的一种检测手段，而图像处理软件为无人机检测提供了高附加值的输出和分析。在历史建筑的长期监测、保护修复和数字化建档方面，无人机和摄影测量技术的结合提供了目前最有效而经济的解决方案（图12-16）。

图12-16　Pix4Dmapper生成的外立面正射影像镶嵌图（分辨率为0.5cm）

12.2.4　露天普查

无人机在露天矿中的应用日益广泛，然而在地下矿山中，执行无人机作业却是不小的挑战。无人机（以FlyabilityElios 2为例）可以在直径仅3米的地下矿山中顺利飞行，利用其拍摄的影像，还可以在Pix4D软件中生成三维模型。Elios 2无人机（图12-17）专为在室内或狭小空间飞行而设计。这款无人机的机体周围有一个保护笼，自带的照明系统可提供10000流明的光亮。另外，无人机在没有GNSS信号的情况下也可以稳定地飞行。

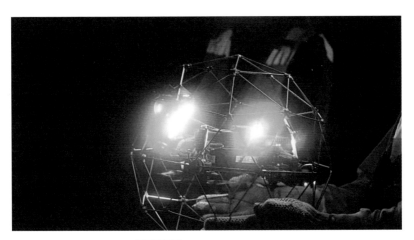

图12-17　Elios 2笼式无人机

为了提高采矿安全性和经济效益，并获得矿井内部更全面的信息，巴里克黄金公司的工程师想要利用无人机拍摄的影像，尝试建立地下矿井的三维模型。操作人员可根据无人机飞行状况进行查看，通过无人机传来的实时图分析落石等危险区域，如图12-18所示。

返回地面后，工作人员把无人机拍摄的影像全部导入Pix4Dmapper进行处理，生成三维模型，如图12-19所示。

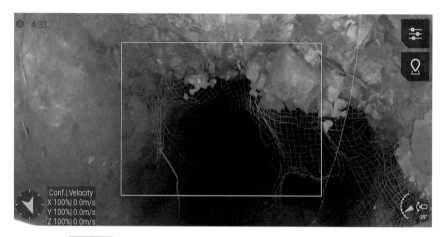

图12-18   通过无人机的实时图传，可以观察到落石等危险区域

图12-19   矿井的三维建模

　　三维模型能够提供某一特定时刻，矿井的完整状况，显示矿井的总容积。工程师们可以使用这些信息，进一步完成矿井的稳定性分析，风险评估，以及相关地质和工程设计。如某区域实施爆破操作后，工程师担心爆破引起的振动会对附近区域造成影响。这时，可以通过比较爆破前后的三维模型，根据岩石位置以及形状的变化情况，分析可能存在的风险，进而规划后续该如何操作。

　　在Pix4Dmapper的三维模型中，工程师们还可以点击模型中的任意一个位置，找到该位置对应的原始图像，查看感兴趣的地质特征。比如工作人员在模型上看到某处岩石有一个裂缝，想要判断它是否会继续开裂。这时，可以点击该位置，然后找到对应的几

图12-20 矿井三维建模效果

张原始图像，得以查看更多细节。Elios 2飞入了普通无人机难以进入的黑暗狭窄的地下矿井，采集了关键的影像数据，执行安全巡查，并通过Pix4Dmapper生成三维模型以获取更多信息。通过这一工作流程，采矿工作的安全性得以提高，人员损伤、设备损失得以减少。建模效果如图12-20所示。

12.2.5 城市堆体

对某处堆场进行了以无人机为基础的摄影测量，用于测量堆场的体积，然后把Pix4D软件处理得到的结果与激光扫描（LiDAR）结果进行了比较。把无人机采集的数据导入Pix4D软件中，经过80分钟的处理时间，生成了带有地理坐标的三维点云和数字表面模型（DSM）。使用这两个成果来进行随后的体积测量和高程差统计，如图12-21所示。

图12-21 城市堆体数字表面模型

（1）堆场的三维点云

三维点云和数字表面模型是计算体积的基础。如果有小树、房屋、卡车等影响体积计算结果的物体，也可以在点云编辑器中删除。

（2）体积测量

在Pix4D软件生成的三维点云中直接测量堆体A的体积：逐一标记堆体A基底的顶点，标记结束后，系统自动计算体积，如图12-22所示。

（3）高程差异图（Pix4D vs LiDAR）

Pix4D软件的高程值来自数字表面模型（DSM），与激光扫描结果比较，如图12-23所示。

计算得到两种方法的高程差平均值为2.8厘米，如图12-24所示。

使用摄影测量与激光扫描方法得到的高程，其差别的平均值为2.8厘米。选取某一堆体测量体积，体积差仅为0.1%。相比于用传统方法来测量堆体，无人机与Pix4D软件结合的方式更方便，更高效。

图12-22　堆体体积测量

图12-23　高程差统计（Pix4D vs LiDAR）

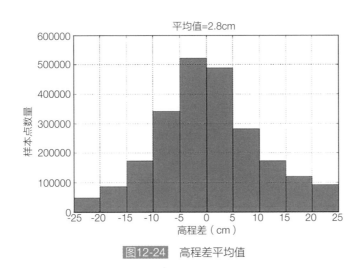

图12-24　高程差平均值

12.3　社会治理若干应用

12.3.1　浦东城市大脑

21世纪以来，城市管理综合信息化建设经历了三个阶段。第一阶段是城市应急联动指挥系统建设和运营，最早的南宁市城市应急联动系统于2001年11月开始投入使用，向市民提供报警求助及处置突发公共事件的服务，其后在地方城市大面积铺开。第二阶段是城市网格化管理系统，2004年北京市东城区在全国率先推出城市管理网格化模式，通过网格化巡视及时发现问题，然后利用网格平台进行协调，专业人员赴现场处置。第三阶段是综合性、智能化管理系统建设。2015年《中共中央　国务院关于深入推进城市执法体制改革改进城市管理工作的指导意见》中明确要求，"基于城市公共信息平台，综合运用物联网、云计算、大数据等现代信息技术，整合人口、交通、能源、建设等公共设施信息和公共基础服务，拓展数字化城市管理平台功能。加快数字化城市管理向智慧化升级，实现感知、分析、服务、指挥、监察'五位一体'"。浦东新区以城运中心为载体的"城市大脑"建设正是这一阶段的代表性案例。具体来说，"浦东模式"实践包括以下五个方面。

1. 全方位整合，实现管理系统一体化

浦东新区城运中心于2017年9月4日启动试运行，是浦东城市运行综合管理的统筹协调机构，也是浦东推动构建社会治理体系和治理能力现代化的重要平台。这一"城市大脑"建设的整体思路是，通过城市运行综合管理平台建设，"整合集中常态城市管理和非常态应急管理信息资源，推动城市网格化管理与社会综合治理的深度融合，构建条块联动、条条协同的一体化社会治理体系新格局"。从宏观上看，这个新格局、新体系包括三个方面的一体化。

一是横向联动一体化。建设城运中心实体，横向上集中所有城市运行管理事务。区应急管理局、区政府总值班室、区安监大队、区医疗急救中心、区防汛指挥中心5个部门入驻；区公安分局、区城管执法局、区市场监管局等9个部门派驻业务骨干。区平台集成110、119、120、12345市民服务热线等各类信息资源，将分属不同业务条线的"单一兵种"在区域内进行汇集，形成指挥统一、协同配合、集团作战的战区"大脑"，实现集运行监控、监督指挥、联勤联动功能等于一体，全面指挥协调所有城市运行管理事务。

二是纵向贯通一体化。形成"区城运中心、36个街镇城运分中心、1323个村居工作站"三级管理体系，所有街镇城运分中心和村居工作站实行统一的技术标准，实现不同管理层之间无缝衔接。全区城市运行工作实行平急融合、领导轮值、联席指挥等工作机

制，区城运中心作为指挥中枢能够"如臂使指"，街镇城运分中心实行24小时在岗，可以随时实现区与街镇两级联动，协同处置各类事务，村居工作站实行白天在岗、夜间在线，把触角延伸到城市管理的第一线和最前沿。

三是多元力量一体化。探索打破"围墙"，开放"城市大脑"平台，吸引企业、公众等社会力量参与平台建设和优化。以共享单车管理为例，区城运中心与在浦东运营的"摩拜"等多家共享单车企业共同开发了协同治理平台，实现了政府和企业数据的深度融合。通过实时数据的运用，取得了两方面成效：一方面是实现有序停放，小陆家嘴地区用电子围栏技术划定禁行区，一旦有违规进入，"单车治理"App会第一时间推送信息给企业，由运维人员组织清运；如果确实没有力量，属地街道可以支持。另一方面是实现精准投放，通过共享政府掌握的客流、轨交以及单车泊位数等信息，企业可以通过"热力图"更加动态地进行供需预测、区域调配，一旦高限预警或低限预警发生，企业可以及时科学调度单车资源。

2. 多层次协同，实现功能运行模块化

条块分割、各自为政是现有城市管理体制的最重要特点，也是最大短板，因为城市事务的动态发展并不是依据部门职能划分的逻辑展开的。要解决这个问题，就必须在一定程度上改变城市管理系统（包括信息、人员、流程）的既有运行逻辑，根据现实事务本身演进和发展轨迹来重新组织管理系统。"城市大脑"在进行机构、信息和队伍"一体化"的基础上，以应用牵引智能化推进，针对社会治理顽疾和老百姓突出需求，聚焦城市设施、城市运维、城市环境、城市交通、城市安全、城市执法6大领域，开发了渣土车治理、河长制、黑车治理、群租整治、工地监管、防汛防台等50多个智能应用场景（模块），实现对城市管理的重难点问题和顽症痼疾的精准覆盖、全面覆盖，提高主动发现和快速解决问题的能力。

所谓"应用场景"，是指针对具体事务而专门设计或组织的管理流程与模块。其特点是重新梳理管理流程，再造多主体之间的协作关系，以及改进管理方式和形态。这种体系创新的特点在渣土车管理模块案例中得到了充分的展现。浦东新区在建工地众多，渣土车偷拉乱倒、无证处置、野蛮驾驶、未密闭运输等行为常有发生。针对这一问题，城运中心设计了专门的管理模块，包括四个层次的协同：一是在信息共享上，将建交、执法、环境、规划、市场等部门的相关联数据进行了系统集成，出土点、运输企业、回填点、执法信息等一应俱全，实现一线人员通过手机App可以秒查；二是在发现方式上，由传统的人工布防、蹲点伏击、路上截停，变成空中布防、全时覆盖、智能监管。在公安的卡口视频监控基础上，部署了算法模型和服务器，可以智能识别车型、车牌、车况，对于违规现象可自动抓拍，经过二次比对其审批路线、出土点、车队信息后，马上可以制作案件派发单到一线人员进行查处；三是在监管机制上，由传统的部门作战、各管一段，变成数据牵引、管执联动。车辆GNSS全程信息，既能定位也能测速，数据共享后，交警部门可以掌握车辆全程的车速状态，对于超出正常范围的就可以提前约谈司机；四是在结果运用上，由传统的各自入库到现在的关联应用。相关执法数据进入征信体系和新区"六个双"综合监管平台，为实施联合惩戒和"信用、风险、分类、动态"四种监管提供了有力支撑，也可以更好地压实主体责任、实现源头预防。实施一年以来，通过这个系统已有效实际查处渣土车违法行为近150起，约谈整改企业25家，更好地压实了主体责任、强化了源头预防。

3. 全流程优化，实现运作机制标准化

一是流程标准化。城市运行综合管理中心按照"快速发现、快速处置"的要求，在完善派单督办、考核评估等日常管理机制的基础上，建立完善全领域协同的指挥联动机制。明确"指挥长负责、平战融合、联席指挥、联勤联动"等机制，落实"首问责任制、指定责任制、兜底责任制"，推动"明责、履责、负责、追责"四责合一，实行高效指挥、实施联动共管、实现快速处置、体现综合治理。对每一个专项模块制定运行规程，包括模块功能说明、部门职责分工、业务标准、闭环工作流程、运行效能评估指标等。制定《浦东新区街镇智能综合管理平台2.0标准版技术规范》《浦东新区街镇智能综合管理平台2.0标准版管理运行制度》等规范标准。

二是信息集成化。坚持深化管理信息"全域共享"，以共享为原则，不共享为例外，找出堵点、列出清单、逐一攻克，实现了信息"全程跑通"。目前共接入109个单位341个系统，归集使用数据11.8PB，与公安共享视频8000多路，实现数据广归集。同时依托物联网、视联网等技术，建设了覆盖街镇、村居委的神经元系统，与区公安分局、建交委、规土局等部门合作，与治安、消防、交通、建设、生产等领域的311.8万个物联感知

设备实现了数据共享，实时监测相关城市运行体征指标，及时感知城市发展脉动。

三是管理闭环化。浦东"城市大脑"在智能发现与闭环管理的结合上进行了较好的探索，即综合运用大数据、云计算、人工智能等技术发现城市管理中的问题，同时借鉴上海自贸试验区"六个双"（双告知、双反馈、双跟踪，双随机、双评估、双公示）政府综合监管机制实行问题线索、管理提示等双告知、双反馈，推动数据在部门间有效智能流转，实现了主动发现、自动指令、快速处置、实时反馈的紧密衔接，城市管理更加科学高效。例如，在治理乱停车问题上，如果社区消防车道被车辆堵占，消防地磁会立即告警，这条警报被第一时间推送到物业保安手机上，要求其进行现场处置，同时还会同步推送到街道城运分中心，进行跟踪督办。直到问题得到解决以后，警报才能消除，否则就会逐步升级，直到"城市大脑"下达更高级别的处置指令。

4. 立体式赋能，实现系统运行智能化

首先是问题感知的智能化。运用物联网等技术，浦东"城市大脑"就像人类大脑一样，具有视觉、听觉、嗅觉和触觉等感知能力。例如遍布城市道路的监控视频就为城市大脑增添眼睛，"互联网+App"能听到更多市民呼声，物联网感知设备为城市大脑增加了触手，大数据分析给城市大脑安上了鼻子，通过各种管理方法和技术方式的创新应用实现城市全方位"感、传、知、控"，以技防辅助人防，使城市管理者的"视觉更利、听觉更远、嗅觉更敏、触觉更锐、反应更快、决策更优、成本更低"。例如，工地智能化监管技术，通过智能算法实现违规事项自动识别，可实时抓拍未戴安全帽、车辆未洗净等7类管理问题，做到智能发现、实时推送、迅速派单。其次是处置协同的智能化。精细化管理的核心，是从人工低效管理向数字化高效管理转变。过去发现问题主要靠人力现场巡逻或者市民举报，现在通过智能应用场景，运用监控探头采集数据，运用云计算等信息技术分析数据，就能够实现主动发现问题。比如针对克隆车，城运中心和公安的摄像头对接，发现同一时间在不同地点出现同一号牌，系统自动报警并推送给交管部门处置。最后是数据挖掘的智能化。充分运用大数据技术"现实挖掘"（reality mining）的潜能，通过信息汇集、整合、比对和分析，反映出城市主体的运行轨迹和内在规律，从而更加准确和及时地捕捉有关动态，为快速、准确决策提供重要信息参考。

通过城运中心，不仅能够对各类城市管理问题进行多视角展示，直观看到管理数据实时变化，对风险点等信息一目了然，还能够实现全方位的指挥，与现场处置人员及时对话，调配综合执法力量进行快速处置，让管理更高效、更专业。比如针对群租治理，采用水、电、气、门禁、实有人口、外卖等多源异构数据，建立算法模型，对水电气用量增长过快、外卖送餐活跃度过高的账户，智能识别为疑似群租，及时协调城管、物业、社区共同上门，依法开展综合整治。让群租整治工作由被动接受居民投诉变为主动数据识别，由漫无目的地撒网式核查变成有目的的精准核实，由单一整治变成联合整治，由整治结果口头汇报变成"有图有真相"的App管理留痕，有效遏制群租整治反弹回潮的情况。

5. 全天候保障，实现综合管理动态化

现代城市还可能面对极端性天气、灾害性事故等突发事件，准确研判、快速处置是确保城市整体安全的重要基础。因此，保持常态监测和非常态响应能力也就成为"城市大脑"的重要功能。通过多次调试，浦东城运中心被打造成可以从常态管理迅速转为非常态管理（应急管理）的指挥中枢，保障应急状态下的指挥权威和调度效率，维护城市整体安全。一是强化对灾害天气、重要节假日的保障。在清明节期间，出动无人机对各主要祭扫公墓、高速公路闸口，以及其他风景旅游点开展巡航，动态掌握现场及主要道路的人流、车流实时情况，为决策研判提供支撑。二是强化对重要会议、重大活动等事项的保障。在进博会等重要展会期间，强化城运平台和相关职能部门的沟通协作，发挥信息汇集、资源整合、预警监控、联勤联动等重要作用。三是提升应急处置、非常态管理能力。建设应急资源数据库、风险隐患数据库，逐步实现应急物资、应急装备、应急人力资源等各类资源的可视化。并牵头开展危化品泄漏爆炸事故、轨道交通大客流、突发环境事件等应急演练，提高应急指挥实战能力。2019年8月，有着"最强台风"之称的"利奇马"在浙江登陆，这期间整个长三角地区都受到较大影响。浦东新区城运中心里，指挥长现场坐镇指挥，全区36个街镇的实时现场情况，通过城市大脑在屏幕上一目了然，指挥和处置无缝衔接，不同管理单位联勤联动，确保城市运行安全有序。

12.3.2　民情治理

（1）基础图

以"四标四实"为基础的村情民情图如图12-25所示。地图直观地展现了该行政区学校、卫生所、古迹景点、活动场所的分布情况。通过统计图表展示村情民情概况、土地结构统计及收入统计，系统、全面地了解所选行政区村情民情基本情况。

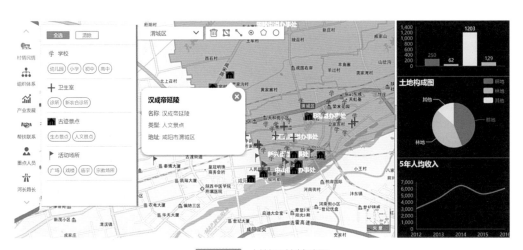

图12-25　村情民情基础图

（2）组织体系图（图12-26）

图层简介：记录了当前所选行政区组织体系基本情况，地图直观地展现了该行政区干部、党员、代表的分布情况。右侧统计区域展示该行政区组织体系概况、年龄分布、性别分布统计图表，支持图表区域的收缩隐藏。点选二级分类，如村组干部、党员户等加载兴趣点图层，全选/清除按钮控制图层的全部加载与清除，根据所选行政区的变化，行政区界线、图层兴趣点内容以及右侧统计数据会动态改变。

（3）产业发展图（图12-27）

图层简介：记录了当前所选行政区产业发展基本情况，地图直观地展现了该行政区主导产业、其他产业、重点项目的分布情况。右侧统计区域展示该行政区三产比重、主导产业占收入比例、近五年三产发展情况的统计图表，支持图表区域的收缩隐藏。点选二级

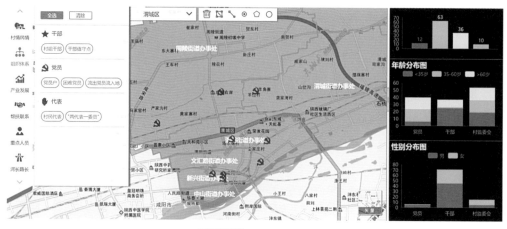

图12-26   组织体系图

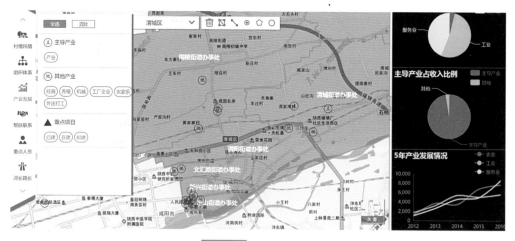

图12-27   产业发展图

分类，如养殖、农家乐等加载兴趣点图层，全选/清除按钮控制图层的全部加载与清除，根据所选行政区的变化，行政区界线、图层兴趣点内容以及右侧统计数据会动态改变。

（4）帮扶联系图（图12-28）

图层简介：记录了当前所选行政区帮扶联系基本情况，地图直观地展现了该行政区贫困户、低保户、五保户、边缘户、三留守人员、残疾人、全家外出户等帮扶对象的分布情况。右侧统计区域展示该行政区帮扶对象占比、各类帮扶户数量、各类帮扶人员人数统计图表，支持图表区域的收缩隐藏。点选二级分类，如五保户、留守老人等加载兴趣点图层，全选/清除按钮控制图层的全部加载与清除，根据所选行政区的变化，行政区界线、图层兴趣点内容以及右侧统计数据会动态改变。

（5）重点人员图（图12-29）

图层简介：记录了当前所选行政区重点人员基本情况，地图直观地展现了该行政区在外知名人士以及各类重点人员的分布情况。右侧统计区域展示该行政区重点人员占比、各类重点人员人数、年龄分布统计图表，支持图表区域的收缩隐藏。点选二级分类，如精

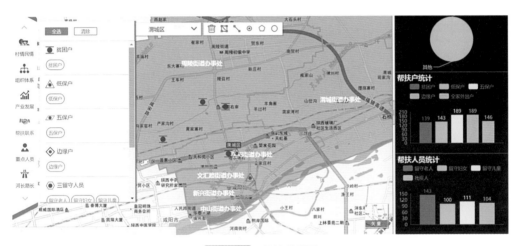

图12-28　帮扶联系图

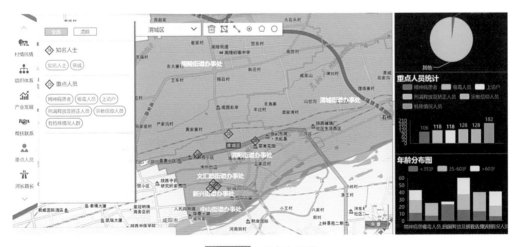

图12-29　重点人员图

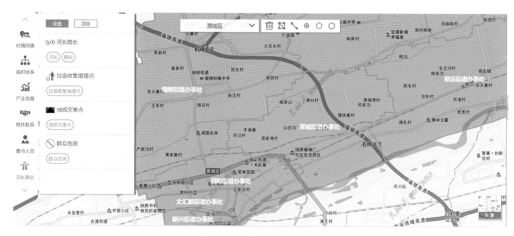

图12-30   河长路长图

神病患者、吸毒人员等加载兴趣点图层，全选/清除按钮控制图层的全部加载与清除，根据所选行政区的变化，行政区界线、图层兴趣点内容以及右侧统计数据会动态改变。

（6）河长路长图（图12-30）

图层简介：记录了当前所选行政区河长路长基本情况，地图直观地展现了该行政区河长路长、垃圾收集填埋点、地质灾害点、群众危房的分布情况。点选二级分类，如路长、群众危房等加载兴趣点图层，全选/清除按钮控制图层的全部加载与清除，根据所选行政区的变化，行政区界线、图层兴趣点内容是动态改变的。

（7）拓展图

各镇街结合实际，绘制富有自身特色的其他补充图，如旅游资源图、镇域分布图、非公企业和社会组织图、安全隐患图、集镇单位图、以户为单位的亲属关系图等。使领导足不出户就能对本镇街的情况了然于心。

12.3.3　安防治理

（1）物联设备接入

充分利用物联网技术，通过接入视频摄像头、门禁道闸、烟感、梯控系统、智能灯杆、Wi-Fi探针等大量感知设备对社区实时全面状态进行监测，并通过地图进行可视化的展现。同时根据社区运行的规律预先定义事件的预警规则，符合规则的事件能够触发报警，使得社区管理者能够在事件发生前获知异常状态。通过这种全天24小时实时精准高效的分析与监测，大大减少基层工作人员的工作压力及工作盲区（图12-31）。

（2）社情一张图

以"四标四实"为基础的社情图直观地展现了该社区网格划分情况，网格员、人口、房屋、单位、组织的分布情况。通过统计图表展示社情概况，人口、房屋、单位、组织情况，实现人房关联，系统、全面地了解到本社区基本情况（图12-32）。

图12-31　物联设备接入

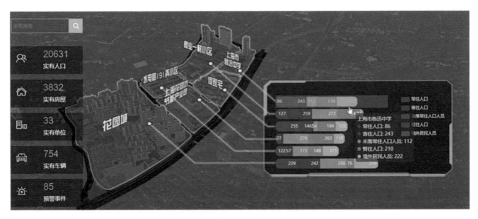

图12-32　社情一张图

（3）四道防控识别圈

第一道识别圈：以社区周边、出入口、围墙为边界，以人脸识别、车牌识别、Wi-Fi数据采集、周界入侵等技术为支撑的边界防护圈。第二道识别圈：以社区内部道路为线，车棚、公共场所为点，以视频监控、行为检测、人脸识别、消防烟感、消防水压探测等技术为支撑的内部防护网。第三道识别圈：以社区门栋为点，以视频监控技术、人脸识别技术为支撑的楼栋防护点。第四道识别圈：在楼道内部部署消防烟感、Wi-Fi探针、独居老人家庭部署红外热感、NB-IoT一键报警等设备，形成覆盖楼道和重点家庭的安全防护阵地。

其中，出入口监控是指通过RFID、智能闸机、视频摄像头等物联设备实现非机动车道的出入管理，视频摄像头的车牌识别实现机动车的出入管理，支持查看人员及机动车出入记录。路边监控是指实时路边监控，通过人脸抓拍等技术对可疑人员查看行动轨迹，实现布控，第一时间通知至小区安保人员，确保社区安全。车辆管控是指当车辆进入社区，通过视频车辆抓拍，将车牌数据上传至数据库比对，当确定为重点人员车辆或判定为外来陌生车辆时，系统自动预警并提醒相关社区工作人员关注，对重点车辆进行合理布控，对超过3天出入小区的陌生车辆进行查看确定是否为新增流动人口（图12-33）。

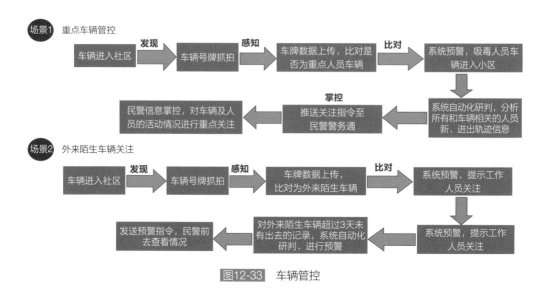

图12-33　车辆管控

（4）重点人员布控

在社区存在的犯罪前科人员、矫正人员、吸毒人员、精神病人员等出入社区时，通过人脸抓拍系统、车辆抓拍系统等手段进行多维预警可实时掌握上述人员的活动去向。一旦发生异常情况，民警可第一时间调出数据进行查看确认和追踪，为案件提供基础线索数据（图12-34）。

重点人员布控比对预警
在社区存在的犯罪前科人员、矫正人员、吸毒人员、精神病人员等出入社区时，通过人脸抓拍系统、车辆抓拍系统等手段进行多维预警可实时掌握上述人员的活动去向。一旦异常情况发生，民警可第一时间调出数据进行查看确认和追踪。为案事件提供基础线索数据……

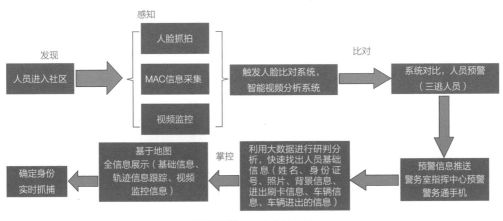

图12-34　重点人员布控

（5）惠民服务

关爱人员服务：对独居老人、病人等开门记录在后台进行监控，将未开门时间按时间长短情况列表展示，管理人员在后台可以轻松查看到长时间未有开门记录的老人信息。超过一定时间未有开门日志，自动报警功能将提醒相关人员上门查看（图12-35）。

儿童人员管理：儿童进小区App开启门禁，自动通知家长，孩子出门回家早知道。对于异常情况（如很长时间未回家等）自动通知家长（图12-36）。

（6）智能调度

设备或模型的预警信息在地图上直观展示，可通过雷达扫描找到就近的人员，如果是设备预警，首选发送至保安、楼栋长等人员；如果是模型预警，会首选发送至网格员或执法人员，相关人员接收到信息后立即前往处置，大大提升了技术防控能力、风险隐患化解能力（图12-37）。

图12-35   关爱人员服务

图12-36   儿童人员管理

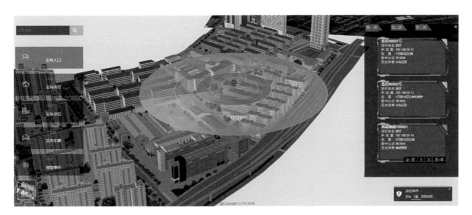

图12-37　智能调度

12.3.4　疫情治理

（1）社会资源接入服务

随着城市视频监控系统建设的不断推进和深入，视频监控点的建设规模和覆盖范围日益扩大，其中，社会重点单位（党政机关、学校、企事业单位、社区等）自行投资建设的视频监控点占总监控点数量比重逐步提高，在极大地保障了本单位安全的同时，有效弥补了公共监控点资源不足、监控盲点较多等缺陷。

城市中，在案件发生的时候，公安一般会按照事件发生的地点来查找周边的监控资源录像数据，因犯罪案件嫌疑人的规避性，一般发生在非公共聚集处，或偏僻地点或封闭区域。以往刑侦、治安及派出所等部门在破获案件时通常除调阅视频专网所建的公安自建前端视频资源外，同时需要调阅借用社会面自建的视频监控系统来实现对案件发生时间、案件发生地点及作案人的锁定。通常办案人员首先到公安信息中心调阅专网图像，再前往各发案区域调阅现场及周围社会面监控。此种方式严重影响到破案效率，并且随着社会面监控点位的快速建设及覆盖，几乎已经实现各家商户和企事业单位的监控资源全覆盖，如何整合及高效利用这部分社会监控资源提升数据使用价值，如何降低项目建设成本提高资金使用效率与快速实现社会面点位的汇聚整合使用就显得格外重要，目前，较好的技术解决方案是充分利用社会监控的数据资源，将这些数据构建"云"来向社会提供智能解析应用，进而提升新型智慧城市的全域感知能力（图12-38）。

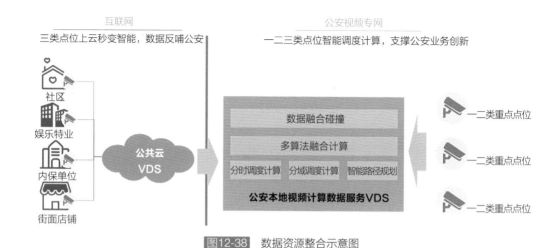

图12-38 数据资源整合示意图

　　系统组网部署及上云方式非常简单，极大地减少线下的施工、布线、安装等工程类工作，只需把社会资源点位接入互联网，企业单位具备互联网条件即可，不用单独申请固定IP地址，复用企业自建网络和监控系统，降低项目整体建设及使用成本。

　　每路相机以1080P 200万像素相机为例，占用上行带宽4M或者2M，要求相机符合《公共安全视频监控联网系统信息传输、交换、控制技术要求》GB/T 28181—2016国标协议即可，企业单位单独将摄像机接入或者以NVR的方式接入上云都行，同样要求NVR符合GB/T 28181—2016（图12-39）。

图12-39 摄像头的接入方式

云上联网业务目前可提供视频联网，同时通过视频边界将视频资源推送至现有的公安视频专网平台，在云上存储7天的视频图像，存储周期时长可选。视频点位上云，云端AI加持，并且可将图片和结构化数据传输给视频图像网继续深化应用。

（2）社区治理服务

全国以智慧平安小区建设为载体，按照"把住口、控住点、形成面"的建设思路，围绕小区出入口（小区、楼栋、地下停车场出入口）、通道（主要路口、路段）、区域（公共场所、重要机房）等重点部位，已经部署视频监控设备、人脸识别设备、车辆识别设备、智慧门禁设备等公共安全类感知设备，这些社区点位建设可分为社会面单位自建和公安建设两大类。

护居保是以VDS（视频数据计算服务中台）为底层技术支撑，通过SaaS服务方式对外输出，无需购置任何硬件，只要前端摄像头、人脸/车辆微卡口、智能门禁等设备接入互联网，就能立刻使用护居保服务，充分利旧利现，避免了设备发货、上门安装等烦琐施工；护居保依托VDS内置宇视先进算法，提供基础的人员、车辆、事件分析算法能力，也提供辅助一线管理人员5分钟看完24小时画面的视频浓缩算法，让管理人员快速回溯方便事后取证；同时除了视频AI算法外，还支持大数据碰撞挖掘能力，例如同人识别，关系挖掘，人员标签画像等，能够快速锁定相关的风险人员。

护居保实现三类点位上云，不仅支撑街道社区管理，同时数据反哺公安，通过把公共云上的图片数据和特征数据摆渡到视频专网侧，加上公安自建点位，实现了一、二、三类点位全域链接，构建了全域感知能力。公共云+本地混合部署模式，实现了一、二、三类点位智能调度计算，支撑公安业务创新。

（3）周边疫情动态

用户通过微信/支付宝授权登录后匹配所在区域，即可接收疫情信息推送，方便快速了解社区、园区、工厂周边的疫情动态和最新发布信息（图12-40）。

出入民众通过微信/支付宝授权登录小程序即可完成一键打卡，记录出入门岗的体温信息，自动化完成门岗登记（图12-41）。

当小区居民用户有访客来访时，可提前申请对应的访问二维码，事后可在此模块中查看到对应在自己名下的访客记录（图12-42）。

图12-40 疫情动态显示示意图

图12-41 居民出入登记示意图

图12-42 访客登记示意图

（4）隔离人员管理

被隔离人员管控大多采取人盯人方式，人力消耗大，成本高，通过视频AI实时记录隔离人员行为，对异动进行预警，减轻社区管理工作压力。依靠视频能力精确记录人员出门次数，改变管制期间对居民出入次数的手工统计方式，减少人工记录工作量，也降低了人为原因造成的管理风险（图12-43）。

发挥异常事件报警能力，通过视频AI对不戴口罩、人员隔离、人员聚集、携带行李等行为实施报警，并可自动触发提前预设的应急预案，实现及时制止，精准回溯。通过视频浓缩技术，可将接入云疫宝的24小时视频监控录像在5分钟看完，快速锁定重点人员、车辆，有效提升管理效率（图12-44）。

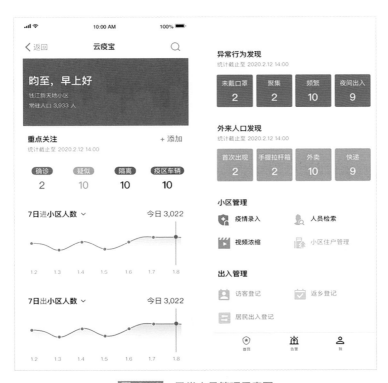

图12-43　异常人员管理示意图

图12-44　疫情通报管理场景示意图

　　通过录入社区、园区、小区需重点检测的人员、车辆图像，依靠视频分析技术，云疫宝能够快速、有效识别相关重点人员、车辆信息，帮助管理人员实现对重点人员、车辆的有效管控。通过对进出人员进行识别，将人员进出记录进行一一归档，详细记录进出时间和进出次数，形成可回溯的人员档案，为社区/园区/小区管理人员提供详细的人员记录。

　　（5）重点场所人员管理

　　态势感知是指通过分析B/C端采集到的人员数据以及疫情数据，使用户可以在一张图上直观地看到自己管辖区内整体疫情态势以及细化到小区疫情态势，掌握全局情况，为政府决策提供数据支持。从以下维度对疫情数据进行分析：疫情整体概况、疫情实时上报、累计确诊人员趋势、返程人员趋势、新增体温异常人员、人口活跃趋势、未戴口罩人员趋势等（图12-45）。

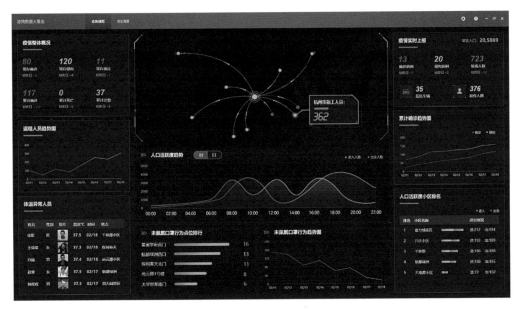

图12-45 疫情可视化管理示意图

可在系统中手动录入管辖区域内的疫情情况，包含确诊人员数量、疑似人员数量、重症人员数量、累计确诊人员数量、累计死亡数量以及累计治愈数量（图12-46）。

通过对B/C端录入的疫情数据进行统计分析，统计出管辖区域内实时上报的确诊数量、疑似数量、隔离数量、疫区车辆以及返程人员数量（图12-47）。

1）累计确诊趋势图

基于时间维度（日）进行趋势分析，可以直观了解到一周以内管辖区域内确诊以及疑似人员的数量变化趋势（图12-48）。

图12-46 疫情可视化管理示意图——疫情整体情况数据

图12-47 疫情可视化管理示意图——疫情实时数据上报

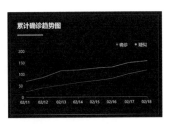

图12-48 疫情可视化管理示意图——累计确诊趋势图

2）返程人员流向图

随着复工潮的到来，各个地区的人员开始返程。返程人员需在C端发起返程申请，录入人员信息以及返程信息。系统根据居民在C端发起的返程申请，可以对管辖区域内返程人员的情况进行分析，以此政府端的用户可以实时了解到返程人员的归属地情况，为用户的决策提供依据（图12-49）。

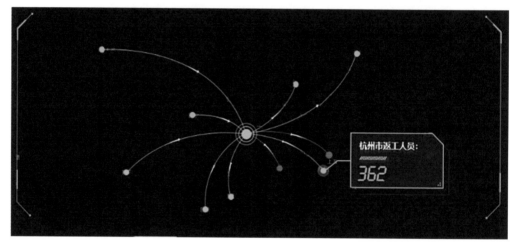

图12-49 疫情可视化管理示意图——返程人员流向图

可在G端平台上看到当前区域内的返程人员数量。使用户可以确切地了解到区域内的返程人员总数及趋势并评估风险（图12-50）。

3）人口活跃度趋势

居民或者员工在进出小区和园区时，需要通过个人的二维码进行刷码进出，通过二维码采集的数据进行小区人口活跃度趋势分析（图12-51）。

4）人口活跃度小区排行

根据各个小区门口的人员出入统计，按照人流量进行小区的排行，可以看到各小区人员是否按照政策执行少出门（图12-52）。

5）体温异常人员上报

一旦体温数据异常，就会在G端平台实时显示。包含人员姓名、温度、图片、小区等（图12-53）。

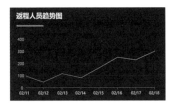

图12-50　疫情可视化管理示意图——返程人员总数及趋势并评估风险

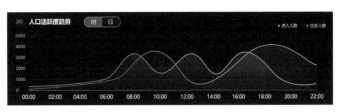

图12-51　疫情可视化管理示意图——人口活跃度趋势

图12-52　疫情可视化管理示意图——人口活跃度小区排行

图12-53　疫情可视化管理示意图——体温异常人员上报

6）未戴口罩趋势图

小区门口摄像头会实时分析是否戴口罩，在G端会显示每天所有点位未戴口罩的人员数量的趋势（图12-54）。

7）未戴口罩地点排行

将未戴口罩的人员按照地点进行排行，可针对性地治理不戴口罩出行的现象（图12-55）。

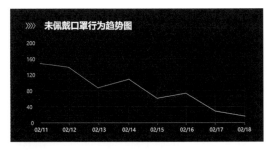

图12-54　疫情可视化管理示意图——未戴口罩的人员数量的趋势

图12-55　疫情可视化管理示意图——未戴口罩地点排行

8）动态调度

在地图上可以看到区域内的各小区详情，对空间上的数据分布有一个直观的认识（图12-56）。

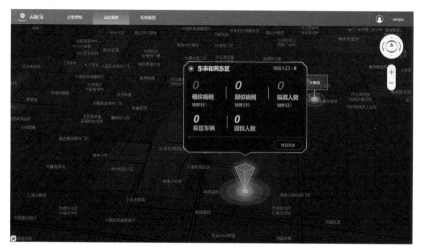

图12-56　疫情可视化管理示意图——动态调度

9）特殊人员预警

可将确诊/隔离/疑似人员的人员信息录入布控库中，系统一旦采集到该类人员的人脸信息就进行相应的预警。

12.3.5　疫后城市治理

（1）公共卫生防控治理

首先，城市复杂人口流动对区域公共卫生防控治理水平提出严峻挑战。一方面，大城市的人口规模和人口密度具有两面性。大城市医疗卫生体系较为完善，医疗资源雄厚，可以为居民提供有效的疫情防控医疗服务；但城市人口的集聚和流动性构成城市健康风险的外部条件，加剧了疫情的传播和扩散，其内在因素是人口增长和城市管理服务能力的不对称。另一方面，从实际情况来看，由于不同的发展条件，不同区域公共卫生防控治理水平参差不齐，特别是城市公共卫生应急管理能力等方面，因此在疫情防控阻击战中面临困难重重的局面；值得注意的是，传染病疫情的跨区域流动和传播是疫情防控阻击战关注的焦点，但在区域联防联控机制和应急管理方面仍需进一步完善。

其次，紧急状况下医疗设施、医护人员和防护物资高度紧张。在此次疫情防控中出现的短期内各类医疗资源的高度短缺和供应不足等情况，在深层次上反映出当前我国城市公共卫生防控在应急医疗物资的储备和调控方面缺乏足够的响应能力。

最后，社会大众公共卫生防控知识不足。疫情中有许多人对疫情及相关内容认识浅薄，客观上加大了疫情防控难度。此外，不少民众受限于知识素养，对疫情防控缺乏科学认识和准确了解，难以做到科学有效的防护。

（2）城市信息安全治理

公民信息安全与隐私保护存在风险。在人口数据开发应用与城市疫情防控有效结合的过程中，要充分平衡个人隐私信息和公共防疫的需求，正确处理好人口信息调用和隐私保护之间的矛盾。特别强调的是，在疾病防治和公共健康管理过程中应进一步明确个人的法律义务和法律责任，以及在城市管理中应急管理部门的合法强制权力和其权力的限度，为公民信息安全和城市应急管理提供更加完善的法治基础保障。

自媒体成为片面舆论的传播温床。在互联网时代，每个人既是信息的接收者，又是信息的传播者。网络空间不仅大大扩展了人们获取和传播信息的渠道，也极大地拓展了舆论空间。与非典时期相比，此次疫情期间各类不良信息、网络谣言传播能力更强，甚至更快于疫情的传播，给社会造成了不良影响。

（3）城市数字技术治理

应急领域的大数据技术服务效果有待提升。人口数据以及相关大数据的应用对城市卫生防疫和应急管理的积极作用开始显现出来，但到目前为止，我国区域人口数据分析应用还处于比较初步的水平，其作用并没有最大程度地发挥出来。

数字化平台快速增长，但后继运维难以跟上。疫情发生后，"疫情防控服务专区""口罩预约系统""疫情防控大数据平台"等渐次上线，越来越多的数字化企业开始借助科学技术支撑抗疫。但必须看到，当下一些企业的大数据技术服务响应虽快，但是缺乏知识服务和内容提供能力，发挥的作用仍然有限。同时，随着疫情防控进入常态化，有关疫情防控的数字化平台如何继续发挥其真实价值，在下一次城市突发事件出现时发挥出更好效用，还有待进一步的资源整合。

参考文献

[1] 王操，李农. 上海打造卓越全球城市的路径分析——基于国际智慧城市经验的借鉴[J]. 城市观察，2017（04）.

[2] 韦颜秋，李瑛. 新型智慧城市建设的逻辑与重构[J]. 城市发展研究，2019（06）.

[3] 张小娟. 智慧城市背景下企业技术创新的发展模式研究[J]. 技术经济与管理研究，2018（05）.

[4] 满青珊，孙亭. 新型智慧城市理论研究与实践[J]. 指挥信息系统与技术，2017，8（03）.

[5] 新型智慧城市建设部际协调工作组. 新型智慧城市发展报告2017[M]. 北京：中国计划出版社，2017.

[6] 冯帅. 智慧城市运营模式创新研究[D]. 天津：天津大学，2015.

[7] 李霁. 国外智慧城市对中国城市建设有益启示[J]. 武汉建设，2014（03）.

[8] 徐静. 智慧城市运营及其投融资模式研究[J]. 商业时代，2013（32）.

[9] 任姝颖. 发展智慧城市问题研究[D]. 沈阳：沈阳师范大学，2015.

[10] 邓国臣，李洁茹，熊苹. 智慧城市建设若干问题及思考[J]. 测绘科学，2014，39（10）.

[11] 彭继东. 国内外智慧城市建设模式研究[D]. 长春：吉林大学，2012.

[12] 乔宏章，付长军. "智慧城市"发展现状与思考[J]. 无线电通信技术，2014，40（06）.

[13] 仇保兴. 智慧地推进我国新型城镇化[J]. 城市发展研究，2013（05）.

[14] 邢明超. 创新驱动下智慧城市建设体系分析[D]. 郑州：郑州大学，2017.

[15] 张育雄，王思博. 国外智慧城市推进模式对我国的启示[J]. 通信管理与技术，2016（05）.

[16] 张永民. 创新城市管理模式推动新型智慧城市建设[J]. 中国建设信息化，2017（05）.

[17] 王根祥，李宁，王建会. 国内外智慧城市发展模式研究[J]. 软件产业与工程，2012（04）.

[18] 席广亮，甄峰，曹晨，罗桑扎西. 智慧城市建设模式与推进策略研究——以江苏省为例[J]. 上海城市规划，2018（01）.

[19] 熊翔宇. 基于智慧城市建设的信息智能服务模式研究[D]. 南京：南京大学，2018.

[20] 王忆. 智慧城市运营模式探索[J]. 商业经济，2016（12）.

[21] 吴建忠，詹圣泽，陈继. PPP融资与运营模式创新研究——以荔榕高速"PPP+EPC+运营期政府补贴"模式为例[J]. 工业技术经济，2018（01）.

[22] 席小刚，朱宝瑞，李丽红. PPP模式智慧城市项目运营管理框架设计[J]. 铁路工程技术与经济，2017，32（04）.

[23] 唐磊. 智慧城市综合体运营管理研究[D]. 上海：上海交通大学，2013.

[24] 代碧波，韩国元，李恩临，甄长瑜，安春生. 黑龙江省智慧城市建设及运营模式研究——基于"互联网+"行动下[J]. 北方经贸，2017（12）.

[25] 李娟. 我国智慧城市建设存在的问题及对策研究[D]. 湘潭：湘潭大学，2015.

[26] 鲍烨童. 智慧城市建设：模式创新决定未来[J]. 中关村，2014（12）.

[27] 张定乾. 互联网+南阳智慧城市建设问题研究[J]. 中小企业管理与科技（上旬刊），2017（10）.

[28] 徐静. 政府与社会资本合作模式下的智慧城市项目分类研究[J]. 现代管理科学，2017（02）.

[29] 徐振强，刘禹圻. 基于"城市大脑"思维的智慧城市发展研究[J]. 区域经济评论，2017（01）.

[30] 王智昊，赵志欣. 智慧城市运营管理平台[J]. 中国公共安全，2016（Z1）.

[31] 李沛旺，任勇，戴超，钱坤，叶见新. 智慧城市建设模式下的管理创新研究[J]. 信息通信，2015（07）.

[32] 张爱平. "互联网+"引领智慧城市2.0[J]. 中国党政干部论坛，2015（06）.

[33] 王伟玲，肖拥军，王晶. 打破发展困境：智慧城市建设运营模式研究[J]. 改革与战略，2015，31（02）.

[34] 万碧玉，李君兰，周微茹，姜栋，张国强. 智慧城市试点创建实践分析[J]. 现代城市研究，2015（01）.

[35] 谷春宇. 智慧城市IT应用模式研究[D]. 哈尔滨：哈尔滨理工大学，2013.

[36] 蒋明华，吴运建，丁有良，熊刚，孙成访. 智慧城市系统及项目的投资运营模式研究[J]. 电子政务，2014（12）.

[37] 陈锐，贾晓丰，赵宇. 大数据时代的城市运行管理信息协同模式研究[J]. 中国科学院院刊，2014，29（06）.

[38] 杨学军，徐振强. 智慧城市中环保智慧化的模式探讨与技术支撑[J]. 城市发展研究，2014（07）.

[39] 蔡弘，于梦寒. 智慧城市研究——以合肥为例[J]. 浙江万里学院学报，2014，9（04）.

[40] 程健，杜成章. 智慧城市系统工程探讨[J]. 中国电子科学研究院学报，2014（03）.

[41] 王静远，李超，熊璋，单志广. 以数据为中心的智慧城市研究综述[J]. 计算机研究与发展，2014，52（02）.

[42] 杨建武. 智慧城市的创新发展研究[J]. 兰州学刊，2012（10）.

[43] 杨再高. 智慧城市发展策略研究[J]. 科技管理研究，2012（07）.

[44] 宋雪纯. 南昌市智慧城市建设发展水平及其发展模式研究[D]. 赣州：江西理工大学，2015.

[45] 郭小华. 智慧城市投资模式研究[D]. 太原：太原理工大学，2015.

[46] 李海俊，芦效峰，程大章. 智慧城市的理念探索[J]. 智能建筑与城市信息，2012（06）.

[47] 肖应旭. 面向智慧城市的信息服务体系构建与运行模式研究[D]. 长春：吉林大学，2012.

[48] 沈山，曹远琳，孙一飞. 国际智慧城市发展实践与研究前瞻[J]. 现代城市研究，2015（01）.

[49] 刘尚海. 我国智慧城市建设运营商业模式研究[J]. 未来与发展，2013（08）.

[50] 许晶华. 我国智慧城市建设的现状和类型比较研究[J]. 城市观察，2012（04）.

[51] 容志. 技术赋能的城市治理体系创新——以浦东新区城市运行综合管理中心为例[J]. 社会治理，2020（04）.

[52] 赵琪. 大数据背景下的智慧城市发展[J]. 环渤海经济瞭望，2018（12）.

[53] 智慧城市发展研究课题组. "十三五"我国智慧城市"转型创新"发展的路径研究[J]. 电子政务，2016（03）.

[54] 廖广利. 深圳新型智慧城市建设研究[D]. 深圳：深圳大学，2018.

[55] 赵滨元. 新型智慧城市的发展演革与推进建设[J]. 上海城市管理，2018，27（06）.

[56] 韩兆柱，马文娟. "互联网+"背景下智慧城市建设路径探析[J]. 电子政务，2016（06）.

[57] 康子路，李强，王萌萌，王凡. 城市数据体系研究[J]. 电信网技术，2017（05）.

[58] 杨靖，张祖伟，姚道远，胡杨，钱俊江，周哲，胡旭伯，袁宇鹏，李小飞. 新型智慧城市全面感知体系[J]. 物联网学报，2018，2（03）.

[59] 向超. 大数据背景下我国智慧政府建设研究[D]. 昆明：云南大学，2016.

[60] 林文棋，蔡玉蘅，孙小明，吴梦荷，段冰若. 从城市体检到动态监测——以上海城市体征监测为例[J]. 上海城市规划，2019，3（03）.

[61] 杨磊，张红卫，彭革非，赵菁华. 智慧城市顶层设计的标准与实践[J]. 信息技术与标准化，2018（07）.

[62] 武文忠. 新型基础测绘与时空大数据平台建设的

思考[J]. 资源导刊，2020（02）.

[63] 翟静. 智慧城市三维建模的设计与实现[D]. 济南：山东大学，2018.

[64] 尹鹏程，凌海锋，蔡先娈，张季一，刘景元. 基于全空间城市信息模型的时空信息云平台建设实践[J]. 国土资源信息化，2020（01）.

[65] 高歌. 新型智慧城市与智能化技术的深度融合[J]. 智能建筑与智慧城市，2017（05）.

[66] 宁振伟，朱庆，夏玉平. 数字城市三维建模技术与实践[M]. 北京：测绘出版社，2013.

[67] 朱丹. 时空视角下我国城市交通拥堵治理研究——以天津市为例[D]. 天津：天津城建大学，2018.

[68] 蒋敏，邹逸江，陆阳，杨宁. 宁波智慧城管平台决策分析工具研究[J]. 地理信息世界，2016，23（02）.

[69] 谭成国，余谦，孙思邈. 让智慧城市立体空间化[J]. 测绘地理信息，2013，38（03）.

[70] 张雷，马艳华，项前，田波. 时空数据技术导论与应用实践[M]. 北京：科学出版社，2020.

[71] 姬存伟，武芳，巩现勇，焦洋洋. 居民地要素增量信息表达模型研究[J]. 武汉大学学报（信息科学版），2013，38（07）.

[72] 杜哲. GIS时空数据模型研究[D]. 北京：北京林业大学，2011.

[73] 张琳琳. 面向高性能可视化的精细建筑物模型碎片化纹理优化方法[D]. 成都：西南交通大学，2019.

[74] 陈俣含. 从传统智慧城市到新型智慧城市：建设现状及未来发展路径探讨[J]. 未来与发展，2020（01）.

[75] 韩万渠，原珂. 绿色价值链推进环境协同治理可持续发展机制探究——基于公众环境研究中心的个案考察[J]. 党政研究，2019（02）.

[76] 吴标兵，林承亮. 智慧城市的开放式治理创新模式：欧盟和韩国的实践及启示[J]. 中国软科学，2016（05）.

[77] 阿尔伯特·梅耶尔，曼努埃尔·佩德罗，谢嘉

婷，翁士洪. 治理智慧城市：智慧城市治理的文献回顾[J]. 治理研究，2020（02）.

[78] 张理霖. 智慧城市政府治理研究——基于整体性治理理论[D]. 北京：中共中央党校，2015.

[79] 杨宇. "四大变革"提升智慧城市治理水平[J]. 人民论坛，2020（03）.

[80] 金江军，郭英楼. 智慧城市：大数据、互联网时代的城市治理（第4版）[M]. 北京：电子工业出版社，2013.

[81] 陈潭. 大数据驱动社会治理的创新转向[J]. 行政论坛，2016，23（06）.

[82] 宋梅. 智慧城市与城市治理创新[J]. 理论观察，2019（03）.

[83] 张小娟，贾海薇，张振刚. 智慧城市背景下城市治理的创新发展模式研究[J]. 中国科技论坛，2017（10）.

[84] 范莉. 推进城市社区智慧治理的路径研究——基于苏州工业园区社区智慧治理实践的考察[D]. 苏州：苏州大学，2018.

[85] 吴俊，王杰艺，金耀辉. 智慧城市网格管理事件模式挖掘与预测[J]. 上海城市规划，2018（01）.

[86] 周盛世，张宁，张晓娟. 智慧城市下新型城市治理模式的研究[J]. 价值工程，2019，38（12）.

[87] 吴漾. 智慧城市背景下的数据治理框架构建[J]. 科技风，2019（16）.

[88] 曾鹏，刘佳. 智慧城市精细化治理大数据可视化分析及信息挖掘[J]. 软件导刊，2018，17（08）.

[89] 张雅博，孙钰. 基于智慧城市理念的城市环境治理效率提升研究[J]. 城市，2019（12）.

[90] 陈翁斌. 智慧城市网格化综合管理平台探索——以浙江省温岭市智慧城管建设为例[J]. 城市管理与科技，2016，18（05）.

[91] 钱慧. 整体性治理视角下城市社区治理创新研究——以上海市L智慧社区建设为例[D]. 上海：华东师范大学，2018.

[92] 黄寰，张宇. 疫后城市治理离不开新技术赋能[J]. 国家治理，2020（22）.

后记

　　本书的撰写和编审工作限于同事们的能力与水平，大有一言未尽、有失酣畅淋漓之感。在中国科学院信息学部咨询评议项目的结题报告中，当时我们发出了"十问"智慧城市，即（1）和谐的城市，智慧与否重要吗？（2）智慧化的首要改造目标是什么？（3）哪些技术会在智慧城市的范畴中？（4）智慧的工作模式是什么？（5）智慧城市建设与创新创业的关系如何理解？（6）城市规划中如何体现智慧？（7）城市个性与智慧系统的普适性是矛盾的吗？（8）公共利益与个人隐私如何协调？（9）系统风险如何防范？（10）如果说智慧城市是现在进行时，那么智慧的未来时是什么？这些问题在5年后的今天，新型智慧城市如火如荼地建设、发展、运营和治理中是否依然存在或更新迭代中是否呈现出新的问题？我想答案是肯定的。这也符合哲学，智慧城市到新型智慧城市的发展，本身就是哲学问题。

　　本书关注的主题有别于丛书的其他分册，是基于物理与信息（数据）并行发展，但又融合促进的长效运营和治理的技术与管理体系。新型智慧城市是一个开放的社会和国家规划，人民是真正的受益者。尤其是在全面建成小康社会的决胜阶段，人民需求的升级是建立在智慧升级的基础上的，通过城市的智慧化建设，是否可以带动智慧产业链的形成，通过数据的充分获取和共享，创造更充分的就业机会，更快速的创新创业，更公平的社会环境，更美好的生活图景。期待社会各界人士的共同奋进。

　　本书无法穷尽技术和应用案例，但我们已经感受到：（1）新型智慧城市的基础设施信息化与数据孪生无处不在。基于云计算、互联网、物联网、大数据、人工智能等的下一代信息技术体系，已实现了新型智慧城市数据采集，将数据上传至云平台，形成大数据，构建"城市大脑"。新型智慧城市的信息需求者通过信息服务和应用可按需随时获取数据，同时信息的需求者也成为数据的提供者，进而增强新型智慧城市的友好性和可持续性，提高新型智慧城市管理的效率。（2）新型智慧城市更注重多层面的融合。新型智慧城市的本质是数据融合，不仅限于数据应用本身的融合处理，还应包括新型智慧城市信息物理融合系统的架构、信息安全、综合服务应用等全系统内核与外延的融合，以数据孪生为基础的新型智慧城市运行之间的协同，才能真正实现有效的服务和管理。（3）以人为本的核心理念。新型智慧城市的发展初衷是构筑面向政府管理、建设者运营、市民参与的泛在的、普适的、服务型新型城市。人民应是新型智慧城市的最大受益者，以人为本才是新型智慧城市建设的核心理念。（4）城市资源优化配置。新型智慧城市通过各种信息技术与其他资源要素优化配置并共同发生作用，实现了城市物理资源和信息资源的高度融合、共享与增值，从而减少新型智慧城市的资源消耗和管理浪费。

本书欠缺丰富的经典案例，后续再版予以补充。本书仅作为思考启发，寄希望于新型智慧城市的研究者、从业者、管理者等为新型智慧城市的运营和治理献出锦囊妙计，共同受益于新型智慧城市。最后，还是感谢所有撰写者、编审者、出版社等通力协作与无私奉献。特别感谢中国城市出版社编辑王砾瑶，校对者吴新平、曹海云等。

本书献给我平凡而伟大的妈妈。同时，向褚君浩院士这些年与我一路相随，致以最崇高的敬意！不尽致谢之处，敬请见谅！

张雷　教授

于上海苏州河畔

2020年11月8日